Martin Grabe

Wie funktioniert Psychotherapie?

Schattauer

herausgegeben von Wulf Bertram

Zum Herausgeber von »Wissen & Leben«:

Wulf Bertram, Dipl.-Psych. Dr. med., geb. in Soest/Westfalen. Studium der Psychologie und Soziologie in Hamburg. War nach einer Vorlesung über Neurophysiologie von der Hirnforschung so fasziniert, dass er spontan zusätzlich ein Medizinstudium begann. Zunächst Klinischer Psychologe im Univ.-Krankenhaus Hamburg-Eppendorf, nach dem Staatsexamen und der Promotion in Medizin psychiatrischer Assistenzarzt in der Provinz Arezzo/Italien und in Kaufbeuren. 1985 Lektor für medizinische Lehrbücher in einem Münchener Fachverlag, ab 1988 wissenschaftlicher Leiter des Schattauer Verlags, seit 1992 dessen verlegerischer Geschäftsführer. Ist überzeugt, dass Lernen ein Minimum an Spaß machen muss, wenn es effektiv sein soll. Aus dieser Einsicht gründete er 2009 auch die Taschenbuchreihe »Wissen & Leben«, in der wissenschaftlich renommierte Autoren anspruchsvolle Themen auf unterhaltsame Weise präsentieren. Bertram hat eine Ausbildung in Gesprächs- und Verhaltenstherapie sowie in Tiefenpsychologischer Psychotherapie und ist neben seiner Verlagstätigkeit als Psychotherapeut und Coach in eigener Praxis tätig.

Martin Grabe

Wie funktioniert Psychotherapie?

Ein Buch aus der Praxis für alle, die es wissen wollen

Schattauer

Dr. med. Martin Grabe
Klinik Hohe Mark
Dt. Gemeinschafts-Diakonieverband GmbH
Friedländerstraße 2
61440 Oberursel (Taunus)
martin.grabe@hohemark.de

 Ihre Meinung zu diesem Werk ist uns wichtig!
Wir freuen uns auf Ihr Feedback unter
www.schattauer.de/feedback oder direkt über QR-Code.

Bibliografische Information der Deutschen Nationalbibliothek
Die Deutsche Nationalbibliothek verzeichnet diese Publikation in der Deutschen Nationalbibliografie; detaillierte bibliografische Daten sind im Internet über http://dnb.d-nb.de abrufbar.

© 2018 by Schattauer GmbH, Hölderlinstraße 3, 70174 Stuttgart, Germany
E-Mail: info@schattauer.de
Internet: www.schattauer.de
Printed in Germany

Lektorat: Dipl.-Psych Mihrican Özdem, Landau
Projektmanagement: Dr. Nadja Urbani, Stuttgart
Umschlagabbildung: © Aleutie, www.shutterstock.com
Satz: am-productions GmbH, Wiesloch
Druck und Einband: CPI – Ebner & Spiegel, Ulm

Auch als eBook erhältlich:
978-3-7945-9133-6 (PDF) / 978-3-7945-9134-3 (ePub)

ISBN 978-3-7945-3296-4

Geleitwort

Angesichts der Vielzahl von Büchern zur Psychotherapie kann man sich fragen: Braucht es ein weiteres Buch zu diesem Thema? Wenn man in dieses Buch hineinschaut meine ich: Ja!

Das Buch ist äußerst praktisch angelegt. Es arbeitet sich sozusagen vom äußerlichen Erstkontakt mit den Patienten in deren Innenwelt vor. Genau entsprechend dem Prozess in der therapeutischen Begegnung: Über die Symptompräsentation über die Einordnung des Verhaltens in das Spektrum der Abwehrmechanismen hin zur »Szene« bzw. dem zentralen Beziehungs-Konfliktthema. Daraus ergibt sich der therapeutische Fokus. Dabei finden neben der klassischen Anamnese und Patientenbeobachtung auch kreative Techniken wie das Familienbrett, Zeichnungen und Plastiken der Patienten Berücksichtigung. Das geht natürlich im Kliniksetting am leichtesten, ist aber grundsätzlich auch im ambulanten Bereich möglich. Damit erweist sich das Buch als sehr facettenreich und integrativ; hier mit psychodynamischen Schwerpunkt.

Die theoretischen Bezugssysteme wie die OPD kommen erst im zweiten Schritt als Rahmen zum Zuge, in den das individuell gewonnene Bild der Patienten eingeordnet wird. Und das immer an konkreten Beispielen. Die Verortung spezieller theoretischer Aspekte in Kästchen als Exkurse erhöht die Lesbarkeit des Buches und überlässt es den Lesern, wie tief sie in die Materie einsteigen wollen.

Als Vertreter der Schematherapie freut es mich besonders, dass der Autor das Schematherapiemodell in seine Fallkonzeptionserstellung und in sein therapeutisches Vorgehen harmonisch einbindet. Damit ist dies das erste Buch, das die Anwendung der Schematherapie in die psychodynamische Perspektive einbettet. Dies ist meines Erachtens hervorragend gelungen und dafür bin ich dem Autor persönlich sehr dankbar.

Ein besonderes Merkmal dieses Buches ist es, dass es auch die spirituelle Dimension einbezieht. Hier bringt der Autor seine besonderen Kompetenzen und Erfahrungen ein. Dabei gelingt ihm eine sehr differenzierte und auch konstruktiv-kritische Darstellung. Auch das Konzept der »psychosomatischen Rhythmusstörungen« von Hanne Seemann, deren Buch immerhin in der 16. Auflage erschienen ist, wird hier einer breiteren Leserschaft zugänglich gemacht. Es bietet eine anschauliche Ordnungsstruktur der vielschichtigen somatoformen Syndrome, ähnlich den »Grundformen der Angst« von Fritz Riemann. Derartige Systematiken sind nicht Teil des Mainstream, aber sie haben als Heuristiken einen großen praktischen Nutzen und geben dem Buch einen besonderen Akzent.

Im zweiten Teil des Buches wird eine Übersicht über die verschiedenen Therapieschulen und Störungsbilder gegeben. Diese Kapitel sind sehr kompakt und gut gegriffen und vermitteln einen hervorragenden Überblick. Sie zeugen von breiten und profunden Kenntnissen des Autors. Sie sind auch für Anfänger gut lesbar und vermitteln die Essenz auf sehr verständliche und praxisnahe Weise.

Es ist nicht leicht, so gekonnt sowohl die Therapieschulen als auch die Störungsbilder auf den Punkt zu bringen. Da ist dem Autor etwas Besonders gelungen. Durch das Sachverzeichnis wird das Buch zu einem »Mini-Lehrbuch«. Daher kann ich besonders Anfängern im Feld der Psychotherapie das Buch nur wärmstens empfehlen und wünsche viel Freude und Gewinn beim Lesen.

Frankfurt, im Juni 2017   Eckhard Roediger

Dank

Einige Menschen hatten besonderen Anteil am Gelingen dieses Buches:

Elfi Orth, meine langjährige Kollegin, mit der gemeinsam ich viele der hier vorgestellten Gedanken entwickelt habe, das Team der Psychotherapiestation Herzberg 2, meine liebe Christiane, die mir immer wieder Unterstützerin und konstruktives Gegenüber war – und das nette Team vom Schattauer Verlag.

Herzlichen Dank euch allen!

Inhalt

1 Einleitung

Herr S., ein großgewachsener, etwas jungenhaft wirkender Manager, lässt sich schwer in den Sessel in meinem Büro fallen. Heute ist das erste reguläre Therapiegespräch. Herr S. lächelt verlegen, atmet noch einmal durch, öffnet resignierend die Hände und sagt beherzt: »Na, dann machen Sie mal ... «

Ich muss innerlich ein wenig schmunzeln über so viel tapfere Schicksalsergebenheit. Wer weiß, was Herr S. jetzt erwartet. Vielleicht, dass ich ihn einer Hypnose unterziehe oder nach höchst peinlichen Dingen befrage. Stattdessen erkläre ich ihm freundlich, dass ich gar nicht vorhabe, etwas »zu machen«. Sondern dass Therapie immer gemeinsame Arbeit bedeutet.

Wie sieht diese gemeinsame Arbeit in der Therapie aber nun aus? Genau darüber möchte dieses Buch Auskunft geben.

Beim Schreiben habe ich an folgende Personengruppen gedacht, und diesen – Ihnen – widme ich jetzt dieses Buch:
* allen, die mehr darüber wissen möchten, wie Psychotherapie funktioniert;
* Menschen, die sich gerade in Therapie befinden, und ihren Angehörigen;
* psychotherapeutisch Tätigen verschiedener Berufsgruppen und
* meinen Kolleginnen und Kollegen in Weiterbildung.

Dieses kleine Buch kann und will nicht die renommierten Lehrbücher ersetzen, es erhebt nicht den Anspruch auf Vollständigkeit, hat kein langes Literaturverzeichnis und enthält keine Manuale. Aber es ist genau das Buch, das ich mir zu Beginn meiner Weiterbildung dringend gewünscht hätte! Wo mir ein erfahrener Praktiker ohne lange Absicherungsschleifen erklärt, wie er denkt und arbeitet. Sozusagen als Basis, als Grundwortschatz, möglicherweise auch als Wegweiser. So ist dieses Buch auch gemeint.

Natürlich muss jede Leserin und jeder Leser für sich selbst filtern, was er oder sie anwendbar findet und wo er oder sie vielleicht auch anderer Meinung ist.[1]

Sich mit Psychotherapie zu beschäftigen, ist ein lebendiger Prozess, der viel mit der eigenen Person zu tun hat, der auf meine Person zurückwirkt, den ich aber auch mit vollem Recht selbst prägen darf.

Vielleicht hat jemanden von Ihnen die etwas technisch anmutende Formulierung des Buchtitels irritiert. Wie kann man denn in einem psychologischen Zusammenhang von »Funktionieren« sprechen? Dann bin ich froh, dass Sie bis hier weitergelesen haben. Der Schwerpunkt dieses Textes soll nämlich tatsächlich darauf liegen, was an Psychotherapie verstehbar und vermittelbar ist. Sehr vieles ist auch nur schwer – oder nicht – verstehbar. Therapie ist eine sehr komplexe Interaktion zwischen Menschen. Aber es gibt Grundlinien, die generell gelten. Wo Therapie gelingt, bedient sie sich in immer neuen Variationen dieser Muster. Mein Ziel ist, diese Grundlinien möglichst deutlich und verstehbar herauszuarbeiten.

---

1 In diesem Buch wähle ich für eine bessere Lesbarkeit oft die männliche Form. Um jedoch einen Kompromiss zu finden zwischen konservativer und gendergerechter Schreibung habe ich versucht, da wo möglich geschlechtsneutrale Begriffe zu verwenden.

Auf den ersten Blick sehen Therapieansätze oft recht verschieden aus. Es gibt Therapieschulen wie die Psychoanalyse, tiefenpsychologisch fundierte Psychotherapie oder die Verhaltenstherapie (▸ Kap. 7). In der Klinik Hohe Mark in Oberursel, in der ich tätig bin, ist unsere Ausgangsprägung tiefenpsychologisch, und so wird auch dieses Buch einen gewissen Akzent in dieser Richtung nicht verleugnen können. Wir arbeiten jedoch in der Praxis als psychoanalytisch, tiefenpsychologisch, verhaltenstherapeutisch und schematherapeutisch ausgebildetes Kollegium zusammen und nutzen die Methoden und Modelle unterschiedlicher Schulen. So bemühe ich mich auch in diesem Buch durchgehend, schulenübergreifend zu denken. Das erhöht in der Arbeit mit Patienten[2] deutlich die Wahrscheinlichkeit, einfache Modelle mit großer Erklärungskraft zu finden, wie wir in Kapitel 3 noch sehen werden. Und solche Modelle sind Voraussetzung für eine wirkungsvolle Psychotherapie.

Was auch schon an dieser Stelle gesagt werden soll: Es gibt psychische Krankheitsbilder, bei denen Psychotherapie nur eine untergeordnete Rolle spielt. Von diesen wird in diesem Buch nicht die Rede sein. Insbesondere sind das organisch bedingte Störungen wie z. B. eine Depression, die durch eine Schilddrüsenunterfunktion ausgelöst wurde – wo die Therapie natürlich in einer Regulierung der Schilddrüsenhormone bestehen muss. Es sind aber auch Störungen, die vorwiegend neurophysiologisch ausgelöst wurden, wie eine schizophrene Psychose, eine schwere phasisch auf-

---

2 Der Begriff Patientin oder Patient ist in diesem Buch nicht diskriminierend gemeint, sondern im wörtlichen Sinne: die oder der Leidende. Es sind Menschen, die aus irgendeinem Leidensdruck heraus Hilfe in Anspruch nehmen.

tretende Depression oder die manisch-depressive Erkrankung. Hier sind oft kaum äußere Auslöser fassbar, stattdessen sprechen die Betroffenen aber meist gut auf eine medikamentöse Behandlung an. Es geht in diesen Fällen zunächst einmal darum, den Stoffwechsel der Botenstoffe im Gehirn (Neurotransmitter) wieder zu regulieren. Auch hier ist eine unterstützende Psychotherapie sinnvoll. Diese dient aber in der Regel mehr der Verarbeitung des Krankheitsgeschehens an sich, als dass dadurch eine Heilung zu bewirken wäre. Gerade in diesem Bereich gibt es inzwischen für jedes Störungsbild gute Literatur für Betroffene und Angehörige.

Auch im Bereich der Suchterkrankungen, insbesondere der stoffgebundenen Süchte, gelten z. T. andere Regeln. Oft stehen hier zunächst medizinisch-körperliche Probleme im Vordergrund (Entzug), später dann die Etablierung notwendiger Strukturen, was als Thema den hier vorgegebenen Rahmen sprengen würde.

In diesem Buch soll es dagegen um jene psychischen Erkrankungen gehen, wo das Wesentliche im Heilungsprozess über Verstehen zu erreichen ist. Also um das, was in einer ambulanten Psychotherapie passiert und ebenso auf einer psychotherapeutisch-psychosomatischen Station. Medikamente, wenn sie denn verordnet werden, haben hier nur eine unterstützende Funktion.

2 Wie innere Konflikte das Leben einengen und wo Therapie ansetzen kann

In der Klinik wundern wir uns manchmal, wie lange es Menschen in eigentlich unerträglichen Situationen ausgehalten haben, bevor sie endlich Hilfe in Anspruch nehmen. Auch heutzutage liegt immer noch ein Tabu auf der Psychotherapie. Glücklicherweise bröckelt es etwas. Immer mehr Menschen, Frauen sind da oft mutiger als Männer, trauen sich, offen darüber zu sprechen, dass sie einen Therapeuten haben. Aber die Regel ist immer noch, dass man sich lange mit einem Problem herumquält. Viele Menschen nehmen Psychotherapie erst dann in Anspruch, wenn gar nichts mehr geht, sie z. B. lange Zeit einfach nicht mehr zur Arbeit gehen konnten.

Jeder Mensch, der sich in Therapie begibt, bringt seine ganz eigene Geschichte mit – eine unendliche Vielfalt. Für die Ausgangssituation sind aber zwei Möglichkeiten typisch:

- Es geht den Betroffenen um belastende Symptome, die sie möglichst schnell wieder los sein möchten. Das könnten Ängste sein, körperliche Symptome wie Schmerzen, Depressivität oder Zwänge.
- Eine Person ist stark betroffen von dem, was ihr im Vorfeld widerfahren ist. Und sie kann sagen, wer daran Schuld hat: der Vorgesetzte am Arbeitsplatz, Kollegen, Eltern, erwachsene Kinder, sehr oft auch der Partner – die sie »völlig fertiggemacht« haben.

Wenn man diese Sichtweise zugrunde legt, könnte damit das Projekt Therapie schon am Ende sein. Denn eines ist meistens klar: Wir können nicht direkt helfen. In Bezug auf viele Symptome wie Ängste und Zwänge wissen die Betroffenen oft schon selbst sehr gut, dass diese völlig unangemessen sind – trotzdem haben sie sie. Körperliche Beschwerden wurden schon mit allen technischen Mitteln der modernen Medizin untersucht – geholfen hat es aber bisher nicht. Und in Bezug auf die äußeren belastenden Umstände können wir auch nicht den Heimatort der Person aufsuchen, um dort für sie alles zum Besten zu regeln.

All das, was den Kummer verursacht im Erleben unserer Patienten, können wir nicht ändern. Es kann sich nur eines ändern: der Mensch selbst.

Wie dieser Prozess nun aber vor sich gehen soll, ist für die Betroffenen nicht leicht abzusehen. Denn schließlich haben sie sich ja auch vor der Therapie schon Mühe gegeben, oft große Anstrengungen unternommen, um das Beste aus sich und ihrer Situation zu machen.

In manchen Fällen mag das Scheitern daran gelegen haben, dass Menschen bestimmte Fähigkeiten nicht erworben haben oder aus verschiedensten Gründen wieder verlernt haben. In diesen Fällen sind entsprechende, auf den Einzelnen zugeschnittene Übungsprogramme hilfreich, die wir auch immer wieder therapieunterstützend anwenden.

Meistens wird aber schnell deutlich, dass es nicht darum ging, dass eine bestimmte Fertigkeit gefehlt hat, sondern dass es um ganz tiefgreifende emotionale Verflechtungen unserer Patienten mit ihrer Umwelt ging, die sie aus eigener Kraft nicht mehr entwirren konnten und nur noch als Sackgasse wahrnahmen. Unter diesem überhandnehmenden Druck haben sich dann Symptome entwickelt wie eine Depression, Zwänge, Ängste, psychisch bedingte Körperbeschwerden (somatoforme Störungen) oder Essstörungen.

Es muss in der Therapie darum gehen, dieses undurchschaubare Geflecht aus Gefühlen, Wünschen und Befürchtungen zu entwirren, um es dem Betroffenen zu ermöglichen, wieder eigene Entscheidungsfreiheit zurückzugewinnen. Und das geht nur über einen Umweg: Wir müssen der Person dabei helfen, sich besser und tiefer zu verstehen, als sie es je getan hat.

Fallbeispiel

Frau F. kommt wegen eines »Burnout« in die Klinik. Diese Diagnose hat sie schon selbst gestellt, und ihr Hausarzt hat sie ihr auf die Einweisung geschrieben, auch wenn es eigentlich keine medizinische Diagnose ist.

Die etwa 40-jährige Frau F. ist Lehrerin an einer Grundschule und jetzt schon vier Monate krankgeschrieben. Sie berichtet ihrer Therapeutin im Aufnahmegespräch, dass sie sich zu Hause zu nichts mehr habe aufraffen können, viel geweint habe und sehr depressiv gewesen sei. Ihre Arbeit möge sie eigentlich. Es sei aber in den Jahren immer mehr dazugekommen. Ständig müsse sie Vertretungen machen, sich in neue Klassen einarbeiten, manchmal sitze sie abends bis Mitternacht an den Unterrichtsvorbereitungen. Was aber am schlimmsten sei: Die neue Konrektorin, die vor zwei Jahren an die Schule kam, habe eindeutig etwas gegen sie. Diese sei für die Stundenpläne und Vertretungspläne zuständig. So habe diese sie einmal vor allen kritisiert, als sie zu spät zu einer Konferenz gekommen sei. Sie gebe ihr immer die »allerletzten« Vertretungsstunden und sei überhaupt kühl und arrogant. Mit der jetzt pensionierten Vorgängerin habe sie sich immer sehr gut verstanden. Die Vorgängerin habe sie manchmal gelobt, als es ihr einmal ganz schlecht ging, habe diese sie sogar in den Arm genommen.

Mit Männern habe sie bisher immer Pech gehabt. Es gab wenige kürzere Beziehungen. Irgendwie habe es nicht gepasst. Das hätten aber jeweils beide gemerkt.

Zur Vorgeschichte war zu erfahren, dass Frau F. als die Ältere von zwei Schwestern aufwuchs und eine sehr strenge, fordernde Mutter hatte. Die Ehe der Eltern war schon in der frühen Kindheit auseinandergegangen, zum Vater bestand kaum Kontakt. Die jüngere Schwester war Nesthäkchen und wurde vorgezogen, für Frau F. gab es nur ein wenig Zuwendung, und zwar dann, wenn sie besondere Leistungen zeigte, vor allem gute Schulnoten.

Dass Frau F. Hilfe braucht und in der Klinik richtig ist, ist an diesem Punkt schon einmal unstrittig: Sie ist deutlich depressiv und seit Monaten nicht mehr arbeitsfähig.

Theoretisch könnte die Therapeutin jetzt versuchen, die Probleme von Frau F. im Hier und Jetzt zu lösen, so wie diese sie beschrieben hat. In Bezug auf die langen Arbeitszeiten könnte sie ihr einen Coach vermitteln, der sie darin trainiert, effektiver zu sein und angemessene Prioritäten zu setzen. Um mit der neuen Konrektorin besser fertigzuwerden, könnte ein Durchsetzungstraining hilfreich sein. Mit den Männern wäre es etwas schwieriger, aber auch hier wären viele der Meinung, dass man doch bei sorgfältiger Eingrenzung in heutigen Partnerportalen etwas finden müsste.

Die Therapeutin lässt aber all diese guten Möglichkeiten links liegen, weil sie davon ausgeht, dass Lösungen auf einer anderen Ebene zu finden sind. Auch wenn sie noch nicht weiß, welche Lösungen es sein werden.

Nur im Miteinander mit Frau F. wird sie herausbekommen, was in deren Geschichte relevant war, was Druck gemacht hat, was geängstigt hat, aber auch, was Sicherheit gegeben hat. Die Patienten sind immer die Experten für ihre eigene Geschichte! Und nur die Gefühle, die bei bestimmten Themen bei dem Patienten und Therapeuten entstehen, können zu weiteren Erkenntnissen leiten – nicht das theoretische Vorwissen des Therapeuten.

Schon bald zeigt sich, dass nicht nur die Mutter von Frau F. hohe Leistungsansprüche an sie stellte, sondern auch sie selbst, denn sie hat diese längst in sich aufgenommen (internalisiert). Frau F. kann bis jetzt gar nicht anders denken, als dass ihre Arbeit nur dann gerade eben gut genug ist, wenn sie ihr Bestes gegeben hat. So sitzt sie bis in die Nacht und laminiert noch Handouts für die Kinder, weil »weniger als perfekt« gar nicht geht in ihren Augen.

Schon im Aufnahmegespräch hatte die Therapeutin das Gefühl, dass die neue Konrektorin gar nicht so besonders schlimme Dinge getan hat, was weiteres Nachfragen auch bestätigt. Es ist aufseiten von Frau F. vielmehr die große Enttäuschung darüber, dass das warmherzige Verhältnis zur Vorgängerin nicht mehr besteht. In weiteren Gesprächen wird deutlich, wie sehr sie sich früher nach der Liebe ihrer Mutter sehnte. Die frühere Konrektorin konnte ihr immerhin einige mütterliche Zuwendung geben, wofür sie dieser dankbare Verehrung entgegenbrachte.

Partnerschaftliche Beziehungen hatte sie bisher meist zu deutlich älteren Männern. Es wird bald deutlich, dass es ihr hier mehr um väterliche Versorgung als um reife Partnerschaft ging.

Therapie wird bei Frau F. vor allem bedeuten, dass sie sich mit ihrer »inneren Antreiberin«, der internalisierten Mutter und deren Leistungsansprüchen auseinandersetzt. Mit dem Ziel, sich endlich einmal von dieser zu emanzipieren. Und zweitens wird es darum gehen müssen, dass sie lernt, liebevolle Zuwendung nicht immer noch von äußeren Mutterfiguren zu erwarten. Frau F. muss lernen, »sich selbst eine gute Mutter zu werden«. Oft wird in Therapien auch das Bild vom »inneren Kind« gebraucht, dem Kind, das wir früher einmal waren. Dann würde es darum gehen zu lernen, diesem endlich einmal Schutz und gute Versorgung zu geben.

Was dieses Fallbeispiel zeigen soll: Ein Therapieerfolg ist in der Regel nicht auf direktem Wege zu erreichen: durch Bekämpfung der Symptome oder Änderung äußerer Umstände. Stattdessen braucht es den Umweg über die Entwicklungsgeschichte der Betroffenen, einschließlich der dort verankerten Gefühle.

Bei der Entwicklung einer psychischen Krankheit haben in der Regel bestimmte Gebote, Verbote, Versagungen, Prägungen der frühen Kindheit zu Einengungen geführt, die das spätere Leben spezifisch beeinflusst und behindert haben. Weil die Betroffenen aber natürlich Wünsche, Bedürfnisse und Hoffnungen haben wie andere Menschen auch, musste es zu Reibungen mit diesen inneren Einschränkungen kommen. Innere Konflikte sind entstanden und haben immer mehr Energie gebunden.

Die frühe Kindheit ist deshalb so wichtig für die Entwicklung eines Menschen, weil der Mensch sich hier, in der Säuglingsphase am stärksten, in einer vollständigen Abhängigkeit von seinen frühen Bezugspersonen befindet. Für einen Säugling oder ein Kleinkind ist die häusliche Umgebung, in der es aufwächst, die ganze Welt. Das Kind hat keine Alternative. Was am Anfang des Lebens auf einen Menschen einwirkt, wenn der Machtunterschied zu den primären Bezugspersonen (meist die Eltern) noch nahezu unendlich ist, hat weit größere Prägekraft als spätere Ereignisse. Es hat die größten Auswirkungen – und gleichzeitig ist es der bewussten Erinnerung am wenigsten zugänglich. Ein Säugling verschmilzt die Erfahrungen, die er im Elternhaus in sich aufnimmt, mit seiner Persönlichkeit. Ein Kind nimmt tief in sich auf, dass die Welt so funktioniert, wie es das im Elternhaus erlebt.

Deshalb hat es entscheidende Bedeutung, ob Eltern als freundlich-zugewandt oder kühl, als gewährend oder geizig, als zuverlässig oder unzuverlässig erlebt und in sich aufgenommen (internalisiert) werden. Genau diese Erfahrungen prägen später auch das Bild über sich selbst, das ein Mensch mit ins Leben nimmt. Hatten die Eltern wenig Zuwendung für ein Kind übrig, könnte dieses den Leitsatz mit ins Leben nehmen: »Ich bin es nicht wert, dass man sich mit mir beschäftigt.« Bei unzuverlässigen Eltern vielleicht: »Ich muss ganz schnell zugreifen, wer weiß, wann ich wieder etwas bekomme.« Es gibt unzählige Möglichkeiten.

Ein Kind nimmt einen ganzen Satz von Erfahrungen mit Menschen, Gedanken über sich selbst und Regeln im Zusammenleben mit ins Leben. Einen bestimmten Blickwinkel sozusagen, aus dem heraus es die Außenwelt wahrnimmt und erfährt. Manches bleibt weitgehend verborgen, weil es gar nicht im vorgeprägten Gesichtsfeld erscheint. Und anderes erscheint überdeutlich. Natürlich ist auch sehr viel Gutes und Brauchbares dabei. Wer wollte bestreiten, dass es nicht sinnvoll gewesen ist, sprechen und laufen gelernt zu haben.

Aber es gibt kein Elternhaus, das nicht auch recht spezielle »Wahrheiten« mitgibt. Eltern sind auch nur Menschen – nämlich ebenfalls durch ihr Elternhaus machtvoll geprägte ehemalige Säuglinge.

Für unser Thema gilt es festzuhalten: Jeder Mensch hat in seiner Ursprungsfamilie (ob es eine größere Familie oder ein alleinerziehendes Elternteil war) einen ganzen Set an Prägungen, Vorstellungen über das Leben, über sich selbst und die Menschen mitbekommen. Und diesen Blickwinkel nimmt jeder Mensch zunächst einmal mit ins Leben. Sehr oft merken Menschen wenig davon, dass dieser Blickwinkel ziemlich speziell ist. So lange das Leben einigermaßen läuft, so lange wir unseren Platz in der Gesellschaft zur Verfügung gestellt bekommen, so lange es keine echten Krisen und Blockierungen gibt, halten wir es für die Normalität, und zwar für die einzig mögliche.

Insofern müssen Erklärungen, damit sie hilfreich werden, auch diese Bereiche miterfassen. Um einen weiteren Blick bekommen zu können, muss ich erst einmal etwas über meine Einschränkungen, meine Spezialitäten, meine tiefsitzenden Ängste erfahren. Ein Mensch muss sich in seinem ganz besonderen Gewordensein wahrnehmen und verstehen, damit er Alternativen erkennen kann. Und dann gilt es auch, den weiteren Verlauf der Biografie einzubeziehen: Wo überall haben diese ganz frühen Prägungen sich in meinem Leben ausgewirkt und tun es bis heute?

Wie oben beschrieben, führen frühe Versagungen und Verbote oft zu inneren Konflikten. Jeder Mensch trägt eine Vielzahl von Konflikten in sich und immer wieder mit sich aus. Das gehört zu uns als sehr komplexe und in Entscheidungsfreiheit lebende Wesen. Krankmachend wird diese Tatsache nur, wenn wir für wichtige und schwerwiegende innere Konflikte keine Lösung finden, weil durch innere Verbote alle Lösungswege verbaut sind. Bestimmte, eigentlich wichtige und normale Lebensregungen mussten je länger desto mehr unterdrückt werden, weil sie verboten waren. Dabei geht es z. B. um den Wunsch nach guter Versorgung, um aggressive oder sexuelle Impulse, die nicht sein dürfen. Was nicht sein darf, kann aber auch nicht konstruktiv genutzt werden. Zum Beispiel ein gewisses Maß an Aggression, um eine nötige Grenze zu ziehen oder darauf zu bestehen, am Arbeitsplatz gerecht behandelt zu werden. Oder eine einigermaßen entspannte Beziehung zur eigenen Sexualität, um eine Partnerschaft beginnen zu können. Stattdessen tauchen diese Wünsche und Impulse (die natürlich nicht »weg« sind) dann in verschleierter Form irgendwo auf, treiben merkwürdige Blüten und richten eine Menge indirekten Schaden an.

Menschen, die wegen innerer Ge- und Verbote nicht in der Lage sind, unerträgliche innere Konflikte zu lösen, müssen deshalb – unbewusst – »faule Kompromisse« eingehen, um das Leben trotzdem einigermaßen erträglich zu gestalten. Diese beseitigen die vorhandenen Regungen und Impulse nicht wirklich, sondern verbannen sie nur von der Oberfläche der bewussten Wahrnehmung. Solche Kompromisse definieren den Bereich des Neurotischen. In der Tiefenpsychologie wird dieses unbewusste Nicht-mehr-wahrnehmbar-Machen Verdrängung genannt. Gemeint ist damit, dass unliebsame oder verbotene Inhalte aus dem Bewusstsein verbannt werden. Die Verdrängung hat viele Unterformen. Man könnte sagen: Das Unbewusste ist sehr erfinderisch darin, für einen Konflikt jeweils den Weg herauszufinden, auf dem dieser so unauffällig wie möglich beiseitegeschoben werden kann.

Der Gewinn an der Verdrängung und den daraus entstehenden neurotischen Kompromissen ist, dass vermieden werden kann, den Konflikt weiter wahrzunehmen und daran zu leiden. Der Preis ist, dass das Leben enger und langweiliger wird.

Und nicht selten treten auch an unvorhergesehenen Stellen Störungen ein, denen die Betroffenen hilflos gegenüberstehen.

Exkurs 1

Die kreative Vielfalt der Abwehrmechanismen

In der Psychoanalyse (▸ Kap. 7.2) wurden zahlreiche verschiedene dieser Mechanismen definiert, deren gemeinsames Ziel einzig und allein ist: unliebsame Inhalte nicht ins Bewusstsein dringen zu lassen. Besonders Anna Freud machte sich um die folgende Liste verdient, die bis heute nützlich und anwendbar ist.

- *Verdrängung.* Die Person verschiebt einen inneren Konflikt ins Unbewusste. Dadurch wird er mitsamt der daran hängenden Emotionen unerlebbar. Die »Verdrängung« ist gleichzeitig ein Dachbegriff für all die folgenden neurotischen Abwehrmechanismen.
- *Verleugnung:* Die Person wehrt von außen kommende Reize ab, sie erkennt äußere Realitäten nicht an.
- *Projektion:* Die Person verlagert einen (eigenen) Impuls in die Außenwelt. »Nicht ich bin aggressiv, sondern du bedrohst mich ständig mit deiner Wut!«

- *Reaktionsbildung:* Die Person ersetzt einen Impuls durch das direkte Gegenteil, z. B. »Übergüte« statt Aggression.
- *Intellektualisierung:* Die Person verlagert negative Impulse aus dem emotionalen Bereich in den intellektuell-theoretischen Bereich. »Ich mache mir keine Sorgen. Ich stelle nur generell fest, dass es im heutigen Wirtschaftsleben immer schwieriger wird, sich gegenüber der Konkurrenz zu behaupten.«
- *Rationalisierung:* Die Person ersetzt den tatsächlichen, aber für sie unbewusst nicht akzeptablen Grund für ihr Verhalten durch eine vernünftig wirkende Scheinerklärung. Zum Beispiel trennt sich ein Mann von seiner Partnerin, mit der er immer wieder in erbitterte Machtkämpfe hineingeraten war. Rationalisierung ist jetzt ein Weg, nicht weiter über eigene Anteile nachdenken zu müssen. Er erklärt: »Eine Architektin als Partnerin passt einfach nicht zu mir, das war ja gleich klar.«
- *Isolierung:* Die Person kann sich an ein Erlebnis erinnern, fühlt aber das dazugehörige Gefühl nicht.
- *Verschiebung:* Die Person verschiebt den Impuls (meist Aggression), der einer Person gilt, auf eine andere, weniger bedrohlich erlebte Person. Zum Beispiel kritisiert ein Manager seinen Mitarbeiter, obwohl ihn eigentlich eine unsinnige Anweisung des Chefs geärgert hat.
- *Wendung gegen das Selbst:* Zum Beispiel wird aus der Wut gegen mächtige Elternfiguren Wut auf sich selbst. Dies ist klassisch in der Depression (▶ Kap. 8.2).
- *Identifizierung mit dem Aggressor:* Die Person übernimmt Eigenschaften und Werte des Aggressors, um unerträgliche Angst erträglicher zu gestalten. Dazu gehört z. B. das »Stockholm-Syndrom« bei Flugzeugentführungen.
- *Regression:* Die Person gerät aufgrund bestimmter Auslöser in frühere Erlebnisweisen, die auf der psychischen Ebene einer bestimmten kindlichen Entwicklungsstufe entsprechen. Dieser Abwehrmechanismus ist eine Grundbedingung zur Entstehung der neurotischen Symptomatik.

- *Introjektion:* Die Person verinnerlicht frühere Bezugspersonen; sie handelt wie diese, z. B. strafend oder fordernd – vor
allem sich selbst gegenüber.
- *Ungeschehenmachen:* Die Person erklärt die konfliktauslö-
sende Ursache für nicht existent, übt stattdessen magische
Abwehrrituale aus. Dieser Abwehrmechanismus wird besonders von Zwangskranken angewendet.

Fallbeispiel

Ein Beispiel für Abwehr: Ein Mann ist stark aggressionsgehemmt. In
seinem Elternhaus wurden damals Widerworte brutal bestraft, strikte
Unterordnung wurde eingefordert. Als Erwachsener versucht er, unter allen Umständen freundlich und hilfsbereit zu sein, was manchmal
von anderen auch ausgenutzt wird. Unter den Nachbarn ist er als
besonders nett bekannt. Er leidet aber daran, dass es in größeren Abständen immer wieder zu »Explosionen« kommt. Er schreit dann seine Frau und die Kinder regelrecht zusammen. Anschließend schämt er
sich und weiß nicht, wie das passieren konnte. In Therapie begibt er
sich, weil ihm die Ehefrau ernsthaft eine Trennung angedroht hat.
Offensichtlich hat sich seine Aggression, die bis jetzt eigentlich nicht
sein darf, unbewusst dieses – wenig hilfreiche – Ventil gesucht. Sein
Hauptabwehrmechanismus ist die Reaktionsbildung (▶ Exkurs 1: »Die
kreative Vielfalt der Abwehrmechanismen«, oben): übertriebene
Freundlichkeit gerade dann, wenn sich innen immer mehr Ärger staut.

Das Leben eines Menschen wird störanfälliger, wenn er
wichtige Inhalte abwehrt. Er bindet viel seiner Energie in
der »Verwaltung« bzw. Bändigung innerer Konflikte. Wenn
dann stärkere äußere Anforderungen oder Veränderungen
eintreten, kann er nicht mehr ausreichend reagieren, um in
der neuen Situation wieder einen guten Platz zu finden. Er
wird krank. Seine Situation wird zur Sackgasse ohne Ausweg.

Meist entwickeln sich im Umkreis von Menschen mit starken inneren Konflikten auch immer mehr äußere Konflikte. Manche Patienten haben, wenn sie in Therapie kommen, schon eine ganze Kette von immer wieder ähnlichen (schlimmen) Erlebnissen hinter sich, die sie dann natürlich immer weiter frustriert. Ob das wiederholte Partnertrennungen sind, immer nach ein paar Jahren und einem hoffnungsvollen Anfang, ob es die Tatsache ist, immer wieder süchtige Partner zu haben, oder ob es immer wieder ähnlich strukturierte Konflikte am Arbeitsplatz sind – es gibt viele Möglichkeiten für Wiederholungen desselben Musters.

Um einem Menschen auf psychotherapeutischem Wege helfen zu können, ist es entscheidend, gemeinsam mit ihm seine wichtigsten destruktiven Muster zu erkennen und deren Herkunft zu verstehen. Lester Luborsky (1988) hat dafür den Begriff »zentraler Beziehungskonflikt« geprägt.

Hier sind Therapeuten Wegweiser. Sie wissen, welche Bereiche unbedingt dazugehören und was angeschaut werden muss, um ein umfassendes Bild eines Menschen zu erhalten. Ein weiterer Schritt ist, all diese einzelnen Erkenntnisse und Beobachtungen in einem guten Modell zusammenzufassen. Nur dann wird das Wissen anwendbar.

An dieser Stelle liegt ein entscheidendes Stück der therapeutischen Kompetenz. Ein fachlich guter Therapeut hat eine besondere Fähigkeit, solche umfassenden und stimmigen Modelle zu entwickeln. So lange noch alle möglichen Einzelheiten unverbunden nebeneinander stehen, ist ein guter Therapeut höchst unzufrieden. Es drängt ihn, immer weiter darüber nachzudenken, Fachwissen, Wahrnehmung und Intuition zu nutzen, um die Tatsachen zu integrieren. Steht ein brauchbares Modell, ist die Befriedigung, die ein engagierter Therapeut empfindet, durchaus vergleichbar mit derjenigen, die ein guter Architekt erlebt, wenn er gerade einen tollen Entwurf skizziert hat, oder ein Kriminalbeamter, wenn er einen kniffeligen Fall gelöst hat.

Natürlich fallen je nach Therapierichtung – ob Verhaltenstherapie, tiefenpsychologisch fundierte Psychotherapie oder eine andere Richtung – die Modelle verschieden aus. Doch haben sich heute die Schulen so weit angenähert, dass die inhaltlichen Unterschiede oft nicht mehr erheblich sind (▸ Kap. 7). Die Fachsprache ist allerdings immer noch auf den ersten Blick weitgehend inkompatibel.

Um erfolgreich therapeutisch arbeiten zu können, gilt es, eine möglichst zutreffende Theorie darüber zu entwickeln, ein Modell, wie es so weit hat kommen können. Wie immer in der Wissenschaft gilt: Eine Theorie ist desto besser, je einfacher sie ist und je mehr sie gleichzeitig erklären kann. Und sie darf erst dann genutzt werden, wenn es keine wesentlichen Fakten mehr gibt, die ihr widersprechen. Bei einer mäßig guten Theorie gibt es immer Fakten, die mit ihr nicht erklärt werden können. Aber wenn ihr bestimmte Tatsachen ernsthaft widersprechen, dann stimmt mit der Theorie etwas nicht, und sie muss verworfen oder überarbeitet werden. Das gilt auch in der Psychotherapie.

Auch wenn wir in unserer Klinik im Grundsatz tiefenpsychologisch ausgerichtet sind, ist es oft der Fall, dass in der Formulierung eines Therapiefokus erlerntes Verhalten im Vordergrund steht und ein Therapieziel auch als Verlernen bzw. Erlernen von Alternativen formuliert wird, also ein verhaltenstherapeutisches Modell erstellt wird. Im Sinne der Patienten sollte tatsächlich schulenübergreifend das einfachste Modell mit der größten Erklärungskraft genutzt werden. Voraussetzung ist allerdings, dass die Therapeuten auch über den Tellerrand ihrer ursprünglichen Ausbildungsrichtung hinausschauen können.

Wie solch ein Modell, solch eine Theorie über eine Störung gefunden werden kann, wird Thema des nächsten Kapitels sein. In den Therapiekapiteln 4 und 5 wird es dann darum gehen, wie die gefundenen Zusammenhänge im täglichen Leben angewendet und für Veränderungsprozesse genutzt werden können.

3 Wie findet man den zentralen Beziehungskonflikt?

3.1 Dreieck der Einsicht

Karl A. Menninger hat 1958 das »Dreieck der Einsicht« formuliert, das immer noch als Grundlage des therapeutischen Erkenntnisgewinns gelten kann. Zunächst war es ein rein psychoanalytisches Modell, doch inzwischen geht die neuere Verhaltenstherapie prinzipiell sehr ähnlich vor, ebenfalls die Schematherapie (▶ Kap. 7).

Dieses Einsichtsdreieck ist in der Folge mehrfach verändert und erweitert worden, liegt aber z. B. auch dem Klassiker von Hermann Argelander (2009) über das Erstinterview in der Psychotherapie und dem Konzept des »Zentralen Beziehungskonfliktthemas« zugrunde, das Lester Luborsky 1988 formulierte (1988, 1995). Es gibt danach drei Hauptbereiche, die es zu berücksichtigen gilt, um therapeutische Einsichten zu ermöglichen:

- Die aktuelle Situation
- Die Biografie (mit Schwerpunkt auf den ersten Jahren)
- Das szenische Erleben

Diese drei Bereiche bilden das Dreieck der Einsicht (▶ Abb. 3-1). Man kann sich eine Theorie über eine bestehende psychische Störung wie einen Hocker vorstellen, der auf drei Beinen steht: Man kann nicht auf eines davon verzichten. Auf zwei Beinen ließe sich der Hocker nicht belastbar aufstellen, ebenso wenig wie eine Theorie für wirksame Hilfe taugen würde, die einen dieser essenziellen Bereiche nicht berücksichtigt.

Was bedeuten jetzt diese drei Faktoren im Einzelnen?

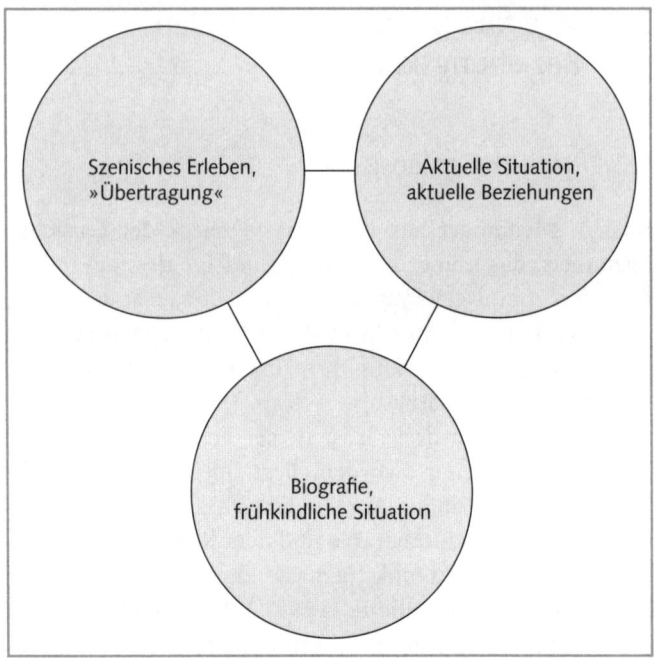

Abb. 3-1 Dreieck der Einsicht (Menninger)

Aktuelle Situation

Hier geht es zum einen um die Frage: Was bringt diesen Menschen jetzt dazu, dass er Hilfe in Anspruch nehmen möchte? Was empfindet er als Sackgasse, als Problem, das mit »Bordmitteln« nicht mehr zu lösen ist? Was führte seiner jetzigen Wahrnehmung nach zur Erkrankung? Wo spürt er derzeit den meisten Druck, welcher Lebensbereich belastet am meisten?

In was für Beziehungen lebt der Patient zurzeit? Insbesondere sind hier die Beziehungen in der Familie und am

Arbeitsplatz wichtig. Wer unterstützt hier und wer raubt Energie? Wo gibt es Konflikte und Probleme und warum genau?

Dazu gehört auch, ein gutes Bild von der Familien- und Wohnsituation zu bekommen und ebenfalls ein möglichst plastisches Bild vom Arbeitsumfeld und der Tätigkeit, die der Betreffende ausführt. Hat er sein Auskommen oder gibt es finanzielle Not?

Gezielt gefragt werden sollte auch gerade nach Bereichen, die möglicherweise zunächst umgangen werden, weil es dem Betroffenen peinlich ist. Es ist nicht möglich, ein sinnvolles Modell zu entwickeln, wenn hier vielleicht ein wichtiger Punkt verschwiegen oder in stillschweigendem Einverständnis umgangen wurde. So sollte klar und offen nach der genauen Höhe von Schulden gefragt werden, dem Ausmaß von Alkoholmissbrauch, nach anderen Abhängigkeiten, nach sexuellen Problemen jeder Art und bei Andeutung von ausgeübter körperlicher Gewalt auch genau, was da schon passiert ist. Es gibt kaum einen besseren Einstieg in eine therapeutische Beziehung, als wenn ein Ratsuchender merkt, dass der Therapeut nicht verurteilend mit diesen ihm oft höchst peinlichen Inhalten umgeht, sondern fachlich interessiert ist und der Überzeugung, dass gerade hier gemeinsam eine positive Entwicklung in Gang gesetzt werden sollte.

Hierher gehört auch die Frage, welche klinischen Diagnosen vergeben werden können. Diese sollten sich an der Internationalen Klassifikation psychischer Störungen (ICD = International Classification of Disseases) orientieren, weil nur so eine einigermaßen eindeutige Verständigung mit anderen Kollegen möglich ist.

In den meisten Fällen entwickeln Menschen in für sie ausweglosen Lagen eine Depression. Diese bildet entweder das Hauptsymptom oder begleitet dieses. Wenn ja, wie ausgeprägt ist die Depressivität? Hauptsymptom können auch Ängste bzw. eine Form einer Angsterkrankung sein (z.B. Panikstörung, soziale Phobie, eine Agoraphobie oder eine andere spezielle Phobie). Vielleicht liegen auch Zwänge (Zwangsgedanken, Zwangshandlungen) vor?

Ebenfalls eine Vielfalt an Symptomen gibt es im Rahmen der Psychosomatik. Meist haben die Betroffenen schon umfangreiche medizinische Abklärungen hinter sich.

Wenn es sich um eine Essstörung handelt oder eine Borderline-Störung, dann gelten z.T. andere Behandlungsregeln (▶ Kap. 8). In Bezug auf Persönlichkeitsstörungen, insbesondere die Borderline-Störung, braucht es auch einen anderen theoretischen Zugang als den unten dargestellten (▶ Kap. 8.9).

Ausgeschlossen werden muss eine stoffgebundene Abhängigkeit, wie am weitaus häufigsten ein Alkoholabusus. Das würde eine spezielle Suchtbehandlung erfordern, die auf jeden Fall einer klassischen Psychotherapie vorgeschaltet werden sollte. Und natürlich müssen auch vorwiegend neurophysiologisch bedingte Störungen wie eine schizophrene Psychose, eine schwere Depression oder eine Manie ausgeschlossen werden, die ebenfalls eine andere Behandlung erfordern würden.

Biografie

Gerade für die besonders wichtige Zeit der frühen Kindheit sind die Informationen, verglichen mit späteren Jahren oder den jetzigen Problemen, am Anfang einer Therapie oft relativ karg. Manche Patienten idealisieren rundweg ihre Kindheit. »Ich hatte eine wunderbare Familie!« Meist möchten sie dann schnell zum nächsten Punkt übergehen und haben sichtlich wenig Lust, sich weiter damit zu beschäftigen.

Immerhin lassen sich auch am Anfang einige objektive Daten erfassen: Wo stand das Kind in der Geschwisterreihe? Musste das Kind früh Verantwortung übernehmen? Wie war die wirtschaftliche Situation der Familie? Was haben die Eltern beruflich gemacht, wie stark waren sie beschäftigt, wie bildungsfern oder -nah waren sie? Sind die Eltern die Kindheit über zusammengeblieben? Wenn nicht, durfte das Kind ununterbrochen bei einem Elternteil bleiben? War eines der Elternteile vielleicht psychisch krank oder litt an einer Sucht?

Aus diesen objektiven Daten lässt sich oft schon eine ganze Menge ersehen, wenn auch natürlich nur als Hypothese. Erwiesen ist ein Zusammenhang erst dann, wenn er mit dem Gefühl des Betroffenen übereinstimmt.

Fallbeispiel

Ein Mann berichtet, in der Herkunftsfamilie das älteste von vier Kindern gewesen zu sein. Das könnte sehr verschiedene Dinge bedeuten. Möglicherweise hatte er freundliche, recht gesunde Eltern, die darauf achteten, dass er kindgerecht aufwachsen konnte und keine ausgeprägte Rolle einnehmen musste. Oft bedeutet die Rolle des Ältesten aber auch eine markante, lebensprägende Position. Es könnte z.B. eine ausgesprochene Kronprinzenrolle gewesen sein. Das fördert unrealistische narzisstische Erwartungen an sich selbst und andere, die im späteren Leben zum Scheitern führen müssen. Andere älteste Geschwister werden schon früh mit Verantwortung überladen. Sie müssen auf die Jüngeren aufpassen und im Haushalt helfen. Insbesondere Mädchen werden in unserer Gesellschaft in kinderreichen Familien oft in die Rolle einer »Zweitmutter« gedrängt. Zuwendung durch die überforderte echte Mutter ist karg, und wenn, dann als Anerkennung für effektives Arbeiten in der Familie. Oder älteste Kinder werden zum Träger der gesamten Erwartungen der Eltern. Vielleicht sollen sie endlich das Studium schaffen, das dem Vater damals verwehrt blieb.

Die Information, Ältester in der Familie gewesen zu sein, also der objektive Befund, sagt an sich also noch wenig aus. Erst im Zusammenhang mit der gefühlsmäßigen Besetzung dieser Rolle erfahren wir Wesentliches.

Glücklicherweise ist es allerdings so, dass bei den Patienten meistens schon bei einer genauen Anamneseerhebung Gefühle in Bezug auf die Tatsachen hochkommen und auch gezeigt werden. Oft wird dann schon im Erstgespräch oder wenig später Wesentliches klar. Mir ist von Therapieunerfahrenen, z.B. in den Begrüßungsgruppen unserer Abteilung, oft die Frage gestellt worden, wie man denn mit ihnen arbeiten wolle. Sie hätten gehört, dass die Kindheit so wichtig sei, sie könnten sich aber gar nicht mehr daran erinnern. Das ist in dem Moment auch ihr Gefühl, aber in der Regel erfordert es, wie gesagt, kein langes Schürfen, bis die wesentlichen Bedingungen zutage kommen.

Bei uns in der Klinik gibt es zwei Mittel, die sehr fördern können, einen gefühlsmäßigen Zugang zur eigenen Geschichte zu bekommen.

Zum einen ist das der »Fragebogen zur Lebensgeschichte«, den jeder Patienten innerhalb der ersten Zeit ausfüllt. Hier werden verschiedenste Lebensbereiche und Lebensphasen abgefragt. In der Regel entsteht dadurch eine Menge gefühlsmäßige Anregung und Gesprächsbedarf. Im Schutzraum der Station dürfen Dinge bedacht und gefühlt werden, die vorher unter festem Verschluss waren. Unsere Psyche verdrängt so viel wie möglich dessen ins Unbewusste, was uns im täglichen Leben am Funktionieren hindern könnte. Und die meisten Menschen, die in Psychotherapie kommen, haben bis kurz vorher, manchmal am Tag vorher noch funktioniert. Erst wenn sie im Schutzraum der Station keine Rolle mehr erfüllen müssen, dürfen sich die Dinge zeigen, die schon die ganze Zeit gedrückt und belastet haben.

Der andere Zugang zum Gefühl, das mit der frühen Kindheit verbunden ist, ist der »Baukasten für Familienkonstellationen« (▶Kap. 3.2).[3] Die Familienaufstellung der Kindheitssituation in Klötzchenskulpturen kann sehr helfen, diesen Prozess zu beschleunigen.

Aber natürlich interessiert auch die Adoleszenz und der weitere Lebensweg eines Menschen, die ebenfalls erfragt werden müssen.

Szenisches Erleben

Mit dem szenischen Erleben ist gemeint, wie ein Mensch sich – in jeder Hinsicht – darstellt bzw. »inszeniert«. Letztlich ist jedes aktive Handeln immer auch ein »In-Szene-Setzen«, ohne dass dieser Begriff in diesem Zusammenhang etwa herabsetzend gemeint ist. Es ist kein Zufall, ob ich z. B. fröhlich und selbstbewusst auf einen mir unbekannten Menschen zugehe oder mürrisch und misstrauisch. Es ist auch nicht genetisch festgelegt. Sondern es hängt ganz stark damit zusammen, welche Gefühle der andere in mir auslöst, und das wiederum hängt damit zusammen, welche Vorerfahrungen ich mit Menschen gesammelt habe, die mich in irgendeiner Hinsicht an seinen Typ erinnern. Es sind Reaktionsbereitschaften, die in meinem Nervensystem eingespeichert sind. Sie bestimmen, auf welche Muster ich wie reagiere. Mit Logik haben jedenfalls beide Möglichkeiten (die freundliche und die misstrauische) wenig zu tun:

---

3 Der »Baukasten für Familienkonstellationen« wird in der Arbeitstherapie unserer Klinik hergestellt und kann dort erworben werden: Arbeitstherapie der Klinik Hohe Mark, Friedländerstr. 2, 61440 Oberursel; Tel.: 06171 2040.

Ich kenne den anderen wirklich nicht, und es könnte ein äußerst netter Mensch sein, genauso aber auch ein hinterhältiger Betrüger. Übrigens: Auch unsere Meinung darüber, ob es mehr freundliche oder mehr schlechte Menschen gibt, hat ganz wesentlich mit unseren früheren (und ganz besonders den frühesten) Prägungen zu tun.

Damit sind wir schon bei der ersten Situation des Szenischen, dem Kontakt zwischen zwei Menschen. Das ist die Konstellation jeder Einzeltherapie. Hier spielt für das Szenische, dafür, wie ein Mensch sich gibt und – als Patient – auf den Therapeuten zugeht, die Übertragung eine entscheidende Rolle. Was ist damit gemeint?

»Übertragung« ist ein Begriff aus der Tiefenpsychologie und beschreibt das Gefühl, das ein Patient seinem Therapeuten entgegenbringt, obwohl es nicht durch den gegenwärtigen Kontakt begründet ist. Das Konzept Übertragung meint viel mehr, dass ein Therapeut z.B. durch Äußerungen, Bewegungen, Tonfall eine unbewusste Erinnerung an eine frühe Bezugsperson ausgelöst hat. Ebenso unbewusst geht der Patient dann davon aus, dass der Therapeut, der diese Erinnerung ausgelöst hat, auch ähnliche Eigenschaften haben müsse wie diese Person damals.

Ein Beispiel: Der Therapeut hat sich kurz geräuspert – und absolut nichts Böses dabei gedacht. Nun könnte es u.U. passieren, dass ein Patient blitzschnell – und unbewusst – eine Verbindung zu seinem autoritären Vater herstellt, der sich immer dann etwas theatralisch räusperte, wenn er irgendwelche ihm wichtig erscheinenden Dinge beim Abendessen vor den Kindern verkünden wollte. Der Patient schaltete damals immer ab, um sich (unbewusst) vor dem emotionalen Druck zu schützen, den der Vater aufbauen wollte, und hörte nicht mehr zu. So könnte es passieren, dass er jetzt als Patient von der laufenden Therapiestunde auch nicht mehr allzu viel mitbekommt.

Der Therapeut seinerseits merkt, dass er in der heutigen Sitzung mit all seinen Bemühungen wenig beim Patienten auslösen kann. Er ärgert sich vielleicht, dass dieser so bockig schweigt. Er wundert sich selbst, als ihm der Gedanke durch den Kopf schießt: »Am liebsten würde ich den blöden Kerl jetzt mal ordentlich schütteln.«

Das wäre dann eine Gegenübertragung. Damit ist das Gefühl gemeint, das komplementär im Therapeuten entsteht, wenn er »Opfer« eines deutlichen Übertragungsgefühls wird. In diesem Fall entsteht ein aggressives Gefühl in ihm. Und als wahrscheinlichster Grund dafür kommt infrage, dass er die Aggressivität im Schweigen seines Patienten aufgenommen hat. Selbstverständlich bunkert dieser eine Menge Wut gegen seinen Vater, dem gegenüber er nie aufmucken durfte. Und indem der Therapeut eine Vaterübertragung abbekommt, gilt jetzt ihm – unbewusst – die Wut des Patienten.

Anmerkung: Gut, wenn der Therapeut frühzeitig merkt, was hier passiert. Wenn er achtsam ist, fällt es ihm auf. Denn schließlich ist er ganz entspannt in die Therapiestunde gegangen, hatte ein positives Gefühl seinem Patienten gegenüber, und was jetzt an Gefühl da ist, muss irgendwie in dieser Therapiestunde passiert sein. Wenn er soweit gedacht hat, kann er es ansprechen (»Sagen Sie mal, irgendetwas stimmt doch jetzt nicht. Wie geht es Ihnen denn gerade mit mir?«), und möglicherweise kommen beide dann darauf, was passiert ist.

Im schlechtesten Fall merkt der Therapeut nichts und reagiert einfach aggressiv – »weil ihm so ist«. Er könnte die Stunde vorzeitig beenden und den Patienten mit einer patzigen Bemerkung entlassen. Das würde man dann »Mitagieren« nennen, und es wäre ziemlich unprofessionell. Deshalb, weil der Therapeut gerade eine Chance verpasst hat, seinen Patienten auf ein wichtiges Gefühl aufmerksam zu machen und eine Verbindung zu dessen früher Geschichte herzustellen.

Richtig genutzt, ist die Gegenübertragung das feinste Messinstrument eines Therapeuten. Und es lässt sich, wenn man die Situation versteht, größter Gewinn für Therapien daraus ziehen.

Genau genommen kann man absolut jede aktive und passive Äußerung eines Menschen immer auch als Inszenierung verstehen. Eine solche Zweiersituation mit Übertragung und Gegenübertragung bezeichnet man von daher auch als Mikroszene. Die Makroszene hingegen umfasst das ganze Geschehen im Umfeld eines Menschen. Dieser Bereich ist bei ambulanter Behandlung dem direkten Einblick eines Therapeuten verschlossen, er erfährt darüber nur über den Bericht des Patienten etwas. Auf einer Therapiestation ist die besondere Chance, dass dieser Bereich in seiner Gesamtheit der direkten Beobachtung zugänglich ist. Sehr schnell werden auf diese Weise viele Aspekte einer Persönlichkeit deutlich. Wenn nicht Teammitglieder Interaktionspartner sind, dann sind es Mitpatienten, die privat, aber vor allem in Gruppentherapien Rückmeldungen geben können.

Dazu gehört, welche Rolle in der Stationsgemeinschaft jemand übernimmt, welche Vorlieben und welche Antipathien er hat, wen er mag und wer ihn mag und ebenfalls: mit welchen Menschen es, manchmal sehr schnell, Konflikte gibt.

Fallbeispiel

Frau R. ist erst einige Tage auf der Therapiestation. Nach dem Abendessen kommt sie zur diensthabenden Schwester ins Stationszimmer und beginnt gleich zu weinen. Sie sei so grob und unfreundlich von einer Mitpatientin behandelt worden, das sei schon mehrfach vorgekommen, sie halte es einfach nicht mehr aus an ihrem Tisch im Speiseraum. Auf Nachfragen ergibt sich dann, dass sie der Mitpatientin Tee angeboten hatte, allerdings schon zum zweiten Mal an diesem Abend, woraufhin diese sie anschnauzte: »Mensch, ich kann schon selbst die Teekanne anfassen. Hör endlich auf, mich zu bemuttern!« Das sei so grob gewesen. Sie wisse jetzt gar nicht mehr, was sie noch machen solle.

Schon bekannt ist, dass Frau R. als fünftes Kind auf einem Bauernhof in ihrer Kindheit emotional sehr kurz gekommen ist. Schon als Kind hat sie mehr geholfen, als sie musste, weil sie dadurch die Anerkennung der Mutter bekommen konnte. Jetzt arbeitet sie in einer Diakoniestation. Im weiteren Verlauf zeigt sich, wie stark Frau R. davon abhängig ist, sich im Helfen die Liebe und Zuneigung ihrer Mitmenschen zu sichern. Im Tiefsten hält sie sich aber entsprechend ihrer Kindheitserfahrung immer noch für gar nicht der Liebe wert. So muss sie sich immer wieder und wieder über das Helfen ihren Wert bestätigen. (Schmidtbauer [1995] würde hier von einem Helfer-Syndrom-Helfer sprechen).

Schon durch diese kleine Szene wird viel von ihrem Grundkonflikt deutlich.

Von dem der Mitpatientin übrigens auch, die offensichtlich überdurchschnittlich großen Wert darauf legt, auf keinen Fall abhängig zu werden.

Die Schnittmenge

Und diese drei Bereiche jetzt – die aktuelle Situation, die Biografie und die Szene – ergeben, wenn man sie zusammenschiebt, sozusagen eine Schnittmenge. Diese Schnittmenge ist der zentrale Beziehungskonflikt.

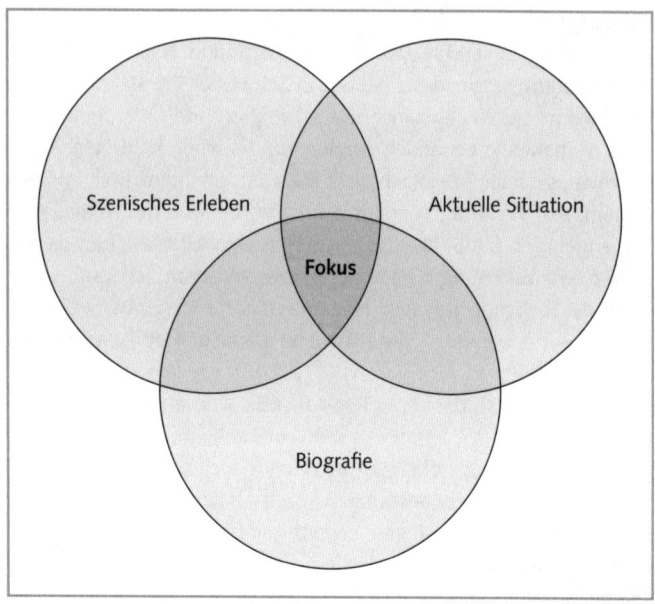

Abb. 3-2 Der Fokus: das zentrale Beziehungskonfliktthema als Schnittmenge der drei Bereiche therapeutischer Einsicht

Dieser zentrale Beziehungskonflikt soll in der folgenden Therapie dann im Brennpunkt der Arbeit stehen, im Fokus. Man spricht hier auch von Fokaltherapie. Gemeint ist damit eine sehr bewusste und durch strukturiertes Vorgehen gekennzeichnete Konzentration auf das Wesentliche, um in der zur Verfügung stehenden Zeit ein Maximum an Erfolg für den Patienten zu erreichen.

In diesem Sinne hat Rudolf Lachauer (2004) als erster ausführlich über die Arbeit mit diesem zentralen Beziehungskonfliktthema als Fokus in der Psychotherapie geschrieben, Peichl und Pontzen (1995) haben dieses Verfahren auf den stationären Bereich angewendet. In unserer Abteilung haben wir dieses Verfahren noch ergänzt (Grabe 2000) und führen es bei Bedarf seit vielen Jahren immer wieder durch. Es ist ein strukturierter Weg für ein therapeutisches Team, wo es – einige Zeit des Kennenlernens vorausgesetzt – innerhalb einer Stunde möglich ist, diesen zentralen Beziehungskonflikt bei einem Menschen mit recht guter Genauigkeit zu orten.

Insbesondere wenn wir den Eindruck haben, dass die Zusammenhänge eher kompliziert sind, setzen wir eine »Fokusrunde« an.

Ich schildere im Folgenden, wie solch eine Fokusrunde abläuft, weil darin sozusagen in Reinform die Arbeit mit dem Erkenntnisdreieck abläuft. Es ist der Weg, auf dem Therapeuten generell zu Theorien kommen, nur dass es meist nicht ganz so strukturiert und nachvollziehbar passiert wie in solch einer Fokusrunde.

3.2 Wie läuft eine Fokusrunde ab?

Zur Vorbereitung verteilen wir, neben den von uns gesammelten Beobachtungen, auch Aufgaben an den Patienten. Dieser wird gebeten, seine Herkunftsfamilie einmal als Klötzchenskulptur zu stellen. Dafür stehen ihm im »Baukasten für Familienkonstellationen« (s. Fußnote S. 25) einfache, klötzchenartige Figuren in verschiedenen Farben und Größen zur Verfügung. Diese haben ein angedeutetes, neutrales Gesicht, damit man die Blickrichtung erkennen kann.

Außerdem bitten wir jeden, ein Landschaftsbild zu malen und darin seine gegenwärtige Stimmung auszudrücken. Und drittens soll jeder sich selbst als Figur aus Knetgummi formen. Dabei darf er die Farbe frei wählen, und er wird gebeten, die Beschwerden, wegen denen er zu uns kam, mit in die Figur einzuarbeiten.

Wenn alles vorliegt, treffen wir uns als therapeutisches Team der zuständigen Station, um in einer Fokusrunde zusammenzufassen, was wir über unseren Patienten wissen. Dazu gehören Pflegemitarbeitende, Ärzte, Psychologen, der zuständige Oberarzt und oft auch Spezialtherapeuten wie die Gestaltungs- und die Tanztherapeutin.

In der Runde werden die bedeutsamen Elemente gesammelt, zunächst durch zusammenfassende Vorstellung des zuständigen Therapeuten, Fragen und Ergänzungen des Teams dazu und schließlich einer gemeinsamen Betrachtung der Gestaltungen. Im Einzelnen sind es folgende Punkte:

- Aktuelle Situation: Wegen welcher Symptomatik kommt der Patient zur Aufnahme? Welche Symptome bestehen insgesamt und wie lange? In welcher lebensgeschichtlichen Situation sind sie entstanden?

- Welche Konflikte hat der Patient im realen Leben – insbesondere in den Hauptbereichen Familie/Partnerschaft und Beruf? Gab es besondere Auslöser für die jetzige Erkrankung?

- Biografische Anamnese: Diese wird mit der oben beschriebenen Familienaufstellung erhoben. Neben der jeweiligen Bedeutung und Besetzung der Elternfiguren soll auch die Beziehung zu den Großeltern und weiteren wichtigen Bezugspersonen sowie die Rolle innerhalb der Geschwistergruppe erhellt werden. Das Aufstellen ihrer Familie löst bei den Betroffenen oft starke Gefühle aus, weil ihnen die Kindheitssituation auf einmal so plastisch entgegentritt. Das trifft auch gerade für Menschen zu, die vorher eher distanziert-neutral über ihre Familie gesprochen haben. Zum Beispiel könnte deutlich werden, dass jemand gegenüber seinen Geschwistern benachteiligt gefühlt hat, sich vor einem Elternteil gefürchtet hat, oder sich minderwertig vorgekommen ist. Auch die weitere Lebensgeschichte ist wichtig: Gab es schon Parallelen zur jetzigen Konfliktlage oder wiederkehrende Muster?

- Szenisches Erleben: Wie stellt sich unser Patient im Stationsalltag dar? Was ist auffällig? Welche Rolle übernimmt er in der Patientengemeinschaft? Wie reagieren Mitpatienten auf ihn? Wie zeigte sich der Patient im Erstgespräch mit dem Therapeuten? Welche Gefühle löste er in dem Therapeuten aus (Gegenübertragung)? Was schien er sich vom Therapeuten zu wünschen, wie schien er den Therapeuten wahrzunehmen (Übertragung)?
- Gestaltungselemente: Hier betrachten wir das Landschaftsbild und die Knetfigur des Patienten. Obwohl für das Landschaftsbild ja gar nicht dazu aufgefordert wird, sich selbst darzustellen, ist oft erstaunlich, wie deutlich Menschen sich, ihre Familie und ihre damit verbundenen Empfindungen in solch einem Bild symbolisieren. Insbesondere im Zusammenhang mit der Figur wird viel von der momentanen Selbstwahrnehmung sichtbar. Bei diesem körperlich-haptischen Akt des Knetens gelingt es vielen Menschen offenbar besser, Gefühlen direkt Ausdruck zu verleihen. Die Figuren weisen oft drastisch auf ihren Schmerz oder Mangel hin. Beim Malen spielt der kontrollierende Kopf oft eine größere Rolle, es werden eher (unbewusste) Symbole als ein direkter Ausdruck gewählt.

Wir besprechen diese Elemente dann gemeinsam, um sie miteinander in Zusammenhang zu bringen. Ziel ist, eine Theorie über die Störung, die der Patient erlebt, zu entwickeln, die möglichst viele der beobachteten Einzelheiten integriert. Insbesondere geht es darum, einen Zusammenhang herzustellen zwischen den psychodynamisch wirksamen Beziehungserfahrungen in der Kindheit, den aktuellen Lebensproblemen und dem, was wir auf der Station mit dem Patienten erleben.

Exkurs 2

Was ist Psychodynamik?

Mit Psychodynamik ist gemeint, dass frühkindliches Erleben und innere Konflikte aus dieser Zeit unbewusst immer noch als Hintergrundschablone das Leben eines Erwachsenen prägen.

Im jetzigen Leben gibt es vielleicht belastende Konflikte mit dem Partner oder am Arbeitsplatz oder eine lang hingezogene Trauerreaktion, die nicht recht zum geringfügigen Anlass passen will. In der Zusammenschau mit der Kindheitsentwicklung des Betroffenen wird aber deutlich, dass diese Probleme nicht für sich stehen und auch nicht allein in der Gegenwart entstanden sind. Sie sind stattdessen Reaktualisierungen (also Wiederbelebungen) viel schwerwiegenderer frühkindlicher Konflikte oder Defizite.

Vielleicht ist der Betreffende emotional zu kurz gekommen, lebte unter starken Verboten oder angstauslösenden Beziehungserfahrungen. Das führt im späteren Leben immer wieder zu Übertragungen (also meist negativen Beziehungserwartungen), die solche defizitären oder überfordernden Kindheitserfahrungen widerspiegeln.

Wurde eine Begegnung unteroptimal gestaltet, weil sie stark von einer Übertragung beeinflusst war, reagieren Beziehungspartner oft entsprechend (verletzt, verärgert, übergriffig). Die Betroffenen sehen sich in ihrer Wahrnehmung bestätigt. Dass sie diese Reaktion erst durch ihr eigenes Verhalten in Gang gesetzt haben, wird nicht bewusst.

Auch kleinere reale Konflikte im Hier und Jetzt werden manchmal katastrophal oder existenziell erlebt, weil sie sich mit einem zugrunde liegenden Konflikt aus der frühen Kindheit verbünden.

In der Schematherapie spricht man hier von Schemata, die bei jedem Menschen sozusagen als Reaktionsbereitschaft aufgrund seiner Kindheitssituation und -erlebnisse fest eingespeichert sind. Wird ein Schema aktiviert, entstehen entsprechend heftige Gefühle, mit denen ein Mensch dann umgehen muss. Oft kommt es zu zur realen Situation nicht angemessenen Reaktionen, Ärger und Beziehungsschaden. In der Therapie wird versucht, genau diesen Umgang mit solchen aktivierten alten Gefühlen auf einer bewussten Ebene steuerbar zu machen.

Das Ergebnis einer Fokusrunde halten wir dann in einem »Fokussatz« fest. Dieser wird in »Ich-Perspektive« formuliert und besteht immer aus zwei Teilen.

Zuerst beschreiben wir das Problem des Patienten, das »Symptom«. Damit ist weniger die ICD-Diagnose gemeint, sondern woran der Patient nach eigener Wahrnehmung jetzt leidet. In der Umschreibung orientieren wir uns, wenn möglich, gern an den Ausdrücken, die der Patient selbst verwendet. Wenn es in seiner Lebensgeschichte wiederkehrende Muster gibt, dann gehören diese ebenfalls in diesen ersten Teil.

Den zweiten Teil, der durch das Wort »weil« eingeleitet wird, bildet dann die Psychodynamik. Also warum ein Mensch bestimmte Selbstwahrnehmungen und Verhaltensmuster aus der frühen Kindheit mit ins Leben nehmen musste, die bis jetzt seine Gefühle und sein Verhalten bestimmen.

Und dann fügen wir noch einen weiteren Satz an: was wir – in Anbetracht dessen, das jetzt klar geworden ist – diesem Patienten als nächste Schritte und als Ausblick in seine weitere Entwicklung wünschen. Dieser Satz beginnt immer mit den Worten »Wenn ich ...« und definiert erst einmal Bedingungen, nächste Schritte, unter denen ein positives Fernziel erreicht werden könnte. Der zweite Teil des Satzes beginnt mit »Dann« und entwirft ein Fernziel.

Für eine 35-jährige depressive Patientin, deren Leben sich bisher um ihre wenig freundliche dominante Mutter gedreht hat, könnte möglicherweise folgender Fokussatz herauskommen: »Ich bin depressiv und lasse mir immer noch die schlechte Behandlung durch meine Mutter gefallen (Symptom), weil ich schon als Kind abgelehnt wurde und immer noch hoffe, durch ›Bravsein‹ ein bisschen Liebe zu bekommen (psychodynamischer Hintergrund). Wenn ich den Mut hätte, mir endlich den vielen Ärger über alle Zurückweisungen einzugestehen (nächste Schritte), bräuchte ich ihn nicht mehr gegen mich selbst zu richten und wäre frei, im Außen echte Freundinnen zu suchen (Fernziel).«

Solch ein Satz ist dann zunächst einmal als Klärung für das behandelnde Team gedacht. Es geht darum, dass alle am gleichen Strang ziehen, weil nur so eine konzentrierte und fokussierte Arbeit zu erreichen ist. Ein gemeinsamer Fokus beugt umkehrt stark der misslichen Situation vor, dass unzentrierte Mitarbeitende Aufmerksamkeit und Energie des Patienten in nicht wirklich zielführende Bereiche streuen. Mindestens ebenso wertvoll ist solch eine therapeutische Kurzformel für einen ambulanten Therapeuten.

Aber natürlich ist dieser Satz vor allem für den Patienten gedacht. Um diesen geht es ja. Trotzdem würde eine sofortige direkte Mitteilung solch eines Fokussatzes aber meist mehr Schaden als Nutzen anrichten. Es ist, was Psychoanalytiker eine »zu frühe und tiefe Deutung« nennen würden. Ein Mensch, dem von anderen eine umfassende Analyse seiner selbst mitgeteilt wird, muss aus Selbstschutzgründen in die Abwehr gehen – also z. B. ärgerlich entwerten, was ihm denn da für »ein Blödsinn« übergestülpt werden soll. Noch ungünstiger ist es, wenn der Betreffende, bei ebenso wenig eigentlichem Verständnis für das Gesagte, in die Unterwerfung geht und alles akzeptiert: »Die haben es ja schließlich gelernt.«

Therapeutisch sinnvoll wird es nur, wenn sich ein Betroffener die Inhalte selbst gefühlsmäßig erschließen kann. Es geht darum, selbst die Zusammenhänge zu sehen und zu spüren. In der Arbeit auf dieses Ziel hin kann es durchaus passieren, dass ein Therapeut oder ein Therapieteam merkt, dass Betonungen noch anders gesetzt werden müssen, vielleicht noch wichtige Aspekte hinzukommen. Eine dann auch in der Realität brauchbare Theorie kann nur in enger Zusammenarbeit mit dem Betroffenen erarbeitet werden. Ein solcher, schon früh in der Therapiezeit formulierter Fokus ist sozusagen ein wichtiger Entwurf für diese Theorie, eine recht weitreichende Hypothese, die das Feld der Arbeit spürbar eingrenzen kann.

Im Laufe unserer Abteilungsgeschichte haben wir uns in den letzten Jahren von der Schematherapie ermutigen lassen, recht früh und deutlich mit Patienten ihre Muster zu besprechen. Dabei zeigte sich, dass das einer freundlich-konstruktiven Arbeitsatmosphäre durchaus keinen Abbruch tut, sondern sie in der Regel fördert. Patienten, die einen Blick dafür bekommen haben, welche Mechanismen bei ihnen ablaufen, ihnen manchmal das Leben schwer machen und ihnen manchmal Streiche spielen, werden viel eher zu ihren eigenen »Gesundheitsmanagern«. Mehr und mehr bemerken sie ihre eigenen Steuerungsmöglichkeiten und beginnen, sie zu nutzen. Sie erleben schneller kleine und größere Erfolge, was ihr Selbstwertgefühl weiter stärkt.

Exkurs 3

Welche inneren Konflikte gibt es eigentlich?

Letztlich kann die korrekte Antwort auf die Frage, wie viele inneren Konflikte es gibt, nur lauten: so viele, wie es Menschen gibt. In der obigen Beschreibung, wie von einem Therapeuten oder therapeutischen Team der zentrale Beziehungskonflikt eines Menschen gefunden werden kann, wurde deutlich, dass es immer einer durch Empathie und gute Beobachtung gefundenen höchst individuellen Beantwortung dieser Frage bedarf.

Trotzdem sind Typisierungen hilfreich. In der OPD-2, der Operationalisierten Psychodynamischen Diagnostik, wird versucht, Forschern und Praktikern durch ein vorgegebenes Raster diagnostische Orientierung zu geben.

Für die dort aufgeführten Grundkonflikte gilt: Jeder Mensch trägt Konflikte in sich, die jedoch keine Spannungen von Krankheitswert erzeugen müssen. Auch in besonderen Lebenssituationen kann es zu akuten (inneren) Konflikten kommen. Krankheitswert im Sinne einer Neurose bekommen sie aber erst dann, wenn es zu wiederholten Mustern kommt, die sich im Lebensverlauf nachweisen lassen. Alle Konflikte gibt es im »passiven Modus«, der hier kurz geschildert wird, aber ebenso im kompensatorischen »aktiven Modus«. Eine Minderzahl der von einem Konflikt Betroffenen versucht, diesen durch das Gegenteil, z. B. besonders forsches Auftreten, Verleugnen aller Probleme oder Kampfhaltung unschädlich zu machen. Bei näherem Kennenlernen wird unter dieser aktiven Schicht aber eine tiefe Einsamkeit, Unsicherheit oder Sehnsucht deutlich, die letztlich auch dazu geführt hat, dass der Betroffene krank geworden ist. Wäre er wirklich so stark, wie er sich und anderen oft jahrelang (aus unbewussten Gründen) vorspielte, gäbe es keine Probleme.

Die in der OPD-2 aufgeführten Konflikte sind:

- *Individuation versus Abhängigkeit:* Die Betroffenen sind ständig bestrebt, enge und Sicherheit gewährende Beziehungen herstellen. Eigene Wünsche werden zurückgestellt, sie haben das Gefühl der Schwäche und Abhängigkeit. Der aktive Modus bedeutet betonte Unabhängigkeit aus der Angst heraus, jemanden zu brauchen (»Nestflüchter«).

- *Unterwerfung versus Kontrolle:* Menschen ordnen sich unter, aber nicht weil sie das möchten, sondern weil sie das Gefühl haben, sich sowieso nicht durchsetzen zu können. Oft wird schnell eine passive Aggressivität in der Gegenübertragung spürbar. Der aktive Modus ist entsprechend von einem aggressiven Dominanzstreben gekennzeichnet – aber im Tiefsten aus Angst davor, selbst bestimmt zu werden.

- *Versorgung versus Autarkie:* Die Betroffenen wirken abhängig, anklammernd und fordernd. Der Unterschied zum Individuations-Abhängigkeits-Konflikt ist vor allem das Einfordern von Versorgung, während es im ersten Konflikt um Ängste um die eigene Existenz geht, die bei Verlassenwerden auftreten. Auch hier gibt es einen aktiven Modus, der geprägt ist durch Anspruchslosigkeit und Bescheidenheit bei oft aufopfernder Fürsorge anderen gegenüber, was aber mit unterschwelligen Neidgefühlen verbunden ist.

- *Selbstwertkonflikt:* Es ist zu einem Einbruch des Selbstwertgefühls gekommen, was die Betroffenen auch stark erleben. Häufiger Affekt ist Scham, das Gefühl, kein Anrecht auf Bedürfnisse zu haben. Nicht selten gibt es auch den Versuch, durch betonte Selbstherabsetzung Beschützerinstinkte beim Gegenüber zu wecken. Im aktiven Modus wirken Menschen betont selbstsicher, dominant und selbstbezogen (»narzisstisch«). Ihre leichte Kränkbarkeit zeigt aber, dass es nur um eine brüchige Fassade geht.

- *Schuldkonflikt:* Die Betroffenen leiden unter ständigen Schuldgefühlen und neigen dazu, sich selbst anzuschuldigen. Selbst Lob bewirkt eher eine verstärkte Selbstabwertung. Im aktiven Modus werden Schuldgefühle verleugnet und Schuld auf andere abgewälzt (als ständiges Verhaltensmerkmal).

- *Ödipaler Konflikt:* Der »Ödipuskomplex« nahm bei Freud noch eine zentrale Rolle zum Verständnis sehr vieler Störungen ein. Gemeint ist damit das Phänomen, dass Kinder im Alter von etwa vier Jahren oft eine besondere Nähe zum gegengeschlechtlichen Elternteil zeigen, also Jungen zur Mutter und Mädchen zum Vater. Das gleichgeschlechtliche Elternteil wird damit zum Konkurrenten. Ein Kind muss sich damit auseinandersetzen, dass es letztlich gegenüber dem gleichgeschlechtlichen Elternteil zurückstehen muss (es sind eben doch die beiden Eltern miteinander verheiratet), was nach Freud wesentlich zur Ausbildung von Gewissensstrukturen beiträgt und ein bedeutender Schritt in der psychosexuellen Reifung ist. Hier kann es zu Störungen kommen, z. B. durch Sexualisierung der Familienbeziehungen, wenn das Kind tatsächlich auf einer der möglichen Ebenen als Ersatzpartner benutzt wird, oder durch Fehlen eines Elternteiles und damit der entsprechenden Identifikationsmöglichkeiten. Findet in dieser Phase eine Störung statt, kann eine »ödipale Fixierung« entstehen: Menschen bleiben lebenslang auf einer psychosexuell unreifen Stufe stehen. In Partnerschaften wird eher das gegengeschlechtliche Elternteil gesucht als ein wirklicher Partner. Obwohl die Betroffenen oft durch scheinbare Erotisierung von Beziehungen auffallen, was von potenziellen Partnern zunächst für bare Münze genommen wird, haben sie nicht selten große Probleme mit Sexualität (weil das nicht zu einer – unbewusst gewollten – Elternbeziehung passt). Im passiven Modus fühlen sich die Betroffenen wenig als Mann/Frau gesehen, noch weniger bewundert, und verdrängen ihre (unerreichbar erscheinende) Sexualität aus ihrer Wahrnehmung und dem Umgang mit anderen Menschen. Wirkung: »graue Maus«, harmlos, kindlich. Im aktiven Modus kommt es zu der (unbewusst immer wieder herbeigeführten) Erotisierung der Kontakte. Zuschauer werden benötigt – aber letztlich enden Beziehungen enttäuschend.

- *Identitätskonflikt:* Mit diesem Konfliktbereich ist nicht die im Rahmen von strukturellen Ich-Störungen, z. B. der Borderline-Störung auftretende Identitätsunsicherheit gemeint

(▶ Kap. 8.9), sondern Probleme, die sich dadurch ergeben, dass Menschen in ihrer Entwicklung in oft unterschiedliche Identitäten sozialisiert wurden. Für Konflikte infrage kommen z. B.: Körper-, Geschlechts-, Familienidentität, ethnische, religiöse, soziale, politische und berufliche Identität. So kann sozialer Aufstieg einen inneren Konflikt mit der Zugehörigkeit zur Herkunftsgruppe geben, bei Auswanderung der Widerspruch zwischen Integration und nationaler Identität, Jung sein wollen und unausweichliches Altern – und sehr vieles mehr.

Zum Abschluss dieses Kapitels soll jetzt eine Falldarstellung aus unserer Arbeit als Beispiel für eine solche Fokusformulierung folgen. Es ist Herr B., der uns ausdrücklich sein Einverständnis dazu gegeben hat. Der Name ist natürlich geändert.

3.3 Beispiel Herr B.

Aktuelle Situation

Beschwerden: Herr B. ist etwa Mitte Dreißig und wirkt äußerlich sehr gepflegt. Er kam zur Aufnahme, weil er unter fast ständigen Magenschmerzen litt. Zeitweise wurden diese auch zu heftigen Magenkrämpfen. Außerdem klagte er über zeitweises Brennen in der Speiseröhre, häufiges Aufstoßen und Durchfälle. Internistisch hatte er sich schon untersuchen lassen, da sei alles in Ordnung gewesen. Begonnen hatten die Beschwerden seit einem Einsatzwechsel an der Arbeitsstelle Ende letzten Jahres. Ebenso hatte sich seit diesem Wechsel eine schon zeitweise in leichter Form bestehende Zwangssymptomatik verstärkt: Herr B. hatte zum einen Kontrollzwänge entwickelt: ob in der Wohnung alle

Elektrogeräte ausgestellt waren, ob er die Haustür wirklich abgeschlossen hatte und vieles mehr musste oft mehrfach kontrolliert werden. Zum anderen hatte er immer wieder Verunreinigungsängste, die nur durch langes Händewaschen mindern konnte. Zum Beispiel war es ihm unmöglich, den Türgriff einer Toilette anzufassen. Aber auch wenn er das vermied, kam er nicht um das zwanghafte Händewaschen herum. Seit der Aufnahme auf die Psychotherapiestation fühlt sich Herr B. entlastet und hat spürbar weniger Symptome als zu Hause.

Derzeitige Konflikte: Was Herr B. eindrücklich schildert, ist seine berufliche Situation. Er hatte eine Stelle bei einem großen Elektronikkonzern. Seine Arbeit war überwiegend auswärts in der Montage bei Kunden, wo er recht selbstständig handeln musste. Diese Tätigkeit habe ihm gelegen und Freude gemacht. Im Rahmen von betrieblichen Rationalisierungsmaßnahmen fiel seine Stelle fort. Er bekam aber die Möglichkeit, in einer jetzt ausgegliederten Firma weiterzuarbeiten. Dort kam er in die telefonische Kundenbetreuung. Im Gegensatz zur vorigen Arbeit hat er jetzt viel mit seinen Vorgesetzten zu tun, von denen er sich ständig unter Druck gesetzt fühlt. Am Computer können diese genau verfolgen, was er wie lange tut, z. B. auch, ob und wie lange er zur Toilette geht. Herr B. fühlt sich völlig unter Kontrolle. Außerdem werde von ihm immer mehr Leistung verlangt.

Ein weiterer Konflikt besteht in der Partnerschaft: Herr B. hat seit einem Dreivierteljahr eine Freundin, die jetzt im 4. Monat von ihm schwanger ist. Wie er das Zusammenleben beschreibt, geht es um häufige Machtkämpfe, wobei manchmal er sich durchsetzt, manchmal die Freundin – und der andere sich dann wohl oder übel unterwirft. Aus einer früheren Beziehung hat er einen 4-jährigen Sohn. Die damalige Partnerin beschreibt er als sehr abhängig, sie habe seine Vorgaben normalerweise akzeptiert.

Diagnosen: ICD-10, F45.31: Somatoforme autonome Funktionsstörung, oberer Gastrointestinaltrakt; ICD-10, F42.1: Zwangsstörung, vorwiegend Zwangshandlungen, ICD-10, F32.0: Leichte (bis mittelgradige) depressive Episode.

Biografische Anamnese und Familienkonstellation: Die Eltern von Herrn B. trennten sich, als er 7 Jahre alt war, weil der Vater eine Freundin hatte. Herr B. blieb gemeinsam mit dem 5 Jahre jüngeren Bruder bei der Mutter. Diese ging schon bald eine zweite Ehe mit einem Mann ein, der Hochschullehrer in einem naturwissenschaftlichen Fach war. Dieser brachte seinen Sohn in die Ehe mit, der im gleichen Alter wie Herr B. war. Dieser Stiefvater wird vor allem sarkastisch und abwertend geschildert. Er hatte kein wirkliches Interesse an Herrn B. und zog seinen Sohn stark vor. Seine Mutter schildert Herr B. als sehr aufbrausend. Sie schlug ihn oft so stark, dass seine blauen Flecken in der Schule auffielen bzw. er sie verstecken musste.

Andererseits hatte sie ein Herzleiden und war immer wieder krank. Sie drohte in den ersten Jahren Herrn B. damit, dass sie sterbe, wenn er nicht brav sei.

Als der Stiefbruder ins Haus kam, der in der Schule bessere Leistungen brachte, rutschte Herr B. in die Rolle des Schwarzen Schafs in der Familie ab. Obwohl er wahrscheinlich auch damals mehr konnte, wurde er zur Hauptschule geschickt. Da war er wiederum Außenseiter in seiner Klasse und wurde viel gehänselt.

Erst nach dem Hauptschulabschluss gelang es Herrn B., das Abitur nachzuholen und schließlich ein Elektrotechnikstudium zu beginnen. Dieses brach er dann aber ab, um seine Arbeit bei dem bewussten Elektronikkonzern aufzunehmen. In dieser fühlte er sich auch recht wohl bis zu den Ereignissen Ende letzten Jahres.

In der Familienkonstellation greift Herr B. zu einem Mittel, das sonst so gut wie nie vorkommt: Er baut Figuren – und zwar gleich vier – übereinander (▶ Abb. 3-3).

Die kleine Figur unten ist Herr B. (als Kind), darüber sein Stiefvater, darüber die Mutter und darüber der Stiefbruder. Herr B. drückt damit sehr drastisch aus, wie stark er den Druck empfand, der auf ihn ausgeübt wurde. Offensichtlich wog die cholerische und gleichzeitig kränkliche Mutter da noch schwerer als der Stiefvater. Die kleine Figur neben Herrn B. ist der 5 Jahre jüngere Bruder. Er habe zu ihm ein gutes Verhältnis gehabt und versucht, ihn so gut er konnte vor der Mutter und dem Stiefvater zu schützen.

Abb. 3-3   Familienkonstellation von Herrn B.

Die große rote Figur hinten in der Ecke des Feldes ist der leibliche Vater. Dieser kam alle zwei Wochen zu Besuch bzw. holte Herrn B. ab, was jedes Mal ein Lichtblick gewesen sei. Aber auch diese beiden positiven Figuren schauen ihn in der Familienkonstellation nicht an, sondern haben den Blick nach hinten gerichtet.

Die schwarze Farbe habe er benutzt, um auszudrücken, wie negativ er Mutter und Stiefvater sah, aber auch sich selbst. Rot stehe für Lebendigkeit und Wärme, Blau für kühle Distanz.

Szenisches Erleben

Im Umgang mit Herrn B. fällt neben seiner korrekten Frisur und Kleidung schnell auf, dass er ständig lächelt, während er anderen Personen etwas erzählt. Das tut er auch bei ernsten oder schwierigen Inhalten, wo es dafür keinerlei Grund gibt. Es wirkt am ehesten, als ob er sich ständig der Zuwendung des Zuhörers vergewissern will.

Ein echtes Gespräch kann kaum entstehen, weil Herr B. den Gesprächsfaden so lange er kann zu halten versucht. Er redet und redet – und kontrolliert damit weitgehend die Gesprächssituation. Natürlich hat er selbst wenig von einem Gespräch, in dem nur er vor dem anderen seine Gedanken ausbreitet. Es entsteht der Eindruck, dass Herr B. unbewusst versucht zu verhindern, dass andere ihm etwas sagen können.

Nach einer Gruppenvisite hatte Herr B. wieder akute Magenbeschwerden. Verschiedene Mitpatienten hatten dort von Problemen mit Autoritätspersonen berichtet.

Landschaftsbild

Im Landschaftsbild (▶ Abb. 3-4) sieht man ein kleines Strichmännchen mit traurigem Gesichtsausdruck zwischen zwei ziemlich großen Bäumen stehen. Auch diese sind nur als Umrisse gemalt und in dem gleichen Dunkelbraun wie das Männchen. Darüber schweben dunkelblaue Wolken, aus denen es regnet. Nur in der äußersten rechten Ecke, sodass er schon gar nicht mehr ganz aufs Bild passt, befindet sich ein Baum, der jedenfalls etwas lebendiger aussieht. Er trägt immerhin einige Blätter und auch allerhand kleine rote Früchte. Darüber sind die Wolken hell und eine kleine Sonne scheint in der Ecke.

Herr B. sagt zu dem Bild, dass das Männchen er selbst sei. Die Wolken und die Bäume sollten die Übermacht darstellen, der er sich zurzeit im Beruf ausgeliefert fühle. Regen sei für ihn ein Symbol für Traurigkeit. Der Baum rechts sei, wie er sagt, ein »Lichtblick«, ganz weit weg, aber zu erreichen.

Auch wenn Herr B. beim Malen nur an seine jetzige Situation dachte, ist Ihnen beim Lesen vielleicht schon auf-

Abb. 3-4   Landschaftsbild von Herrn B.

gefallen, wie parallel das Bild zur Darstellung der Herkunftsfamilie in der Familienkonstellation ist. Die beiden übergroßen dunklen Bäume, die Herr B. als »Übermacht« schildert, der er ausgeliefert ist, werden in der gleichen dunklen Farbe dargestellt wie er selbst. Wie die Eltern, die ihm in der Familienkonstellation im wahrsten Sinne des Wortes Druck machen. Auf dem zweidimensionalen Bild hat er nur den kleinen nach allen Seiten abgeschlossenen Raum zwischen diesen übermächtigen Gestalten, die auch noch mit ihren tentakelartigen Ästen auf ihn zeigen – ihn »unter der Fuchtel haben«, sozusagen. Darüber taucht auch wieder die Farbe Blau auf wie in der Familienkonstellation der blaue Klotz des Stiefbruders über ihm – jetzt in Form von Regenwolken.

In der Ferne dann ein Baum, der nicht gerade lebensvoll aussieht, aber immerhin doch ein Stück Lebendigkeit enthält, und wo die Farbe Rot auftaucht wie in der Familienkonstellation: der leibliche Vater. Der kam ja in regelmäßigen, wenn auch langen Abständen zu Besuch. Vielleicht hat sich daher auch das Gefühl bei dem Patienten erhalten, dass dieses Gute nicht unerreichbar ist, auch wenn das Männchen hier auf dem Bild keine Möglichkeiten hat, es aktiv zu erreichen. Es bleibt abhängig vom Handeln der anderen.

Wohlgemerkt: Beim Malen wurde Herr B. aufgefordert, seine jetzige Stimmung in einem Landschaftsbild auszudrücken. In diesem Beispiel wird sehr deutlich, wie stark frühkindliches Erleben unbewusst in die jetzige Wahrnehmung eines Erwachsenen hineinwirkt. Emotional erlebt er an seinem Arbeitsplatz die Kindheitssituation. Der alte Konflikt wurde »re-aktualisiert«, wie es ein Tiefenpsychologe ausdrücken würde.

Plastik

Herr B. wählt für seine Plastik die Farbe Rot (▶ Abb. 3-5). Er stellt sich als gekrümmte Figur dar, die nicht selbststän- dig ohne Stütze stehen kann und ein Loch in der Magenge- gend hat.

Er selbst sagt zu der Figur, dass sie deshalb so krumm stehe, weil sie unter den dauernden Magenschmerzen und -krämpfen leide. Das Loch symbolisiere den Magen. Der einzige Arm zeigt auf die schmerzende Stelle. Herr B. sagt, dass er kein Mitleid wolle. Schon seine Mutter habe immer gesagt: »Kind, stell dich nicht so an.«

Auffällig ist, dass der zweite (rechte) Arm ganz fehlt, die Figur also in diesem Zustand nichts selbst in die Hand neh- men kann, zusätzlich dazu, dass sie auch nicht selbst stehen kann. Dazu passt, dass Herr B. sagt, dass er seit der Klinik- aufnahme weniger Druck und Beschwerden empfindet. Er ist zurzeit noch sehr darauf angewiesen, was seine Umge-

Abb. 3-5
Plastik von Herrn B.

bung mit ihm macht bzw. dass sie ihm den nötigen Lebensraum zur Verfügung stellt.

Fokusformulierung

Zusammenfassend lässt sich also Folgendes sagen:

Herr B. ist in einer Familie aufgewachsen, wo er bei einer stark selbstbezogenen, potenziell gewalttätigen Mutter und einem desinteressierten, entwertenden Stiefvater gegenüber dem begabteren Stiefbruder in die Rolle des Schwarzen Schafs der Familie rutschte. Auch in der Schule wurde er unterdrückt. Offensichtlich sah er nie eine Chance, sich erfolgreich zur Wehr zu setzen, da er sich immer einer Übermacht gegenüber sah. Ärger durfte nicht gezeigt werden, schon wenn er versuchte, möglichst brav zu sein, war es gefährlich genug. Man denke an die blauen Flecke, die er in der Schule zu verbergen versuchte.

Seine beiden Partnerschaften waren demgegenüber von Machtkämpfen geprägt. Als erste Partnerin hatte Herr B. sich eine sehr schwache, abhängige Frau gesucht, die sich seiner Meinung unterwarf. In der jetzigen, parallel zur neuen Arbeitssituation bestehenden Partnerschaft geht es weiterhin viel um Macht, nur sind die Verhältnisse nicht so klar wie zuvor, und Herr B. bekommt jetzt auch von dieser Seite manchmal das Gefühl, unterdrückt zu werden.

Nebenbei: In Bezug auf seinen 4-jährigen Sohn hat er leider schon dieselbe Situation konstelliert, in der er selbst aufwachsen musste: Er kommt als Vater nur noch in Abständen zu Besuch.

Während er sich bei seiner sehr selbstständigen Arbeit bis Ende letzten Jahres recht wohlfühlte und praktisch ohne Krankheitssymptome leben konnte, begannen in der neuen, von Kontrolle geprägten Situation die oft fast unerträglichen Magenschmerzen und die Zwänge.

Herr B. ist – ohne dass er das selbst hätte beeinflussen können – durch Änderung äußerer Umstände wieder in eine Situation geraten, die ihn gefühlsmäßig in die gleiche Lage bringt wie in seiner Kindheit. Auch wenn ihm das, als er das Bild malt, noch nicht bewusst ist. Er fühlt sich wieder unter dem gleichen Druck, er wird wieder gleich hilflos, lächelt Zuwendung heischend und redet lange, damit in der Zeit nichts Schlimmeres passieren kann. Ärger kann er ebenfalls so wenig zeigen wie damals.

Und es zeigt sich jetzt, dass es ihm in der Zeit vor der jetzigen Verschlechterung nur dadurch besser gegangen ist, dass er durch zufällige äußere Umstände – vor allem die selbstständige Arbeit – in Lebensbereiche gespült wurde, die besser zu ihm passten und ihm mehr Freiraum gaben. Er ist aber immer noch nicht in der Lage, selbst sein Leben so zu gestalten, dass es gut für ihn wird. In der Figur drückt er das durch den fehlenden rechten Arm aus.

Aber warum kann er denn aktiv so wenig ändern? Warum kann er am Arbeitsplatz nicht dazu stehen, dass er ab und zu halt auch mal auf die Toilette muss? Warum kann er sich nicht sagen, dass man pro Tag nur ein bestimmtes Pensum schafft – auch wenn der Chef vielleicht einmal fallengelassen hat, dass für das Überleben der Firma noch mehr Leistung nötig ist. Stattdessen empfindet er alles als einen unerträglichen Druck. Offensichtlich im Gegensatz zu vielen anderen Arbeitskollegen, die die gleiche Arbeit tun, ohne krank zu werden. Auflehnung muss für Herrn B. noch etwas unglaublich Gefährliches sein. Und sei es nur in der Form, Anweisungen nicht so furchtbar ernstzunehmen und als Bedrohung zu erleben. Das ist mit der jetzigen Arbeitssituation nicht allein zu erklären. Denn die hat ja schließlich auch den Aspekt, dass Herr B. durchaus froh sein könnte, nicht wie viele andere entlassen worden zu sein, sondern dass er bei gleichem Gehalt übernommen wurde.

Herrn B. steckt sein Erleben aus der Kindheit noch in den Knochen, umgangssprachlich ausgedrückt. Man könnte auch sagen, es gibt da ein altes Muster, das tief in die neuronalen Strukturen seines Gehirns eingebrannt ist.

Da war zum einen die Verachtung und Ablehnung zuhause, weil er nicht die erwarteten Leistungen brachte. Herr B. nahm die Botschaft mit ins Leben: »Ich bin schlechter und unfähiger, als ich sein sollte.« Aber da war auch die Mutter, die unvermittelt bei kleinen Anlässen hemmungslos losprügelte. Herr B. versuchte, indem er sich so brav benahm wie er konnte, möglichst selten Anlass dafür zu bieten. Gleichzeitig wusste er aber auch nicht, wie er seine Wut über die ganze Ungerechtigkeit loswerden konnte. So musste die Vorstellung entstehen: Wenn schon so geringe Anlässe ausreichen, um mörderisch verprügelt zu werden, was würde geschehen, wenn er einmal zeigte, wie wütend er wirklich war? Wenn er seiner Mutter mal die Meinung sagte? Weil Herr B. das nie ausprobierte, schossen die Fantasien darüber ins Kraut. Er nahm mit ins Leben, dass etwas Unglaubliches passieren würde, eine vernichtende Gegenreaktion, wenn er Autoritätspersonen gegenüber einmal wirklich die Meinung sagte. Umso weniger traute er es sich.

So behielt er auch in der jetzigen Berufssituation seine ganze Auflehnung, seinen ganzen Ärger über den empfundenen Druck und die Kontrolle bei sich. Der Druck wurde allerdings immer deutlicher im Magenbereich spürbar. Auch in Bezug auf die Kontrolle passierte etwas: Herr B. wurde in den Zwängen und in seinem langen Reden immer mehr selbst zum Kontrolleur, nämlich in den Bereichen, wo er es konnte. Auch wenn er z. T. darunter litt, konnte er in diesem Symptom immerhin der Situation entgehen, immer nur kontrolliert zu werden.

Nachdem wir im Team diese Bezüge durchgesprochen hatten, einigten wir uns schließlich auf folgenden Fokussatz:

> »Ich fühle mich ständig unter Druck gesetzt, erleide körperliche Schmerzen und werde im Zwang selbst zum Kontrolleur,
> weil ich mich in hilfloser Wut gefährlichen Elternfiguren gegenübersehe, die mich in die Schwarze-Schaf-Position pressen wollen.
> Wenn ich die Erfahrung machen würde, dass mein Ärger keine vernichtende Gegenreaktion auslöst,
> dann könnte ich ihn dazu nutzen, um notwendige Grenzen zu setzen und meine Symptome »Kontrollieren« und »Magenschmerzen« würden auf die Dauer überflüssig.«

Also: im ersten Satz Symptome und Kurzform einer psychodynamischen Erklärung, im zweiten Satz eine Perspektive für die Therapie. Natürlich alles nur sehr kurz, wie es halt in einen Satz passt. Mit dieser Klarheit hat die Therapie jetzt eine Grundlage. Und zwar für das ganze beteiligte Team. Es ist unvergleichlich viel besser, diese Sicherheit am relativen Anfang einer Therapiezeit zu erarbeiten, als dass die einzelnen Teammitglieder aus der jeweiligen Situation heraus drauflosarbeiten.

Deshalb jetzt gleich noch als Kontrast ein (erfundenes) Beispiel für eine verpatzte Therapiezeit bei diesem Herrn B. Damit meine ich eine Therapie, wo die verschiedenen Teammitglieder durchaus wohlmeinend und engagiert arbeiten, ohne wirklich verstanden zu haben, worum es geht.

So könnte ihm der Stationsarzt Tabletten verabreichen, um überflüssige Magensäure zu binden, der für die Therapie zuständige Psychologe reflexhaft auf die Diagnose der Zwangskrankheit reagieren und ein entsprechendes verhaltenstherapeutisches Übungsprogramm in den Mittelpunkt stellen, und es könnte ohne Weiteres zwischendurch einmal passieren, dass ihn ein Teammitglied in leicht tadelndem Ton zurechtweist, weil er etwas zu spät zum Essen erschienen ist. All das würde gar nicht weiter auffallen, schon gar nicht als Fehler, wäre für die Therapie von Herrn B. aber fatal.

Im Notfall sind schmerzlindernde oder Magensäure bindende Tabletten sicherlich möglich und gelegentlich sinnvoll, auf Dauer fixieren Sie aber die Aufmerksamkeit auf einem völlig falschen Punkt, nämlich »magenkrank« zu sein. Es gibt keine Chance, den Zusammenhang von äußerem Druck und Magendruck zu erarbeiten.

Ebenso ist bei Zwängen ein verhaltenstherapeutisches Übungsprogramm sehr oft sinnvoll. Die Betroffenen profitieren davon zu erleben, dass sie im Rahmen des Programms ihren Zwängen zuwider handeln und trotzdem nicht das erwartete Unglück passiert. Kontrolle und Machtausübung haben bei Herrn B. aber eine sehr deutliche Psychodynamik. Und es wäre ein Jammer, wenn ein Therapeut sie nicht als Aggressionsäquivalent begreift und dann auch entsprechend versucht, an der Wurzel des Übels anzusetzen. Nämlich mit Herrn B. die Zusammenhänge zu erarbeiten und dann Möglichkeiten zu suchen, wie er seine Aggression für sich – statt gegen sich – arbeiten lassen kann.

Und Herrn B. gedankenlos wegen einer Kleinigkeit zurechtzuweisen, wäre fatal. Bei den meisten anderen Menschen würde es richtig verstanden: »Okay, ich nerve ja wirklich die anderen, wenn ich zu spät komme, ist schon klar …« Bei Herrn B. muss es – jedenfalls bevor die Therapie gegriffen hat – als vernichtende Bedrohung ankommen. Äußerlich macht er sich klein, entschuldigt sich, zeigt sein berühmtes Lächeln, aber innerlich fühlt er sich erniedrigt, an den Rand gedrängt und bedroht. Irgendwo tief im Unbewussten lodert eine riesige Wut auf und ein Hass gegen den Menschen, der ihm das angetan hat. Auf dieser Ebene gibt es keinen Unterschied mehr zwischen dem, was jetzt passiert ist, und den traumatischen Erlebnissen der Kindheit. Die genannte Wut dringt aber nicht ins Bewusstsein. Stattdessen »muss« Herr B. das Abendessen z.B. abbrechen, weil er derartige Magenschmerzen bekommen hat. Im Zimmer angekommen wäscht er sich erst einmal eine halbe Stunde die Hände und verbraucht dabei ein Drittel des Seifenspenderinhalts. (Ein Teil der aggressiven Energie ging in die Zwangssymptomatik.)

Habe ich Sie überzeugen können, dass ein gutes Behandlungsmodell entscheidend wichtig ist? Therapeuten müssen so gut wie irgend möglich wissen, was sie tun. Patienten können es in der Regel bei Therapiebeginn nicht, das liegt im Wesen der unbewussten Vorgänge.

Bevor jetzt im nächsten Kapitel von der Therapie die Rede sein wird, möchte ich noch einen Begriff erklären.

Exkurs 4

Was ist ein neurotischer Kompromiss?

Dieser Exkurs bietet sich an dieser Stelle an, weil im Beispiel von Herrn B. gleich zwei sogenannte neurotische Kompromisse als Konfliktlösungen vorkommen. Dieser Begriff stammt aus der Psychoanalyse bzw. Tiefenpsychologie (▶ Kap. 7), die Schematherapie hat sich allerdings auch dieses sehr brauchbaren Konzeptes bemächtigt, das dort jetzt als »Bewältigungsmodus« erscheint (▶ Kap. 5.2).

Konstituierend für eine neurotische Kompromissbildung ist, dass hier ein Wunsch, ein Antrieb, ein Bedürfnis vorliegen (Freud: Triebwunsch), dessen Erfüllung oder Befriedigung aufgrund innerer Verbote nicht möglich ist. Im psychoanalytischen »Strukturmodell« prallen hier das Es (die triebbestimmten Wünsche) und das Über-Ich (die verinnerlichten Regeln, Gebote und Verbote) aufeinander. Das Ich steht dazwischen und muss Vermittlungsversuche machen.

Weil ein intensiver Wunsch oder ein wichtiges Bedürfnis nicht einfach verschwunden ist, wenn es aus verschiedenen Gründen nicht zum Ziel kommen darf, muss sich die damit verbundene Energie irgendwelche anderen, indirekten Wege suchen.

Im Bild gesprochen: Wenn bei einem Haus das Dach schadhaft ist, dann findet das Wasser immer irgendeinen Weg. Manchmal läuft es über lange, relativ wasserdichte Strecken, bis dann doch irgendwo – oft an unerwarteter Stelle – ein feuchter Fleck an der Zimmerdecke erscheint.

So kann die unbewusst ablaufende intrapsychische Abwehr einen intensiven Impuls auch nicht neutralisieren, sondern nur umlenken. Allerdings manchmal bis zur Unkenntlichkeit entstellen. Neurotische Kompromisslösungen sind grundsätzlich so angelegt, dass sowohl der ursprüngliche Impuls als auch dessen Abwehr in sie eingehen.

Bei Herrn B. hat der neurotische Kompromiss folgende Funktion: Sein Unbewusstes versucht einerseits, ihn davor zu schützen, wieder »verprügelt« zu werden, aber gleichzeitig ihm so viel Ausleben des aktivierten Impulses wie möglich zu ermöglichen.

Mit dem »Unbewussten« sind all jene Anteile seiner mentalen Vorgänge gemeint, die nicht über den »Schreibtisch« seiner kognitiven Steuerungszentrale des mit der Großhirnrinde verbundenen Bewusstseins laufen. Das ist bei jedem Menschen ein Großteil seiner Hirntätigkeit. Prinzipiell ist das auch gut so. Unsere Zeit und Energie würden längst nicht dafür ausreichen, alle Entscheidungen bewusst zu durchdenken, bevor wir sie fällen. So bleiben wir »automatisch« auf Abstand zu einer ungeschützten, senkrecht abfallenden Hafenmauer. Oder wir behalten Kollegen gegenüber, die uns gerade sehr auf die Nerven gehen, die Kraftausdrücke für uns, die wir vielleicht laut über sie aussprechen würden, wenn wir allein im Zimmer wären. Beides ist nützlich und bewahrt vor gravierenden Folgeschäden, aber wir haben in der Situation nicht groß darüber nachgedacht. Es ist ein wenig, als ob uns eine unsichtbare Hand davor schützt, Unfug zu machen. Es ist unsere Psyche, die da über unbewusste Vorgänge vieles richtig steuert. Hintergrund für diese Steuerungsprozesse ist die Summe der bisher gemachten Erfahrungen. Wie besprochen, spielt hier die frühe Kindheit die entscheidende Rolle. Spätere Erfahrungen haben oft nur geringe korrigierende Kraft, weil Situationen immer weiter mit den Schablonen aus der Kindheit wahrgenommen werden. Herr B. z.B. hat immer die korrigierende Erfahrung vermieden, Autoritätspersonen gegenüber einmal Widerstand auszuprobieren. Stattdessen hat er sich immer weiter in seinem Vorurteil bestätigt, dass es zur Katastrophe gekommen wäre, wenn er es einmal gewagt hätte.

Das Signal, mit dem unser Unbewusstes uns dazu bringt, Abstand zu nehmen, eine Tätigkeit zu vermeiden, zu verzichten, ist Angst. Das braucht nur ein leicht mulmiges Gefühl zu sein. Der Zweck ist schon erreicht, wenn wir »keine Lust« mehr haben, z.B. noch näher an die steile Hafenmauer heranzugehen. Das Unbewusste hat unseren Organismus vor dem Absturz bewahrt. Dieses Gefühl der Angst in allen seinen Spielarten in bestimmten Situationen an sich ist nun allerdings nicht krank, sondern höchst gesund. Wie im eben genannten Beispiel schützt uns Angst, und sei es nur als ganz leichtes Warngefühl, weiter in ein risikoreiches Verhalten hineinzugeraten. Aber auch massive, heftigste, plötzliche Angst kann äußerst gesund sein. Denken Sie an eine Mutter, die ihr Kind buchstäblich in letzter Sekunde vor einem heranrasenden Lastwagen von der Straße reißt. Anschließend steht sie schwer atmend am Straßenrand und weiß beim besten Willen nicht, wie sie das überhaupt gemacht hat. Eben stand sie doch noch in ihrem Garten. Es war die Angst mit all ihren physiologischen Begleiterscheinungen, die sie dazu befähigt hat, diese außergewöhnliche Rettungsaktion zu bewältigen.

Angst kann aber auch krank sein und krank machen. Dann nämlich, wenn wichtige Lebensbereiche durch eben dieses Symptom der Angst praktisch abgeriegelt und verschlossen sind. Wie z. B. der Bereich der angemessenen Selbstbehauptung bei Herrn B. Wenn Menschen in dieser Art von einer bestimmten Angst bestimmt und eingeengt werden, dann – und erst dann – spricht man von Neurose.

Eine Neurose bzw. neurotische Angst ist also nichts »Besonderes« bzw. Eigenständiges. Sehr Ähnliches kommt bei jedem Menschen vor. Es gibt auch keine definierbare Grenze zwischen »gesund« und »krank«. Und es gibt keinen Menschen, der nicht auch unnötig einengende Ängste in irgendeinem Teilbereich seiner Persönlichkeit hätte. Sie erinnern sich: Es gibt kein Elternhaus, das nicht irgendwie speziell war.

Schwierig für sich und andere wird es nur dann, wenn wesentliche Bereiche des Lebens und der eigenen Fähigkeiten nicht mehr genutzt werden können, weil das Unbewusste immer gleich »Warnangst« aufsteigen lässt. Auch das führt aber nicht unbedingt zu erkennbaren Symptomen oder gar dazu, dass ein Mensch überhaupt nicht mehr weiterweiß, also in der genannten Sackgassensituation landet. Stattdessen führt es oft zu einem unteroptimalen, aber dauerhaften Lebensarrangement. Früher hat man hier von Charakterneurose gesprochen.

So hat eine Frau in ihrer Kindheit von ihrer Mutter stets Beschämung erfahren; die Mutter wollte so ihre Tochter nach ihren Wünschen erziehen. Im späteren Leben kann nun diese Frau aus Angst vor erneuter Beschämung eine große Scheu davor haben, sich in unklare soziale Situationen zu begeben. Es wäre ihr völlig unmöglich, zu einem Elternsprechtag in die Schule zu gehen. Die große, ihr noch kaum bewusste Angst wäre, dort von einer Autoritätsperson getadelt und beschämt zu werden. So fädelt sie weit im Vorfeld eines Elternsprechtages ein, dass dieser ihrem Mann zufällt, indem sie bereitwillig andere Aufgaben, natürlich möglichst an dem entsprechenden Abend übernimmt. Das fällt im Alltag kaum auf. Weil es auch in anderen entsprechenden Situationen auftritt, fühlt sich der Ehemann schon manchmal etwas vorgeschoben, manchmal sind die Aufgaben ihm auch lästig, er fühlt sich gleichzeitig aber auch kompetent und übernimmt letztlich ganz willig diese »ritterliche« Rolle. Hier würde die neurotische Einengung dieser Ehefrau sozusagen durch dieses sogenannte psychosoziale Arrangement aufgefangen.

So gelingt es neurotisch eingeengten Menschen oft, ihren Alltag um diese Einengung herum zu organisieren. Es gibt schon gewisse Belastungen für die Betroffenen und ebenso für ihre Beziehungspartner, aber das Arrangement lässt gleichzeitig auch noch einigen Gestaltungsfreiraum. So wird eine solche sicherlich unteroptimale Situation oft über Jahre und Jahrzehnte akzeptiert. Zu Krisen kommt es erst, wenn durch Lebensereignisse oder Entwicklungen der »verbotene« Bereich stärker gefordert wird als vorher bzw. von den Betroffenen direkt Aufgaben verlangt werden, die ihnen nicht möglich sind.

So könnte bei der genannten Ehefrau z. B. zur Krise und zum akuten Versagen führen, wenn sie in einer beruflichen Situation plötzlich vor Vorgesetzten einen Sachverhalt präsentieren müsste. In der Regel entsteht aber auch hier schon im Vorfeld das genannte Warngefühl, sodass sie schon ein paar Tage vor dem bewussten Termin eine psychisch begründete »Krankheit« entwickelt oder, bei stärker ausgeprägter Angst, vermeidet, nach der Kinderphase überhaupt wieder in den Beruf einzusteigen.

Auch an dieser Stelle könnte es zur Krise kommen. Wenn vonseiten der Familie z. B. aus finanziellen Gründen ein stärkerer Druck da wäre, wieder eine Berufstätigkeit zu übernehmen, könnte sie (wieder unbewusst) mit Symptombildung reagieren. So könnte sie eine psychosomatische Krankheit entwickeln, die es unmöglich macht, eine verheißungsvolle Stelle anzutreten. Zum Beispiel häufige, heftige Migräneanfälle und vieles mehr. Oft wird solch ein Tatbestand dann letztlich vom System akzeptiert. Der Leidensdruck ist nicht groß genug, um die Entscheidung für eine

Therapie zu fällen bzw. das soziale System (in diesem Fall v. a. der Ehemann) haben ausreichend komplementäre, sich ergänzende Bedürfnisse, um diese Situation tragbar zu finden. Er könnte dann immerhin weiter ungefährdet seine Rolle als »Ritter« und Ernährer der Familie wahrnehmen.

Zurück zu Herrn B. Bei ihm kam es deutlich zu Symptombildungen im Sinne eines neurotischen Kompromisses. Die Situation stellt sich wie folgt dar: Auf der einen Seite hat er sein Leben lang immer mehr Wut gebunkert. Nach außen hat er gekuscht und gelächelt, innerlich ist er fast geplatzt.

Seine Wut einmal herauszulassen hätte in der Fantasie von Herrn B. mindestens bedeutet, Leute zusammenzuschreien oder handgreiflich zu werden. So hatte er schließlich die Wutausbrüche im Elternhaus erlebt. Gerade das erschien ihm aber lebensgefährlich. Er hatte als Kind immer wieder die Erfahrung gemacht, geradezu eingebrannt bekommen, dass er unglaublich aufpassen musste, keine aggressive Regung zu zeigen. Trotz aller Vorsicht konnte er oft doch nicht vermeiden, manchmal wegen Kleinigkeiten verprügelt zu werden. Für dieses Problem hat Herr B. unbewusst gleich zwei neurotische Kompromisslösungen gefunden.

Zum einen unterdrückt er seine Partnerin. Vor dieser, ihm sehr nahestehenden Person hat er nicht die genannte existenzielle Angst. Bei der ersten Partnerin ist es ihm fast vollständig gelungen, bei der jetzigen nur noch teilweise, was ihm dieses Ventil z. T. nimmt und wahrscheinlich zur jetzigen Dekompensation mit beigetragen hat. Die Partnerin zu unterdrücken (oder dieses zu versuchen), ist ein fauler Kompromiss. Denn seine Wut, die er über Machtausübung ausagiert, gehört an eine andere Stelle. Sie gehört im Hier und Jetzt an seinen Arbeitsplatz, wo er sich gegenüber dem Chef abgrenzen sollte, und sie gehört vor allem in seine Kindheit, wo er echtes, fortgesetztes Unrecht erdulden musste. Dass dieser Kompromiss keine glückliche Lösung ist, zeigt sich auch daran, dass letztlich die erste Ehe darüber in die Brüche gegangen ist und die jetzige sehr anstrengend und konflikthaft geworden ist.

Und so ist der neurotische Kompromiss auch in der Tiefenpsychologie definiert: als »intraindividuell unteroptimale Konfliktlösung«. Neurotische Kompromisse sind nie »glücklich«.

Die zweite Kompromisslösung ist das Kontrollieren im zwanghaft fortgesetzten Reden und der Zwangserkrankung selbst. Kontrolle ist ein Weg der Machtausübung. Sie vermittelt das Gefühl, alles im Griff zu haben und auch andere Menschen im Griff zu haben. Aber auch dieser Kompromiss ist recht unteroptimal. Weil Herr B. inzwischen auf kleinste Anlässe anspringt, und seien es nur Fantasien über den Berufsstand eines Psychotherapeuten, fühlt er sich sehr schnell in einer unterlegenen Position. Er beginnt mit seinem Unterwerfungslächeln und im Dauerreden einen zähen, verborgenen Machtkampf, in dem er sich beweist, dass er sein Gegenüber kontrollieren kann. Damit verhindert er aber ein konstruktives Gespräch und führt die Situation (deren eigentlicher Sinn ja der Austausch war) ad absurdum.

In der Zwangserkrankung gibt es auch diesen Anteil der »Lust des Kontrollierens« und damit aggressiver Machtausübung, aber die Nachteile liegen selbst für Herrn B. auf der Hand. So hat er Mühe, wegen der Kontrollen im Haus rechtzeitig zu Terminen zu kommen, und weiß, woher die manchmal schmerzende, rotgeriebene und wunde Haut seiner Handflächen kommt. Diesen Anteil kann Herr B. schon selbst als Problem benennen.

Herr B. lebt in seinen Kompromissen also z. T. seine Wünsche aus, gleichzeitig bestraft er sich aber auch dafür. Im Falle der Zwänge mit unergiebigen Gesprächen, großem unsinnigen Zeiteinsatz und schmerzenden Händen vom vielen Waschen.

Im neurotischen Kompromiss ist fast immer auch dieser Aspekt der Selbstbestrafung enthalten. Es ist der Preis für das ansatzweise Ausleben eines verbotenen Wunsches, den der Kompromiss gestattet.

Herr B. leidet auch unter psychosomatischen Symptomen. Dieser Bereich wird in Kapitel 8, insbesondere Kapitel 8.5, Exkurs 7: »Was ist eigentlich Psychosomatik?«, und Kapitel 8.6 näher erklärt. Seine andauernden Magenschmerzen lassen sich am besten mit dem dort beschriebenen Modell der »Bereitstellung« nach Alexander erklären. Dass er diese Probleme wahrnimmt, sie aber nicht in Zusammenhang mit dem Druck bei der Arbeit bringen kann, kann man als »alexithymes« Symptom verstehen. Zu Zwängen erfahren Sie mehr in Kapitel 8.4.

Bis hierher haben wir gesehen, wie stark sich frühkindliche Erfahrungen auf das spätere Leben eines Menschen auswirken. Die spezielle Blickrichtung des Elternhauses wird zunächst einmal fraglos übernommen. Auch Gebote, Verbote und Regeln werden internalisiert. Über aller Krankheitslehre soll hier nicht vergessen werden, dass Menschen dabei durchaus viel Gutes, Nützliches und Anwendbares lernen. Auch Regeln sind an sich nichts Schlechtes. Je nach Intensität und Art der frühen Erfahrungen können sie aber zu einengenden und bedrückenden Über-Ich-Strukturen werden. Schematherapeutisch ausgedrückt: Sie werden zu Elternstimmen im Kopf – fordernd oder strafend.

Bei manchen Menschen sind auf diese Weise wichtige Lebensbereiche zur »gesperrten Zone« geworden, weil sofort warnende Ängste aus dem Unbewussten aufsteigen, wenn sie sich ihnen nähern. Wenn es wichtige oder zentrale Antriebe oder Motivationen sind, die blockiert sind, dann sucht die Psyche – dem Bewusstsein verborgen – ein Ventil. Ein »neurotischer Kompromiss« entsteht, der immerhin zulässt, einen Teil des verbotenen Antriebs zu leben, gleichzeitig aber auch das Verbot und ein Stück Selbstbestrafung enthält.

Natürlich ist das keine glückliche Lösung. In Therapie begeben sich Menschen aber in der Regel leider erst dann, wenn es wirklich gar nicht mehr weitergeht, wenn sie akut krank geworden sind.

Wie in diesem Kapitel beschrieben, ist es dann wichtig, nicht nur auf eines der Symptome zu reagieren, sondern zu versuchen, eine umfassende und brauchbare Theorie darüber aufzustellen, warum es bei diesem konkreten Menschen in der jetzigen Situation zu diesen Symptomen, dieser Symptomkonstellation kam.

Und das geht nur, wenn man sein Gewordensein mit einbezieht. Der »Hocker« braucht drei Beine, um wackelfrei stehen zu können: aktuelle Situation, Biografie und szenisches Erleben.

Wenn es tatsächlich so weit gekommen ist, dass eine Person sich dazu entschlossen hat, Hilfe zu suchen, wenn ferner der Therapeut oder das therapeutische Team eine gute Theorie oder mindestens Vorab-Hypothese darüber entwickelt haben, wie es zu den jetzigen Symptomen kommen konnte, dann ist es soweit: Die eigentliche Therapie kann beginnen.

Davon soll in den beiden folgenden Kapiteln die Rede sein.

4   Die Therapeutische Beziehung

Der wichtigste Wirkfaktor für den Erfolg einer Psychotherapie ist nicht, welche Abschlüsse der Therapeut geschafft
hat oder wie viel Erfahrung er mitbringt, auch nicht, zu
welcher Therapieschule er gehört, sondern – die therapeutische Beziehung. Das heißt, der Erfolg einer Therapie
hängt entscheidend davon ab, ob es einen »Draht« zwischen diesen beiden Menschen gibt, die da miteinander viele und schwierige Dinge zu bearbeiten haben werden.

Lester Luborsky (1988, 1995) hat sich in den 1980er-
Jahren um die Erforschung dieses Zusammenhangs besonders verdient gemacht. Dazu analysierte er die bis dahin
vorliegenden Studien und führte eigene durch. Letztlich
kam heraus, dass die Beobachtung von nur wenigen Stunden am Anfang einer Therapie reicht, um schon mit einiger
Wahrscheinlichkeit voraussagen zu können, ob die Therapie langfristig erfolgreich verlaufen wird oder nicht. Dabei
hat eine positive Beziehung die größte Vorhersagekraft,
eine negative anfängliche Beziehung sagt weniger über den
Verlauf aus (für einen Überblick s. Luborsky et al. 1988).

Man kann diesen Faktor kaum überschätzen. Ich for-
muliere hier einmal einen etwas steilen Satz: Niemand sollte sich auf eine Therapie einlassen, wenn er kein wirklich
gutes Gefühl dem Therapeuten gegenüber hat. Wesentlicher Punkt ist: Fühle ich mich verstanden?

Natürlich geht es auch um fachlich gutes Arbeiten. Ich
behaupte, dass ein Therapeut, der nicht in der Lage ist, eine
gute Theorie über die vorhandene Störung aufzustellen, im
Trüben fischt und auf Dauer ebenfalls wenig bewirken
wird, auch wenn die Sitzungen selbst häufiger zu Wohlfühl-
effekten geführt haben mögen. Und ebenso wird ein Thera-

peut, der zwar viel verstanden hat, aber zu wenig Methodik mitbringt oder sich nicht traut, diese anzuwenden, trotz aller Erkenntnisse wenig Änderung bewirken.

Aber auch wo all diese Fähigkeiten vorhanden sind, wird Therapie ohne gute therapeutische Beziehung nicht gelingen.

Was kennzeichnet nun diesen offensichtlich so wichtigen Bereich der therapeutischen Beziehung?

4.1 Ein guter Start

Die Anfangsbeziehung sollte nicht durch zu heftige Übertragungen verstellt sein. Zur Erinnerung: Von Übertragungen sprechen wir, wenn Patienten bestimmte, oft heftige, Gefühle gegenüber ihrem Therapeuten entwickeln, die kaum etwas mit diesem selbst zu tun haben, sondern mit wichtigen früheren Bezugspersonen. An diese hat der Therapeut sie vielleicht durch kleine Auslöser erinnert.

Übertragungen sind zwar ein gutes Substrat für therapeutische Arbeit, aber es hat auch Grenzen. Wenn ein Patient die Praxis des möglichen Therapeuten im Erstgespräch als schmuddelig empfindet, den Therapeuten selbst als arrogant und uneinfühlsam erlebt, dann sollten sich beide Seiten diese Zusammenarbeit nicht antun. Es verspräche, quälend zu werden. Selbst wenn die Wahrnehmung des Patienten ganz überwiegend auf Übertragungen beruhte, kommt nicht viel Gutes dabei heraus, wenn man gleich zu Beginn gegen starke aversive Gefühle arbeiten muss.

Ebenfalls wäre es trotz allen therapeutischen Potenzials selten ratsam, dass eine Patientin mit einem Therapeuten arbeitet, der die Angewohnheit hat auf eine Weise zu schnaufen, die sie ständig an den gewalttätigen und übergriffigen Stiefvater ihrer Kindheit erinnert.

Für den Beginn ist es durchaus günstig, wenn ein Patient seinen Therapeuten sympathisch findet und gleichzeitig ernst nimmt.

Wir raten unseren Patienten, die nach dem stationären Aufenthalt auf die Suche nach einer ambulanten Therapie gehen, dass sie sich erst einmal drei Therapeuten anschauen und dann erst eine Entscheidung treffen.

Wesentlich einfacher macht ein solches Vorgehen, wenn eine Patientin schon am Telefon bei der ersten Terminvereinbarung gesagt hat, dass es erstmal ein Kennlerngespräch sein solle, sie werde sich dann später noch melden, wenn sie sich entschieden habe.

Nach unserer Erfahrung fällt es fast allen Menschen sehr leicht, nach diesen Kennlerngesprächen eine Entscheidung zu treffen, hinter der sie auch stehen. Eine Therapie ist anstrengend genug, da sollte man sich die Bedingungen so günstig wie möglich gestalten.[4]

Ebenso kann ich nur alle Therapeuten ermutigen, auf ihr Gefühl zu hören. Dass in einer Erstbegegnung durchaus auch negative Gegenübertragungsgefühle überwunden werden müssen, ist nichts Ungewöhnliches und kann zu interessanten Vorab-Hypothesen führen. Wenn sich ein Therapeut aber am Ende der ersten Stunde immer noch fühlt wie ein begossener Pudel, überfordert oder vielleicht auch von irgendeinem Aspekt angeekelt, dann sollte er die Zei-

---

4 Weil wir sehr oft danach gefragt werden, haben wir in meiner Abteilung ein kurzes Informationspapier entwickelt: »So finden Sie einen guten Therapeuten« Sie können es gern in meinem Sekretariat anfordern (die Adresse finden Sie in der Titelei dieses Buches).

chen der Zeit erkennen: Das wird nichts Gutes. Um des Patienten und um seiner selbst willen sollte er die Therapie ablehnen. Am leichtesten zu überwinden ist die damit verbundene Enttäuschung für einen Patienten, wenn ein Therapeut offen zugibt, dass er sich überfordert fühlt oder in diesem speziellen Bereich noch keine ausreichende Erfahrung hat.

Vielleicht wird derselbe Therapeut ähnliche Patienten einige Jahre später gut behandeln können. Jedenfalls ist die Ablehnung einer Therapie eine weit reifere Entscheidung, als sich zu zwingen, sie durchzuführen. Dahinter steckt in der Regel ein unaufgearbeitetes Helfer-Syndrom oder fordernde Elternintrojekte.

4.2 Empathie

Mit Empathie ist die Fähigkeit eines Therapeuten gemeint, sich in die Gefühle und das Erleben der Patientin hineinzuversetzen. Neurophysiologisch gesehen befähigen uns dazu die »Spiegelneurone«, bestimmte Nervenzellen in unserem Gehirn. Durch sie sind wir in der Lage, Gefühle anderer Menschen aufzunehmen und ebenfalls zu erleben. Wenn ein Therapeut sich darauf einlässt und bemüht, die Welt so weit wie möglich mit den Augen des Patienten zu sehen, dann bedeutet das auch, dass er sich innerlich auf seine Seite begibt und dort zu finden ist.

Jemand, der Hilfe sucht, muss sich als erstes angenommen und ernst genommen fühlen in seiner Not. Der Fachbegriff dafür heißt Validierung. Die Patientin bekommt erst einmal Recht. »Mensch, da haben Sie ja wirklich etwas durchgemacht. Ich finde es ganz schön tüchtig, dass Sie wegen Ihrer Kinder so lange durchgehalten haben! Aber es ist auch wirklich kein Wunder, dass Sie jetzt mit Ihren Kräften am Ende sind.« So etwas würde nicht funktionieren, wenn es nur eine Phrase, eine hohle Technik wäre. Patienten würden es sehr schnell spüren.

Menschen, die im therapeutischen Bereich arbeiten, müssen eine zentrale Fähigkeit haben. Sie müssen bereit und in der Lage sein, für verschiedenste Nöte verwandte Bereiche in sich selbst zu suchen und zuzulassen, dass diese mitschwingen. Als Therapeut muss ich einen lebendigen Zugang haben zu eigenem Erleben von Überforderung (im Falle des validierenden Zuspruchs im Beispiel oben), zu eigenen Wünschen, Ängsten, Zwängen, suchtartigen Tendenzen …

Therapeutische Arbeit ist für professionelle Therapeuten nicht deshalb anstrengend, weil es sie an sich so fordert, von verschiedensten Formen des Leids zu hören, sondern weil sie sich bewusst auf dieses innere Mitschwingen einlassen.

Das zu können, hat eine Menge mit Selbsterfahrung zu tun. Hier gibt es vorgeschriebene Gruppen und Einzeltermine im Rahmen therapeutischer Ausbildungen. Diese bringen allerdings nur dann etwas, wenn die Teilnehmenden auch etwas über sich wissen wollen. Selbsterfahrung ist nicht in erster Linie eine Sache der Ableistung von Einzel- oder Gruppenterminen, sondern hat viel mehr zu tun mit einer inneren Bereitschaft hinzuhören, sich immer wieder eigener Schwächen und Grenzen bewusst zu werden, eigene Gefühle und deren Quellen ernst zu nehmen und sich mit ihnen auseinanderzusetzen.

Wer Therapeut wird, lässt sich von daher auf ein etwas besonderes Leben ein. Natürlich sind auch Therapeuten in erster Linie »normale« Menschen, haben durchschnittliche Bedürfnisse und nutzen kräftig die verschiedenen Abwehrmechanismen. Aber ein guter Therapeut wird immer versuchen, in Kontakt mit seinen intrapsychischen Vorgängen zu sein. Er wird sich auch immer wieder Zeit dafür nehmen. Es ist ein klein wenig, wie mit offenen Wunden zu leben. Natürlich merken Menschen, die sich in dieser Weise um Bewusstheit bemühen, auch schneller, wenn etwas nicht stimmt, und können es ändern. Das ist ihr persönlicher Gewinn. Sie brauchen nicht im Ausmaß wie viele andere jahrelang viel Energie in das Projekt stecken, unliebsame Bewusstseinsinhalte vor sich zu verbergen, oder jahrelang ein langweiliges Leben führen, das an ihren Bedürfnissen vorbeigeht.

Aber andererseits leben viele Menschen mit diesen Mechanismen auch ganz gut. Manchmal schützt ein dicker Panzer. Auch wenn wir wissen, dass Panzer, nicht nur in der militärischen Bedeutung dieses Wortes, viel Schaden in ihrer Umgebung anrichten.

Wer therapeutisch wirksam und hilfreich arbeiten will, kann sich das nicht leisten.

Es kann aber auch durchaus Situationen geben, wo eine Abgrenzung durch den Therapeuten richtig und wichtig ist. Wenn der Therapeut vom Patienten mit Schimpfworten belegt wird, dann sollte er sich das sofort, klar und eindeutig verbitten. Er sollte durchaus klarmachen, dass hier eine Grenze überschritten ist, deren künftige Einhaltung Voraussetzung für die Fortsetzung der Therapie ist.

Noch bedrängender kann es sein, wenn Patienten drohen. Zum Beispiel einen Rechtsanwalt einzuschalten wegen einer ihnen unangenehmen Äußerung des Therapeuten oder gar, ihm etwas anzutun. In der Therapie von Borderline-Patienten (▸ Kap. 8.9) kommt das gar nicht so selten vor. Hier kann vor allem Erfahrung und eine spezielle Ausbildung für diese Störungsbilder weiterhelfen. In jedem Fall wäre es ein Fehler, eine Drohung zu übergehen und am Thema weiterarbeiten zu wollen. Es ist in diesem Fall vorrangig vor allem anderen, das Gefühl zu äußern, sich gerade bedroht zu fühlen und mit dem Patienten zusammen zu erforschen, warum dieser eine solche Äußerung gemacht hat. In der Regel lassen sich die Gründe finden. Wenn gute Vorarbeit geleistet wurde, dann existiert zwischen beiden schon ein Konsens über die wichtigsten Übertragungen, die durch kleine Erinnerungsreize beim Patienten ausgelöst werden können. Schematherapeutisch würde man von Modi sprechen (bestimmte unreif-kindliche Gefühlszustände), in die ein Mensch aufgrund bestimmter Trigger (auslösender Situationen) hineingerät. Bedrohungssituationen lösen sich auf, wenn sie als Überkompensation eines geängstigten, in einen kindlichen Zustand hineingeratenen Menschen deutlich werden (▶ Kap. 5.2).

Wenn grundsätzlich keine Vertrauensbeziehung mehr besteht, muss eine Therapie beendet werden.

Naturgemäß fällt uns dieses Mitschwingen bei manchen Menschen leichter, wenn sie uns ähnlicher sind, bei manchen schwerer. Falls sich aber ein Gefühl einstellen sollte wie Verachtung, Ekel oder Verurteilung, dann stimmt etwas nicht. Offensichtlich ist ein heftiges Gegenübertragungsgefühl aufgetaucht. Therapie kann nicht gelingen, wenn man versucht, das einfach stehenzulassen. Manchmal bekommen Therapeuten tatsächlich sehr schwer verdauliche Kost angetragen.

Ein Beispiel: Eine Therapeutin könnte es sehr abstoßend finden, wenn ihr ein Mann mit narzisstischer Persönlichkeitsstörung mit sichtlicher Befriedigung erzählt, wie er zu Hause seine Ehefrau unterdrückt. Therapeutisch nicht weiterführend wäre jetzt allerdings, wenn sie ihn im Stillen innerlich verurteilt. Sie könnte dann unter Kolleginnen oder im Stationszimmer erzählen, was für ein »Ekelpaket« sie sich da eingefangen habe – aber das würde weder ihr noch der Therapie weiterhelfen. Ebenso wenig würde es helfen, wenn sie mit ihm eine moralisierende Diskussion über Gleichberechtigung führt.

Professionalität besteht hier in allererster Linie darin, dass die Therapeutin geradezu darum kämpft, wieder in eine empathische Position diesem Patienten gegenüber zu kommen. Eine therapeutisch sinnvolle Reaktion hängt selbstverständlich stark vom Vorwissen über diesen Patienten ab und von dem aktuellen Kontext, in dem er seine Ausführungen gemacht hat.

Vielleicht ist er deshalb in Therapie gekommen, weil er mit einer neuen Vorgesetzten am Arbeitsplatz überhaupt nicht zurechtgekommen ist. Er erlebte sie als unerträglich dominant und übergriffig, obwohl die »Belege«, die er dafür mitbringt, nicht besonders überzeugen. Sie hatte ihm z. B. gesagt, dass er wie alle anderen Mitarbeitenden Urlaubsanträge rechtzeitig abgeben müsse. Das hatte er als riesige Kränkung erlebt. Ferner weiß die Therapeutin, dass er früher sehr unter seiner dominanten Mutter litt und das Elternhaus so früh wie möglich verlassen hat. Sie versteht, dass seine derzeitigen machohaften Äußerungen über seine Frau und die Verhältnisse zu Hause ein Kompensationsversuch sind für dieses Gefühl, von dominanten Frauen kleingemacht zu werden, das ihn sein Leben lang begleitet hat.

Eine Frage bleibt aber noch: Warum bringt er diese unangenehm-frauenfeindlichen Äußerungen gerade jetzt? Da fällt der Therapeutin ein, dass sie ihm am Anfang der Stunde gesagt hat, dass er doch bitte warten solle, bis sie ihn aus dem Wartezimmer holt, und nicht einfach in ihr Büro zu kommen, wie er es getan hat. Offensichtlich hat er das als Zurückweisung erlebt, als Kränkung, und hat sich in seinen Äußerungen sozusagen gerade selbst erzählt, was für ein starker und toller Typ er doch ist. (Nebenbei gesagt: wieder ein Beispiel für einen neurotischen Kompromiss: Er hat Angst vor der als stark erlebten Therapeutin und hackt deshalb ersatzweise auf der abwesenden Ehefrau herum.)

So sagt die Therapeutin: »Wissen Sie, was ich gerade denke? Ich habe doch vorhin diese Äußerung gemacht, dass Sie bitte im Wartezimmer bleiben sollen. Ich dachte gerade: Das hat Sie bestimmt verletzt.«

Der Patient tut erst ein wenig so, als ob er sich besinnen müsse, worum es geht, dann sagt er: »Na ja, das war schon ein bisschen ruppig, oder?«

Therapeutin: »Ja, das habe ich gerade gemerkt, und es tut mir wirklich leid.« Sie schüttelt ein wenig den Kopf. »Und das, wo wir doch beide wissen, wie viel in ihrem Leben gerade von dominanten Frauen schon an Ihnen herumgemeckert worden ist!«

Der Patient lächelt, und es ergibt sich ein konstruktives Therapiegespräch. Er versteht, dass sein Ärger, der zur Herabsetzung der Ehefrau geführt hat, eigentlich der Therapeutin galt. Und dass diese durch ihre Bemerkung sein empfindlichstes (Kindheits-)Schema aktiviert hat.

Was ist das für ein Prinzip, das die Therapeutin da genutzt hat, um erfolgreich wieder in eine empathische Haltung zu kommen, die für den Patienten ist?

Kurz gesagt: Sie hat sich mit dem »inneren Kind« des Patienten verbündet. Sie hat hinter der erwachsenen und derzeit wirklich unsympathischen Fassade des Patienten den inneren kleinen Jungen gesehen, der sich wieder einmal dominiert fühlte, vor ihr aber Angst hatte und deshalb irgendein unreifes Ventil für seinen Ärger suchte. Für diesen »kleinen Jungen« konnte sie wieder Sympathie und Mitgefühl aufbringen.

Wenn wir als Therapeuten nur die erwachsene Oberfläche sehen, mit der uns ein Mensch entgegentritt, werden wir wenig mehr Möglichkeiten als jeder andere haben, heilsam mit diesem umzugehen. Nur wenn wir das, was uns da geschieht, als die Aktivierung eines früheren, unreif-kindlichen Gefühlszustandes wahrnehmen, aus dem heraus der Betreffende für ihn folgerichtig handelt – sich wehrt, sich unterwirft, sich zurückzieht –, dann können wir ihn an der Stelle erreichen, wo er eigentlich Hilfe braucht. Am Erwachsenen haben meist schon viele Menschen herumkritisiert – doch etwas Wesentliches ändern konnten bisher weder sie noch der Betreffende.

In der Tiefenpsychologie würde man von Regression sprechen, wenn ein Mensch Gefühle und ein Verhalten zeigt, das eigentlich zu einer viel früheren Entwicklungsphase passt und meist durch eine Übertragung ausgelöst wurde. In der Schematherapie spricht man von der Aktivierung eines alten Schemas, das dann dazu führt, dass der Betreffende in einen bestimmten Modus gerät. Er handelt natürlich äußerlich als Erwachsener und denkt, was er tut, passe zu der Situation. Die Wahrheit ist aber, dass die Gefühle, die seinem Handeln zugrunde liegen, aus einer ganz anderen Schicht seiner Persönlichkeit kommen. Im Tiefsten ist es meistens das verletzbare Kind, das dahintersteckt. Und genau dieses muss und soll vom Therapeuten gesehen werden.

Empathiefähigkeit bedeutet so gesehen, unbedingte Solidarität zu dem »inneren Kind« des Patienten zu bewahren und diesem zu seinem Recht zu verhelfen. Genauer gesagt: den Patienten dabei zu unterstützen, dem inneren Kind endlich zu seinem Recht zu verhelfen.

4.3 Therapeutische Distanz

Obwohl Empathie ein so wichtiges Merkmal therapeutischer Beziehung ist, kann Therapie doch nur gelingen, wenn diese in einem ausgewogenen Gleichgewicht steht mit therapeutischer Distanz.

Mit therapeutischer Distanz sind zwei Dinge gemeint: Abstinenz und die Möglichkeit, in innere Distanz zu gehen.

Abstinenz

Abstinenz bedeutet, dass der Therapeut keinerlei persönliche Beziehung zum Patienten eingeht oder anstrebt. Ziel der Therapie ist, dass dieser sein Leben wieder in die Hand nehmen kann. Das heißt, dass er sich nach Ablauf der Therapiezeit wieder vollständig vom Therapeuten löst. Keinesfalls geht es in einer Therapie darum, eine private Freundschaft aufzubauen. In einer professionellen Therapie bleibt jederzeit eindeutig, dass es um den Patienten geht. Der Therapeut hält sich zurück mit Angaben über sein persönliches Leben, auch über seine Überzeugungen. Es geht darum, einen Freiraum zu eröffnen, wo der Patient seine eigenen Lösungen finden kann. Auch länger anhaltende therapeutische Beziehungen bleiben Sonderbeziehungen. Wenn es nicht das erklärte Ziel ist und bleibt, diese besondere Beziehung auf dem kürzesten Wege überflüssig zu machen, ist etwas faul.

Leider gibt es immer noch Geschichten von hochfrequenten Therapien über viele Jahre, wo von außen gesehen ganz offensichtlich die Therapie zum Lebensinhalt des Patienten geworden ist. Nicht zuletzt darum, weil bei Berufstätigkeit und drei Therapieterminen pro Woche inkl. Anfahrt einfach keine Energie mehr für anderes bleibt. Es findet im Extremfall keine konstruktive Therapie mehr, sondern gegenseitige emotionale Bedürfnisbefriedigung auf neurotischem Niveau statt.

Nun erfordert eine korrekte Therapiedurchführung allerdings auch keinen altruistischen Verzicht auf eigene Ziele beim Therapeuten. Die Balance wird nur nicht über persönliche Dankbarkeitsbeweise und Beziehung hergestellt wie im Privatleben, sondern über das Honorar.

Das klingt jetzt vielleicht sehr nüchtern und kalt. Für eine professionelle Therapie ist ein angemessenes Honorar aber unverzichtbar. Nur das macht den Therapeuten auch auf längere Sicht immun dagegen, sich auf andere Weise am Patienten bereichern zu wollen. Kostenfreie längere Beratungsserien, wie sie z. B. in manchen Seelsorgesettings vorkommen, sind immer gefährdet, unterschwellig Bindung aufzubauen, Verpflichtung zur Dankbarkeit, die dem eigentlichen Anliegen abträglich ist. Eine offene und klare Regelung der Zusammenarbeit, der Balance aus Geben und Nehmen, ist für professionelles Arbeiten die bessere Voraussetzung. Der Therapeut muss und kann sein Privatleben außerhalb der Therapiestunden organisieren. Nicht zuletzt mithilfe des Honorars.

In diesen Bereich der Abstinenz gehört auch der Verzicht auf körperliche Annäherung. Je nach Therapieschule ist diese ganz verboten (in der analytischen und tiefenpsychologisch fundierten Psychotherapie), in der Schematherapie ist in bestimmten Therapiesituationen, insbesondere kindlichen Zuständen gegenüber, eine flüchtige tröstende oder unterstützende Berührung an Schulter oder Hand durchaus erlaubt, und zwar im Sinne einer »begrenzten Nachbeelterung«. Auf diese symbolischen Andeutungen muss sich aber auch hier der Körperkontakt in der Therapie beschränken.

Eine extreme Verletzung der gebotenen Abstinenz liegt vor, wenn Therapierende ein Verhältnis mit Patienten be ginnen. Hier liegt immer ein Missbrauch der therapeutischen Situation vor, da es eindeutig Aufgabe des Therapeuten ist, professionelle Grenzen einzuhalten, und zwar gerade dann, wenn es zu erotischen Übertragungen kommt. Glücklicherweise zieht ein solches Fehlverhalten nach heutiger Gesetzeslage unmittelbare berufsrechtliche Sanktionen nach sich.

Die Möglichkeit, in innere Distanz zu gehen

In Therapien werden oft anrührende, manchmal beängstigende und manchmal hilflos machende Geschichten erzählt. Ein Therapeut, der nur auf der Empathieseite wäre, würde dem Patienten wenig nützen. Er wäre entsprechend angerührt, geängstigt oder hilflos. Das ist er zwar auch – die ganze Palette menschlicher Gefühle kommt in Therapien vor und Therapeuten erleben sie mit. Er würde aber nicht helfen und weiterführen können, wenn es dabei bliebe. So haben viele Patienten schon erlebt, dass ihren Freunden ihre Geschichten einfach zu viel sind und sie diese gar nicht zugemutet bekommen wollen.

Dass in der Therapie zunächst einmal alles erzählt werden darf und soll, hängt mit einer besonderen Fähigkeit des Therapeuten zusammen: Er hat gelernt, immer wieder auch in die innere Distanz zu gehen. Nur so kann er verstehen, was gerade szenisch stattfindet.

Am Beispiel der Übertragungen habe ich schon gezeigt, dass die Gefühle, die bei einem Therapeuten während der Stunde aufkommen, das feinste Messinstrument sind, das ihm zur Verfügung steht. Ein gutes Bild für diese Art von therapeutischer Distanz ist das vom Theater. Dazu muss man sich die Therapiestunde wie auf einer Bühne vorstellen. Es gibt zwei Handelnde (den Therapeuten und den Patienten), die dort miteinander etwas tun, sozusagen ein

Stück aufführen. Dabei entstehen nicht nur Gespräche, sondern auch Gefühle auf beiden Seiten. Ein Wort ergibt das andere, ein Gefühl das andere.

Damit sich das Stück nicht verselbstständigt, ist es wichtig, dass der Therapeut immer wieder zwischendrin in den Zuschauerraum geht und von außen auf dieses Stück schaut. Natürlich tut er das nur innerlich. Aber er zieht sich für einen Moment aus der gefühlsmäßigen Interaktion zurück und nimmt bewusst wahr, was da gerade passiert, was für ein Stück gespielt wird. Das gibt ihm dann – ins Stück zurückgekehrt – die Möglichkeit, anders zu handeln. Er folgt nicht mehr den Gesetzmäßigkeiten des Stückes, wie das z. B. Partner in einem Ehekrach in der Regel tun, sondern er kann anders, oft überraschend reagieren. Das würde man auch als Intervention bezeichnen. Als überlegten Impuls, der etwas Neues anregt, aufweckt, aus der oft tragischen Routine erlöst.

So hat es die Therapeutin bei dem oben erwähnten narzisstischen Patienten getan. Wäre sie einfach »auf der Bühne« geblieben, hätte sie jedenfalls ihr erhebliches Missfallen signalisiert. »Sagen Sie mal, wie gehen Sie denn mit Ihrer Frau um?!« oder: »Wenn Sie so mit mir umgehen würden, dann könnten Sie aber ihr blaues Wunder erleben!« Das hätte bei diesem Patienten dann entweder zu einer Unterwerfung (aus der Angst gegenüber dominant erlebten Frauen heraus) oder zu einer Explosion geführt. Beides hätte aber nicht den geringsten therapeutischen Gewinn gebracht. Glücklicherweise »ging« die Therapeutin aber »in den Zuschauerraum«. Und da sah sie dann auf der Bühne eine Frau sitzen, die gerade wütend auf diesen unverschämten Mann war.

Sie wusste, dass diese Frau vor dem Stück aber überhaupt nicht wütend auf ihn gewesen war, sondern dass es offensichtlich eine Reaktion auf seine derzeitige Rolle war. Die Wut der Frau reflektierte nur in der Gegenübertragung die wütende Übertragung des Mannes. Und als sie dann überlegte, was für eine Ärger auslösende Übertragung das sein könnte, brauchte sie nicht lange zu suchen. Wie schon oft: Machogehabe, um sich nicht unterlegen fühlen zu müssen. Aber warum gerade jetzt so heftig? Na klar, weil sie ihn am Anfang der Stunde zurechtgewiesen hatte. Wieder auf die Bühne zurückgekehrt, konnte sie dann die beschriebene, wirklich hilfreiche Intervention geben.

4.4 Die Seite des Patienten in der therapeutischen Beziehung

Nicht nur vonseiten des Therapeuten gibt es die genannten Voraussetzungen für eine gelingende therapeutische Zusammenarbeit, sondern auch vonseiten des Patienten. Über die Notwendigkeit einer beidseitigen guten Beziehung, sprich guten Verständigungsebene, habe ich in Kapitel 4.1 schon gesprochen.

Es gibt vonseiten der Patientin noch eine weitere Voraussetzung, die wichtigste. Es ist eine ausreichende Motivation für die Therapie.

Es gibt auch Motivationen, die einer Therapie nicht zuträglich sind. Generell ist das immer der Fall, wenn das eigentliche Ziel nicht Selbstveränderung ist, sondern die Beeinflussung äußerer Dinge. Sehr offen der Fall ist das manchmal bei Rentenbegehren. Die Betreffenden begeben sich deshalb in »Therapie«, am liebsten stationär, um zu beweisen, dass sie wirklich krank sind und in Frührente müssen. Das passiert manchmal sehr offen, schon im Aufnahmegespräch, manchmal aber auch verdeckt, wo dann erst in einem zähen Prozess immer deutlicher wird, was die eigentliche Motivation der Betreffenden ist. Das Problem bei einer solchen Konstellation ist, dass die Patienten gar nicht gesund werden dürfen. Sie wissen genau, dass ihnen amtsärztliche Untersuchungen bevorstehen, bis zu denen sie noch so krank sein müssen, dass der Amtsarzt eine Berentung befürwortet. Es ist fast unmöglich, sinnvoll mit Patienten dieser Art zu arbeiten.

Es gibt auch noch extremere Sekundärmotivationen. So z. B. ein Patient, der aufgrund spekulativer Geschäfte in soziale Not geraten ist, aber in besseren Zeiten einmal eine hohe Krankenhaustagegeldversicherung abgeschlossen hat. Es ist für Therapierende sehr ernüchternd, wenn sie vielleicht nach Wochen bemerken, warum das Therapieanliegen dieses Patienten immer so merkwürdig schwammig war. Der hat in der Zwischenzeit gut mit seinen Tagessätzen »verdient«. Auch juristische Gründe gibt es, aufgrund derer Menschen in einer Klinik »untertauchen« wollen.

Und welche Motivation ist denn nun notwendig und förderlich für eine Therapie? Es ist der Leidensdruck. Das klingt möglicherweise hart, und niemandem ist Leid zu wünschen. Aber die einzig sinnvolle Motivation für eine Therapie ist, dass ein Mensch die echte Überzeugung gewonnen hat, dass der jetzige Zustand definitiv so nicht mehr zu ertragen ist und es nicht mehr so weitergehen soll.

Niemand ändert sich freiwillig. Niemand nimmt ohne Grund mühevolle Arbeit auf sich, nimmt Kontakt zu ihm fremden Experten auf, nimmt Fahrzeiten und andere Unannehmlichkeiten auf sich. Und das ist ja auch richtig so. Die erforderliche Vorentscheidung für eine Therapie muss sein: Ich will, dass sich etwas ändert! Auch wenn ich noch nicht weiß, was.

5   Verstrickungen lösen und Entscheidungen treffen

Wie sieht denn nun die eigentliche therapeutische Arbeit aus? Wir haben bis jetzt schon viel gesprochen über Voraussetzungen wie eine gute therapeutische Beziehung und Motivation. Im Kapitel 3 wurde beschrieben, wie bei einem Menschen der Fokus für eine Therapie, der zentrale Beziehungskonflikt gefunden werden kann.

Beides ist sicherlich schon ein guter Einstieg in die therapeutische Arbeit. Die bewusste Fokussierung der Therapie soll eine Konzentration auf das Wesentliche bewirken und verhindern, dass lange Zeit – vielleicht die gesamte Dauer einer stationären Behandlung – damit verbracht wird, verschiedenste Nebenthemen zu behandeln. Diese hätte der Patient vielleicht recht gut selbst lösen können, wenn erst einmal die zentralen Fragen bearbeitet worden wären.

Ziel jedes Therapeuten muss sein, dem Klienten so schnell und gründlich wie möglich Entlastung zu verschaffen. Und dazu muss mit dem Wichtigsten begonnen werden.

5.1   Klassische tiefenpsychologische Arbeit

Zunächst einmal wird es in der Therapie darum gehen, den Patienten zunehmend an das »Modell« heranzuführen, das vom Therapeuten oder vom Team über seine Störung entwickelt worden ist, zu einem gemeinsamen Verständnis zu kommen und dieses, wo erforderlich, noch besser der Realität anzupassen.

Von Anfang an ist es sinnvoll, einen Menschen auf auffällige szenische Ereignisse hinzuweisen, um ihm zu ermöglichen, diese selbst wahrzunehmen. Zum Beispiel könnte es sinnvoll sein, ihn darauf aufmerksam zu machen, dass er offensichtlich schnell Verantwortung übernimmt – oder vielleicht gerade nicht, und anderen vollständig das Steuern überlässt. Im Fokusbeispiel von Herrn B. wäre es sicherlich sinnvoll, ihm frühzeitig rückzumelden, dass er nun während der ganzen Therapiestunde gesprochen, aber auf diese Weise eigentlich nichts Neues erfahren hat. Dass er aber doch aus einem anderen Grund gekommen sei. Das Ziel dieser Rückmeldungen ist, eine größere Bewusstheit über diese bisherigen »Selbstverständlichkeiten« zu erzeugen. Im besten Falle eine Verwunderung darüber, warum man es bisher immer so gehandhabt hat. Denn dass sie mit manchen Ergebnissen ihrer bisherigen szenischen »Darstellungen« nicht zufrieden sind, ist den meisten Betroffenen klar. So kommt der Verantwortungsträger vielleicht deshalb in Behandlung, weil er sich schon eine Erschöpfungsdepression »erarbeitet« hat, derjenige, der keine Verantwortung gewohnt ist, hat sich vielleicht schon darüber beklagt, dass es immer nach den anderen gehe. Herr B. versteht auch, dass er Monologe ebenso gut zuhause vor dem Spiegel halten könnte und nicht zu diesem Zweck in die Klinik gekommen ist. Allen gemeinsam ist aber, dass sie bisher noch nicht wissen, warum sie es immer so machen.

In der Sprache der Tiefenpsychologie wäre dieser therapeutische Schritt die Konfrontation. Dieser voran geht die Klärung, die Feststellung und Erforschung des Ist-Zustandes, z. B. in der Anamneseerhebung auf verschiedenen Ebenen. Der Konfrontation folgt die Deutung, die Ereignisse in den Zusammenhang der Psychodynamik stellt, als drittes Hauptwerkzeug psychotherapeutischer Arbeit.

Wenn wir davon ausgehen, dass jeder Mensch aus seiner frühen Kindheit einen bestimmten »Blickwinkel« mit ins Leben genommen hat (▸ Kap. 2), einen bestimmten Satz an Vorstellungen über die Menschen und ihre Eigenschaften, dann liegt in der Beschäftigung mit der Biografie auch der Schlüssel zum Verstehen eines Menschen.

Was uns im Szenischen begegnet, wird von daher gespeist, und die Probleme, die er in seinen aktuellen Beziehungen hat, haben dort ihre Schablone. Nur wer einen Menschen in seinem Gewordensein versteht, versteht ihn überhaupt. Nur wer sich selbst von daher versteht, um seine ganz eigenen speziellen Prägungen weiß, der kann sich bewusst als jetziger Erwachsener für einen Weg entscheiden, möglicherweise für einen neuen.

Der zentrale Schlüssel, um mit dem szenischen Erleben und der aktuellen Situation fruchtbar arbeiten zu können, ist die Beschäftigung mit der Biografie.

Wie im Rahmen der Fokusarbeit (▸ Kap. 3) schon beschrieben, lassen sich hier anfangs oft wenig mehr als die »objektiven Daten« erheben. Und auch wenn es ins Detail der damaligen Beziehungen geht, erzählen Menschen oft über eigentlich schlimme Ereignisse sachlich und abgeklärt. Manchmal erscheint das geradezu unpassend. Offensichtlich haben die Betreffenden die dazu passenden Gefühle tief in sich verschlossen. Sie haben schon in ihrer Kindheit gelernt, dass das Leben weitergehen muss, dass es überhaupt keinen Zweck hat, gegen ungerechte oder unangemessene Behandlung aufzubegehren. Gefühle wurden möglichst »weggepackt«, verdrängt, verschlossen, weil sie das Leben nur noch schwerer machten. Manchmal gab es in emotional kargen Elternhäusern immerhin für Leistung etwas Anerkennung, dann versuchten Kinder, wenigstens das zu bekommen, und strengten sich an. Solch ein Muster überdauert oft das ganze Leben. Durchgängig strenge und ungerechte Behandlung erzeugt oft abhängige Beziehungen. Wir haben insbesondere viele Frauen in der Behandlung gehabt, die lebenslang von einer – von außen gesehen auf den ersten Blick – garstigen Mutter abhängig geblieben sind.[5] Immer in der Hoffnung, doch irgendwann noch einmal deren Liebe zu bekommen, lassen sie sich bis jetzt schlecht behandeln und ausbeuten.

So gibt es viele Konstellationen mehr. Gemeinsam ist allen, dass in der Regel die Gefühle der Kindheit, die zur Kindheit passenden Gefühle gut versteckt wurden. Unbewusste Mechanismen halten sie unter Verschluss, um dem Menschen zu ermöglichen, wenigstens im Hier und Jetzt einigermaßen zu funktionieren. Das mag bis zu einem gewissen Grade auch zielführend sein. Niemandem tut es gut, ständig im Bewusstsein großen Elends herumzulaufen, ohne etwas daran ändern zu können.

Wenn ein Mensch aber krank geworden ist, d. h. nicht mehr »funktioniert«, spätestens dann gibt es auch keinen Grund mehr, diese alten Gefühle noch weiter unter Verschluss zu lassen. Im Gegenteil: Spätestens jetzt ist die Zeit reif, in der Therapie gemeinsam zu untersuchen, wie alte kindliche Ängste und Hoffnungen bis jetzt das Leben eines Menschen prägen und deformieren. Nur so gewinnt er die Freiheit, etwas zu ändern.

---

5   Natürlich ist dieser Begriff »garstig« eine Vereinfachung, die jetzt nur dem schnellen Verständnis dienen soll. Die Mutter hat auch ihre Biografie. Und diese würde es in einer Therapie wahrscheinlich bald verständlich machen, warum sie innere Konflikte in für andere anstrengender Weise nach außen verlagert.

Fallbeispiel

Eine Patientin erzählt, dass sie zu Hause oft verprügelt worden ist, lächelt dabei und schließt ihre Erzählung ab mit den Worten (und ganz beherzter Stimme): »Tja, das war damals so. Hat uns allen nicht geschadet.« Dann geht sie zum nächsten Thema über.

Die Therapeutin findet das gar nicht so selbstverständlich und ist auch durchaus nicht sicher, ob das »damals« niemandem geschadet habe. Sie fragt noch einmal nach, warum die Patientin denn in ihrer Kindheit so oft geschlagen worden sei. Diese berichtet dann, dass ihr Vater bis jetzt eine Neigung zu jähzornigen Ausbrüchen habe und damals manchmal furchtbar in Wut geraten sei. Sei es, dass sie seines Erachtens nicht sorgfältig genug auf den jüngeren Bruder aufgepasst habe, der immer der Liebling ihrer Eltern gewesen sei, oder dass sie eine Regel geringfügig übertreten habe, indem sie z. B. eine Viertelstunde später als angesagt nach Hause kam. Ständig war sie in Angst, schon wieder etwas falsch gemacht haben zu können. Der Bruder wurde übrigens fast nie geschlagen.

Die Patientin wirkt so, als ob diese Ausführungen ihr etwas peinlich sind und sie auch angestrengt haben, möchte jetzt aber wirklich in ihrer Erzählung fortfahren.

Die Therapeutin macht aber nicht mit. Sie fragt: »Und wie finden Sie das, wie ihr Vater da mit Ihnen umgegangen ist? Darf man so mit einem kleinen Mädchen umgehen?« Die Patientin guckt gequält. »Nein, natürlich nicht. Das ist ja nun vorbei. Ich hab's halt überlebt.« Beide schweigen etwas.

Dann sagt die Therapeutin: »Ja, überlebt ist wohl der richtige Ausdruck.«

Die Therapeutin spricht weiter: »Ehrlich gesagt, ich finde es ganz schrecklich, wenn ich mir dieses kleine geängstigte Mädchen damals vorstelle. Sie hatten ja auch niemanden in der Familie, der wirklich zu Ihnen hielt!«

Die Patientin bekommt feuchte Augen. Dann beginnt sie, laut und heftig zu weinen. Zwischendurch versucht sie immer noch, sich dafür zu entschuldigen.

Die Therapeutin sagt ihr in freundlichem Ton, dass sie ihren Schmerz so gut verstehen kann und dass es völlig normal und in Ordnung ist, wenn sie über all das einmal kräftig weint. Dabei schiebt sie ihr ein Papiertaschentuch über den Tisch.

Diese Geschichte steht für viele Anfangsphasen gelingender Therapien. In den meisten Fällen hat es wenig Sinn zu versuchen, über Verhaltenstipps im Hier und Jetzt eine wirkliche Besserung der Lebenssituation zu erreichen. Menschen sind so stark geprägt von Denkmodellen, Verhaltensweisen, inneren Geboten und Verboten ihrer Kindheit, dass sie gar keinen Spielraum haben, alternative Wege zu gehen. Obwohl sie äußerlich alle Möglichkeiten hätten, sind sie innerlich gefesselt. Es geht um Fragen wie, ob ein Mensch zufrieden mit sich und seiner Umgebung sein kann oder ob er sich frei fühlt, etwas Neues zu beginnen. So wichtig das Gewissen generell als Instanz ist, auch für das Zusammenleben in einer Kultur, im Einzelfall ist es ein höchst unzuverlässiger Ratgeber. In den »Über-Ich-Strukturen« (▸Kap. 7.2 u. Kap. 3.3, Exkurs 4: »Was ist ein neurotischer Kompromiss?«), die ein Mensch erworben hat, stecken im Wesentlichen elterliche Gebote, Verbote und die mehr oder weniger gelungene Auseinandersetzung mit ihnen. Je spezieller die Kindheitssituation war, desto weniger kann sich ein Mensch auf sein Gewissen verlassen. Jedenfalls wenn es darum geht, sich und andere glücklicher zu machen. Beim Kompass würde man von einer erheblichen »Missweisung« sprechen.

Wirklich etwas lockern lässt sich bei einem erwachsenen Menschen nur, wenn er bereit ist, in die Kindheitssituation zurückzugehen und diese erneut emotional zu beleben.

Hier ist in der Regel der erste Ansatzpunkt, um einen therapeutischen Prozess in Gang zu bringen. Ein Therapeut

darf sich nicht mit dem Patienten in der Beurteilung verbünden, dass das halt damals so war. Und er darf ihn nicht
dabei unterstützen, Gefühle rationalisierend aus dem Gesichtsfeld zu halten. Ganz im Gegenteil: Hier ist der erste
Bewährungspunkt für einen Therapeuten in einer neu be-
gonnenen Therapie. Es ist seine Aufgabe, den Patienten in
der Kindheitssituation »festzuhalten« und ihm zu helfen,
diese wieder mit Gefühl zu füllen. Wenn das nicht von allein geschieht, kann er es dadurch fördern, dass er »Hilfs-
Ich-Funktionen« zur Verfügung stellt, also sich und sein
Empfinden als Modell ins Spiel bringt. Die Therapeutin im
Beispiel oben tut das, indem sie ausdrückt, dass sie selbst
die Vorstellung dieses »kleinen geängstigten Mädchens«
quält.

Menschen haben oft große Übung darin, andere insofern zu vereinnahmen, als dass sie im Gespräch deren Zustimmung voraussetzen oder verlangen. Auch der Erzählstil
ist in der Regel so, dass sich kaum Ansatzpunkte ergeben
für Einspruch. Gerade Menschen mit (neurotischen) Ängsten sind oft Meister darin, Gefühle vor sich und anderen zu
verschleiern indem sie sie im Gespräch z. B. umschiffen.

Damit muss man auch in einer Therapie rechnen. Schon
im Beispiel oben ist die Therapeutin im Rahmen normaler
gesellschaftlicher Konventionen leicht unhöflich, indem sie,
obwohl die Patienten das Thema Prügel mit einem allgemeinen Spruch und leicht erhobener Stimme beendet hat,
doch noch einhakt. Offensichtlich ist sie wach und bei der
Sache, sodass ihr das gleich gelingt. Manchmal müssen
Therapeuten auch noch im Nachhinein auf ein Thema zu-
rückkommen, an dem sie im betreffenden Augenblick zu
»geschickt« vorbeigelotst worden sind.

Das wäre nicht weiter schlimm. Schade wäre es nur,
wenn ein Therapeut solch eine eindeutige Situation wie in

dem Beispiel oben vielleicht nur mit einer schwachen Anmerkung durchrutschen lässt. Unerfahrene Therapeuten
machen das nicht selten und beschweren sich in Supervisi-
onen darüber, dass Frau X. »einfach nicht an ihre Gefühle
kommt«. Ein guter Therapeut »riecht« förmlich, dass hier
gerade ein massiver Verdrängungsversuch an ihm vorbeige-
schleust werden soll – und hakt beherzt ein.

Wer arbeitet da eigentlich für oder gegen wen? Der
Therapeut und das in die Sackgasse geratene Ich[6] des
Patienten sind die Bündnispartner. »Gegner« ist das Unbewusste des Patienten, das die bisherigen Selbstbeschwich-
tigungs- oder Selbstbetrugstaktiken (fachlich: Abwehrmechanismen) weiterfahren möchte. Kompliziert wird es
dadurch, dass dieses Unbewusste ja gleichzeitig »treuer
Freund« des Patienten, seines Ich ist. Es hat jahrelang versucht, ihn nach Kräften zu schützen vor Bewusstseinsinhalten, die er ohnehin nicht verarbeiten kann.

So steht trotz allen offiziellen Therapievereinbarungen
das Ich des Patienten in Wahrheit ziemlich genau zwischen
beiden Instanzen: dem dysfunktionalen (neurotischen) Bemühen seines Unbewussten und dem des Therapeuten.

Für die Therapie kann diese Ambivalenz nur unter zwei
Bedingungen entschieden werden:

• Der Therapeut muss sich als verlässlich und loyal erwei-
sen.

• Die Therapie muss einen Schutzraum bieten, wo Gedanken und vor allem Gefühle zunächst einmal probe-
weise möglich sind, ohne dass die bisher befürchteten
Sanktionen folgen.

---

6 Das Ich hier verstanden als bewusste zentrale Verantwortungs-
und Steuerungsinstanz eines Menschen.

Meist gelingt es glücklicherweise. In manchen Fällen können sich Menschen aber auch nicht einlassen und bleiben bei den alten Mechanismen.

Wenn eine missliche Kindheitssituation wiederbelebt wird, können sehr viele unterschiedliche Konstellationen zum Vorschein kommen. Es kann sich um eine emotional karge Elternbeziehung handeln, wo ein Kind wenig gesehen, selten bestätigt und gelobt wurde; es kann um emotional nicht verlässliche Eltern gehen, wie z. B. Borderline-Betroffene oder in Trunkenheit unberechenbare Alkoholiker; es kann um Gewalt und Übergriffe gehen; um Überbehütung; um eine das Kind überfordernde Leistungsorientierung und vieles mehr. Gemeinsam ist Betroffenen aber, dass, wenn die Situation wiederbelebt wird, wenn sie sozusagen aus dem Gefrierschrank der Verdrängung geholt wird, zuerst der Schmerz darüber wach wird, was dem kleinen Menschen angetan wurde, der der Betroffene damals war. Das zu fördern, diese Emotion »aufzutauen«, ist die erste Aufgabe des Therapeuten in diesem Zusammenhang.

Nicht immer gelingt es so schnell wie im Beispiel oben, dieses Gefühl erlebbar zu machen. Patienten, die stark rationalisieren, werden begründen, warum ihre Eltern damals ja gar nicht anders konnten: »Mein Vater musste damals halt furchtbar viel arbeiten, um den Betrieb aufzubauen«, »Meine Mutter war durch meinen kranken Bruder absorbiert«, »Ich war bestimmt auch ein sehr anstrengendes Kind«.

Hier kann es hilfreich sein, nach Kindern im Freundeskreis zu fragen, noch besser sind eigene Kinder. Würden die Betreffenden denn mit diesem konkreten Kind auch so umgehen, wie sie es gerade von sich selbst erzählt haben? Das würden dann doch die meisten weit von sich weisen. Und es wäre damit klar, dass es auch damals eine Misshandlung war, nicht nur heute.

Manchmal muss der Therapeut alles vorhandene eigene Gefühl einsetzen, das ganze Gewicht seiner Persönlichkeit als Hilfs-Ich zur Verfügung stellen, um einem Patienten den Zugang zu eigenem Fühlen zu ermöglichen.

Therapiestunden wirken auch nach. Sehr sinnvoll ist die Empfehlung, begleitend zu einer Therapie Tagebuch zu schreiben. Gern in größeren Abständen, aber jedenfalls am Abend nach einem Einzelgespräch. Geschriebene Sätze treten Patienten dann später als etwas Eigenes entgegen, können sie wieder auf die Höhe einer Erkenntnis bringen, auch wenn diese im täglichen Leben schon wieder halb der Verdrängung anheimgefallen war.

Wenn ein Mensch wirklich am Schmerz über Einengungen, Versagungen und Misshandlungen, die er als Kind erdulden musste, angekommen ist, dann ist er schon mitten im Therapieprozess. Es wird sich dann kaum noch verhindern lassen (Verhinderungsinstanz wäre hier wieder das Unbewusste), dass sich dann auch ein anderes Gefühl einstellt: die Wut. Es ist die Wut über das Unrecht, das diesem Kind damals angetan worden ist, das der Patient selbst war. Oft sind beide Zustände auch vermischt.

In der Wut nun, der Aggression, liegt eine besondere Chance. Aggression stellt Energie zur Verfügung. Ein Mensch könnte endlich beschließen, sich zu wehren. Er könnte sich endlich wehren gegen das, was ihm heute noch angetan wird, und als allererstes gegen das, was er sich selbst noch antut. Darum geht es bei Erwachsenen meistens. Selbst wenn ihnen von anderen tatsächlich immer noch etwas angetan wird, dann hat das in der Regel viel damit zu tun, in welche Umgebungen sich der Betreffende begibt, was er sich gefallen lässt oder was er manchmal geradezu provoziert.

Es sind vor allem die Leitsätze, Gedanken, Sprüche der Elternfiguren seiner Kindheit, die immer noch weite Bereiche seines Lebens steuern, ihm schon unglaublich viel Freude verdorben haben und ihn in seinen Möglichkeiten beschneiden.

Oft geht es aktuell gar nicht darum, dass sich ein Mensch gegen äußere Bedrängnis oder Aggressoren abgrenzen müsste. Wenn auch das nicht selten ist.

In erster Linie geht es jedenfalls um »den kleinen Vater/die kleine Mutter im Hinterkopf«, gegen die er sich endlich auflehnen muss.

Exkurs 5

Was ist Internalisierung?

Wenn das Leben eines Menschen von Leitsätzen oder Erfahrungen mit Elternfiguren aus der Vergangenheit gesteuert wird, spricht man von Internalisierung (elterlicher Introjekte).

Im Speziellen unterscheidet man hier die Introjektion, was bedeutet, dass ein Mensch immer noch so mit sich umgeht, wie früher mit ihm umgegangen wurde. Dann gibt es die Internalisierung im engeren Sinne, womit gemeint ist, dass sich ein Mensch immer noch so benimmt, als ob frühere Elternfiguren im Raum wären und ihn überwachten. Und schließlich kann es sich um Identifikation handeln, was bedeutet, dass ein Mensch das nachlebt, was er bei frühen Bezugspersonen beobachtet hat.

Kurze Bespiele dazu:

Introjektion: Ein Mann hat gerade beim Versuch, sein Handy zu öffnen, einen Plastikhaken abgebrochen. Er beschimpft sich: »Du verdammter Trottel, nie kriegst du was hin.« Natürlich ist es ärgerlich, wenn ein schwer beschaffbares Teil zerbricht, aber dieser Umgang mit sich selbst wirkt schon sehr streng. In einer Therapie würde deutlich werden: Das war genau der Spruch, den er oft von seinem Vater zu hören bekommen hat.

Internalisierung: Inge, 50 Jahre, lehnt bescheiden ab, als ihr ein Nachbar anbietet, ihren schweren Koffer die Treppe hinaufzutra-

---

gen. Ihre Mutter hätte sie damals streng angeguckt, wenn sie »anderen zur Last gefallen« wäre.

Identifikation: Ulrich besteht darauf, dass sein 8-jähriger Sohn auf jeden Fall noch die Hausaufgaben zu Ende macht, obwohl draußen Schnee liegt, Kameraden ihn zum Schlittenfahren abholen wollen und es in einer Stunde dunkel wird. In der Therapie erinnert er sich dann daran, dass es in seiner eigenen Kindheit auch einmal eine solche Schlittenfahr-Verhinderung wegen der ach-so-wichtigen Hausaufgaben gab. Nach seinem damaligen Gefühl gefragt, wirkt Ulrich plötzlich sehr betroffen. Er ahnt, was er seinem Jungen angetan hat – und beginnt zu spüren, was ihm selbst damals durch die gnadenlosen Prinzipien seines Vaters angetan wurde.

Hier sind wir jetzt an einem entscheidenden Punkt.

Was Menschen in einer unteroptimalen Lebensweise festgehalten hat, was ihnen Dinge verboten hat, die für sie gut gewesen wären und was ihnen übertriebenen Einsatz auferlegt hat, der sie schließlich krank gemacht hat, sind bei Erwachsenen kaum mehr reale Bezugspersonen, selbst kaum noch die realen Eltern. Es sind schon längst die »Elternstimmen« in ihrem Hinterkopf, die sich dort verselbstständigt haben. Fachlicher ausgedrückt: Elternintrojekte.

Manchmal besteht auch noch eine reale Abhängigkeit. Zum Beispiel sind Studierende oft finanziell von ihrer Herkunftsfamilie abhängig. Viele unserer Patienten berichten uns auch über verschiedenste andere reale Abhängigkeiten – aus ihrer Sicht. So ist eine Tochter von ihrer alten Mutter abhängig, die sie schlecht behandelt, die ihr aber für die Pflege das Haus versprochen hat. Oder ein Mann von seinem Vater, dessen Tischlereibetrieb er einmal übernehmen soll. Dieser scheucht ihn immer noch herum wie den letzten Untergebenen. Dabei hätte unser Patient eigentlich schon immer viel lieber eine Bürotätigkeit haben wollen als den Tischlerberuf.

Bei den beiden letzten Beispielen handelt es sich im Sinne der Therapie aber längst um Scheinabhängigkeiten, die nur subjektiv für die Betreffenden bestehen. Dass sie beide in diese Lage gekommen sind, hat nichts mit Lebensnotwendigkeiten zu tun. Auch nicht damit, dass sie durch irgendeine juristische Verpflichtung an diese Situation gebunden wären. Die Eltern haben keine Berechtigung zur Sklavenhaltung. Dass sich bei beiden die abhängige (und quälende) Situation ergeben hat, hat schon längst viel mehr mit ihren Elternintrojekten zu tun, mit gründlich übernommenen Einstellungen und Wertungen der Eltern als mit realer Notwendigkeit. Niemand kann eine Frau zwingen, mit ihrer wenig freundlichen Mutter einen Deal um Pflege und Haus abzuschließen. Und niemand kann einen erwachsenen Mann zwingen, nicht genau den Beruf zu wählen, in dem er sich am wohlsten fühlt.

Das können nur die schon lange übernommenen Gebote und Richtlinien ihrer Kindheit, die sich fest »im Hinterkopf« etabliert haben. Manchmal sind sie zu archaisch strengen Über-Ich-Strukturen geworden, die im Falle von Nichtbefolgung solcher Regeln auf sofortiger Selbstbestrafung bestehen.

Aus dem Gesagten ergibt sich jetzt eine Schlussfolgerung: Der »Gegner« in der Psychotherapie sind nicht die realen Eltern der Kindheit. Auch die Aussage oben, es sei »das Unbewusste«, ist noch zu allgemein. Gegner sind – wenn überhaupt – die Elternintrojekte. In der Schematherapie wird auch dieser oft irreführende Begriff Patienten gegenüber vermieden. Dort spricht man eher von »Stimmen im Kopf«, die Menschen dieses und jenes über sich sagen, dass sie behindert, ausbremst, entmutigt oder antreibt und hetzt und oft auch beschimpft und straft. Auch wenn die frühesten sozialen Erfahrungen bei den Eltern in der Entwicklung dieser »Stimmen« die größte Rolle gespielt haben, so sind doch noch weit mehr Faktoren eingeflossen wie Kindergarten, nahe Verwandte oder Erfahrungen in der Schulklasse.

Exkurs 6

Sind die Eltern immer schuld?

Das ist eine Frage, der sich Psychotherapeuten immer wieder einmal stellen sollten. Es ist ein in der Bevölkerung durchaus verbreitetes Vorurteil, dass in Psychotherapien gern Eltern beschuldigt werden und Fehlverhalten des Einzelnen so lange auf Defizite seiner Kindheit zurückgeführt wird, bis er keine Verantwortung dafür mehr hat.

Was stimmt: Psychotherapie kann leicht eine mehr oder weniger ausgeprägte Tendenz in diese Richtung bekommen. Das liegt meistens am gutgemeinten Wunsch des Therapeuten, den Patienten zu bestätigen, und auch daran, dass ein Bündnis auf der Ebene »die anderen sind schuld« leichter zu schließen ist. Um hilfreich sein zu können, muss Therapie aber herausfordernd bleiben. Therapie muss mit den eigenen Anteilen an der Misere konfrontieren, denn nur an diesen kann etwas geändert werden. Und dafür entscheidend ist die Trennung zwischen den realen frühen Bezugspersonen, die oft immer noch eine gewisse Rolle im Leben eines Menschen spielen, und den internalisierten Instanzen, die längst losgelöst von diesen ein Eigenleben in der Psyche des Betroffenen führen. Der Kampf muss, wie gesagt, gegen diese eigenen Vorstellungen und Fantasien gehen.

Und wie viel Schuld haben die realen Eltern jetzt? Diese Frage ist schwer entscheidbar.

Sicherlich gibt es Konstellationen, wo Eltern sich bewusst rücksichtslos gegenüber ihrem Kind verhalten bis hin zu kriminellen Handlungen. Es gibt Eltern, die ihre Launen an dem Kind auslassen, die ihm altersungemäße Arbeit zuschieben, die sie selbst nicht erledigen wollen, die ihr Kind vernachlässigen oder im schlimmsten Fall sexuell missbrauchen. Hier laden Eltern Schuld auf sich und wissen es. Sie gehen mit ihrem Kind auf eine Weise um, gegen die sie selbst sich wehren würden.

Aber selbst in solchen Fällen müssen Kinder nicht zwangsläufig im späteren Leben psychisch krank werden. Manchmal gibt es Figuren im Leben eines Kindes, die diesem auch unter sehr schwierigen Umständen einen Ausgleich und eine Orientierung geben können. Vielleicht eine wirklich zugewandte Großmutter oder manchmal auch die Familie der besten Freundin. Und es ist auch eine Frage der psychischen Konstitution. Manche Menschen sind aufgrund ihrer Veranlagung sehr viel resilienter (widerstandsfähiger) als andere.

In den meisten Fällen meinen Eltern es mit ihren Kindern gut und setzen sich für ihre Kinder ein. So gut sie es können jedenfalls. Trotzdem werden viele dieser Kinder im späteren Leben psychisch krank. Dabei rede ich jetzt nicht über vorwiegend organisch bedingte psychische Krankheit, sondern schon über Störungen, die durch einen gravierenden ungelösten zentralen Beziehungskonflikt ausgelöst werden. Es bleibt eine Tatsache, dass jedes Elternhaus auf seine Weise speziell ist.

Eltern hatten auch ihr Elternhaus. Und sie haben oft sehr spezielle Sichtweisen ins Leben mitgenommen. Selbstverständlich können sie ihren Kindern nur das vermitteln, was sie selbst für richtig halten. Wenn ein Vater sehr stark auf das Leistungsprinzip getrimmt wurde, früher Anerkennung nur für besondere Erfolge bekam, dann wird er dieses Prinzip auch weitervermitteln. Falls ihm Erfolge oft versagt blieben, könnte er möglicherweise unbewusst versuchen, diese wenigstens in seinem Sohn nachzuholen. So gibt es viele Geschichten von sportbegeisterten Vätern, die selbst nicht sehr erfolgreich waren, jetzt aber gnadenlos mit ihren Söhnen trainieren, Müttern, die jeden Tag beim Klavierüben ihrer Tochter daneben sitzen und »helfen«, aber selbst gar nicht merken, was sie da gerade anrichten. Sie denken, dass sie ihren Kindern den Weg zu Glück und Erfolg ebnen.

Selbstunsichere Eltern vermitteln ihren Kindern sehr oft, dass etwas »peinlich« war, und verunsichern ihre Kinder damit ebenfalls. Sie vereinnahmen sie in ihre eigene Unsicherheit. Und wer selbst sehr strenge moralische Maßstäbe in sich aufgenommen hat, ist ja auch überzeugt davon. Er kann gar nicht anders, als genau diese Maßstäbe wieder seinen Kindern zu vermitteln.

Nicht selten ist die Pubertät hier hilfreich. Kinder grenzen sich ab, suchen sich eine neue Peergroup, suchen nach neuen Richtlinien und Maßstäben. Manchmal gelingt das auch innerlich nachhaltig und heilsam. Aber es gibt viele vorübergehend kiffende, bunt tätowierte und alternativ lebende junge Menschen, die nur auf der äußeren Oberfläche betont locker und emanzipiert sind. In Wirklichkeit tragen sie die grausamen und richtenden Maßstäbe ihrer Eltern in sich und sind nur unentwegt auf der Flucht davor – z. T. ins betonte Gegenteil.

Auch ein kulturelles Umfeld, das nicht zur Familie passt, kann oft zu starken Konflikten führen, die letztlich krank machen. Wir erleben das oft bei Menschen mit Migrationshintergrund. Solange die Familie in der Heimat lebte, war sie in die dortige Kultur eingebettet. Alle Menschen lebten so, und dieser Rahmen war eher haltgebend als krankmachend. In der neuen Umgebung passt auf einmal vieles nicht mehr. Kinder sind ohnehin schon Außenseiter in ihrer Schulklasse, geraten aber auf der anderen Seite zusätzlich ständig in Konflikte mit den Eltern. Diese meinen, den Kindern viele in der Klasse übliche Dinge verbieten zu müssen, verunsichern die Kinder noch mehr und verhindern eine gute Integration. Das Ganze natürlich aus – oft religiösen – Gewissensgründen. Diese Situation kann für ein Kind äußerst schwierig und belastend sein. Trotzdem haben die Eltern von ihren Einstellungen her kaum die Möglichkeit, sich anders zu verhalten.

Insofern ändert in den meisten Therapien eine direkte Auseinandersetzung mit den Eltern wenig. Sie haben es aus ihren Prägungen, ihrem Hintergrund heraus so gemacht, wie sie es machen konnten. Auch diejenigen unter uns, die selbst Eltern sind, haben mit absoluter Sicherheit schon wieder ihren Kindern etwas »Spezielles« von sich selbst mitgegeben. Es geht einfach nicht anders. Aber natürlich haben wir als Eltern unseren Kindern auch sehr viel Gutes mitgegeben. Das muss einfach reichen. Besser konnten wir es nicht.

Manchmal können nachträgliche Klärungsgespräche zwischen erwachsenen Kindern und Eltern sinnvoll sein, und zwar dann, wenn sich die Eltern in der Zwischenzeit selbst gewandelt haben. Dann könnten sie in der Lage sein, manche unnötige Verengung in der Vergangenheit zu erkennen und einzusehen. Vielleicht auch, sich bei ihren Kindern dafür zu entschuldigen, dass sie es ihnen unnötig schwer gemacht haben damals.

Aber so etwas lässt sich nicht einklagen.

Ich denke, dass deutlich geworden ist: Therapie hat nicht die Aufgabe, Menschen gegen ihre realen alt gewordenen Eltern aufzuhetzen. Diese haben es meist so gut gemacht, wie es ihnen damals möglich war. Auch wenn »gut gemeint« nicht immer gut war. In den meisten Fällen sind Eltern auf der Realebene auch gar keine Gegner mehr, weil sie, wenn sie überhaupt noch leben, kaum noch Macht über Patienten haben. Wenn noch real abhängige Beziehungen bestehen, ist es in Therapien allerdings auch wichtig, dass die nötige Auseinandersetzung geführt wird. Tatsache ist aber vor allem, dass ein erwachsener Mensch selbst verantwortlich ist für das Leben, das er führt. Wenn es ihm so nicht gefällt oder wenn er gar krank geworden ist, darf er sich Hilfe holen. Und dann gilt es, all das, was in der Vergangenheit zu »Stimmen im Kopf« geworden ist, zu entmachten, um sein Leben in größerem Freiraum gestalten zu können.

Wie kann die Auseinandersetzung mit Elternintrojekten, dem, was ich da an fordernden, beurteilenden und strafenden Stimmen in mich aufgenommen habe, nun erfolgreich geführt werden?

Wie in jedem Kampf wird blutleere Theorie nicht erfolgreich sein. Einen Zusammenhang vom Therapeuten erklärt zu bekommen oder auch anzuerkennen, reicht nicht. Das Potenzial, eine Änderung herbeizuführen, schöpft ein Mensch aus seinem Gefühl. Und das hier benötigte Gefühl ist – Wut. Nur wenn wir wirklich wütend sind, dann können wir kämpfen. Auch wenn es darum geht, für uns zu kämpfen, können wir das nur, wenn wir innerlich ganz dahinterstehen. Menschen können sich nur dann für sich einsetzen, wenn sie fest davon überzeugt sind, dass ein großes Unrecht geschehen ist und dieses jetzt endlich beendet werden muss.

Darum ist es so wichtig, die Kindheitssituation in der Therapie wiederzubeleben. Es geht darum, als jetziger Erwachsener noch einmal den Schmerz zu spüren, der dem Kind damals zugefügt wurde. Und es geht darum, sich mit diesem Kind zu solidarisieren, es als Erwachsener zu schützen und zu verteidigen. So wie wir unsere eigenen Kinder gegen irgendwelche äußeren Angriffe verteidigen würden. Viele Eltern sind da in Notsituationen schon über sich hinausgewachsen.

Ähnlich geht es darum, dass wir unser immer noch geängstigtes und verletztes »inneres Kind« endlich verteidigen. Mit allen unseren erwachsenen Möglichkeiten.

In einer tiefenpsychologisch orientierten Therapie würde man dieses Thema in vielen Facetten immer wieder durcharbeiten, dort, wo es sich zeigt.

Fallbeispiel

Herr W. hatte schon im Aufnahmegespräch erzählt, dass er sich am Arbeitsplatz überhaupt nicht wohl fühle. Immer sei er unter Druck, und auch wenn er sich alle Mühe gebe, könne er doch nicht verhindern, von seinem Chef fertiggemacht zu werden. Dem passe immer irgendetwas nicht.

Aus seiner Biografie weiß der Therapeut, dass Herr W. einen sehr dominanten Vater hatte. Dieser hatte außerdem ein Alkoholproblem. Wenn er getrunken hatte und sich dann über etwas aufregte, dann war eigentlich jede Antwort falsch. Herr W. hatte oft Ohrfeigen und Prügel bekommen und hatte damals als Kind versucht, so wenig wie möglich aufzufallen, wenn er merkte, dass der Vater wieder in dieser aggressiven Stimmung war.

Im heutigen Gespräch berichtet Herr W., dass er sich am meisten Sorgen darum mache, wie es am Arbeitsplatz weitergehen soll. Erst wenige Wochen vor Aufnahme sei es einmal wieder so richtig schlimm gewesen. Sein Chef sei damals zu ihm ins Büro gekommen, das er mit mehreren Kollegen teilt, und habe gleich losgepoltert, warum er denn das Angebot für Firma B. immer noch nicht rausgeschickt habe. »Das gibt's doch gar nicht. Denken Sie, Sie sind hier zum Rumsitzen eingestellt?«

Herr W. war wie gelähmt. Erst nachdem der Chef draußen war, sagte ein Kollege: »Aber warum hast du denn nicht gesagt, dass dir noch der Kostenvoranschlag von unserer Lackiererei fehlt?« Ja, natürlich, ganz klar. Deshalb hatte er doch gestern dort noch einmal angerufen und Druck gemacht. Er konnte wirklich nichts dafür, dass das Angebot nicht fertig geworden war. Aber eben, als der Chef herumbrüllte, da war ihm gar nichts mehr eingefallen. Er hatte es nur schrecklich gefunden und gehofft, irgendwie wieder aus dieser Situation herauszukommen. Anschließend sei er noch den halben Tag wie benommen gewesen.

Der Therapeut denkt nach. Ganz sichtlich war Herr W. in der Situation mit seinem Chef »regrediert«, d. h. psychisch in einen hilflosen Kind-Zustand zurückgefallen, und hatte sich ähnlich wehrlos und ausgeliefert gefühlt wie damals. Er war auch wie damals in eine Art Totstellreflex geraten, um möglichst keine Schläge zu bekommen.

Diesen Zusammenhang möchte er Herrn W. gern zugänglich machen. Solch ein Versuch ist übrigens immer auch ein Test, ob der Zusammenhang wirklich besteht. Letztlich entscheidet immer der Patient, ob er mit einer Theorie etwas anfangen kann.

Der Therapeut fragt zunächst noch einmal zur Situation: »Und Ihnen ist da wirklich nichts eingefallen, als der Chef im Büro herumgebrüllt hat?«

W. verneint: »Mein Kopf war wie leer.«

Therapeut: »Und was für ein Gefühl war in dem Moment da?«

Herr W.: »Ich hatte einfach nur Angst. Angst, dass jetzt irgendwas passiert.«

Therapeut: »Was hätte denn passieren können?«

Herr W.: »Hm, ich weiß auch nicht.«

Therapeut: »Nein, ich meine nicht aus jetziger Sicht, sondern was ihr Gefühl da in der Situation war. Was war ihr Gefühl, was jetzt passieren könnte?«

Herr W.: »Fast, als ob er mich gleich schlagen könnte. – Aber das ist natürlich Blödsinn.«

Der Therapeut nickt. Und sagt dann: »Herr W., nun sagen Sie doch mal. Woher kennen Sie dieses Gefühl schon?«

Herr W. denkt nach. Nach einer Weile: »Na ja, das habe ich früher öfter gehabt. (Pause) Ich habe Ihnen doch erzählt, wenn mein Vater so herumgetobt hat. Besonders wenn er getrunken hatte.«

Therapeut: »Dann war das auch so. Dass Sie sich nur noch klein gemacht haben und nicht auffallen wollten?«

Herr W.: »Ja, genau. Alles andere wäre einfach lebensgefährlich gewesen.«

Therapeut: »Hm, Sie hatten mir ja auch erzählt, dass Sie oft genug schlimm geprügelt worden sind.«

Herr W.: »Ja, manchmal hat alles nichts genützt.«

Beide schweigen etwas.

Dann sagt der Therapeut: »Wenn man sich das jetzt so anguckt, es ist doch ein Ding. Da sind Sie jetzt ein großer, kompetenter Mann, der seinen Job gut macht und wirklich etwas vom Geschäft versteht. (Herr W. nickt.) Und dann braucht nur so ein Chef hereinzukommen und herumzulärmen, und Sie sacken völlig in sich zusammen. Das gibt's doch eigentlich gar nicht, oder? Was denken Sie, ist da in der Situation passiert?«

Herr W. versteht nicht ganz: »Ja, ich meine, das hatte ich ja schon gesagt, mir fiel gar nichts ein.«

Therapeut: »Na, denken Sie mal an dieses Gefühl, das Sie da hatten, das Sie selbst im Nachhinein absurd fanden: dass Sie Schläge bekommen könnten. Ich welcher Situation haben Sie da gefühlsmäßig wieder dringesteckt?«

Herr W.: »Sie meinen, in meiner Kindheit?«

Therapeut: »Ja, – oder?«

Herr W.: »Ja, es war wirklich das gleiche Gefühl.«

Therapeut: »Das heißt, es kann bis heute passieren, dass der erwachsene, kompetente Herr W. voll in die Rolle des kleinen Dirk (so heißt er mit Vornamen) hineinrutscht. Genau so fühlt, sich genauso verhält. Da braucht nur einer kommen und auf den richtigen Knopf zu drücken.«

Herr W. guckt.

Therapeut: »Welchen Knopf? Was muss man machen, damit Sie zum kleinen Dirk werden?«

Herr W.: »Na ja, mich ordentlich anschreien.« Er schüttelt verwundert den Kopf. »Ist ja ziemlich verrückt, oder?«

Das ist natürlich nur einer von vielen möglichen Gesprächsverläufen, und für einen Tiefenpsychologen ein recht aktiver (sonst ist er weniger aktiv). In dieser Gesprächssequenz hat der Therapeut zuerst geklärt, was durch das Herumbrüllen des Chefs bei Herrn W. ausgelöst wurde (Klarifizierung), dann damit konfrontiert, dass das offensichtlich ein alters- und kompetenzunangemessenes Verhalten ist (Konfrontation) und schließlich gedeutet, dass es sich dabei um eine Regression in ein kindliches Verhaltensmuster handelt (Deutung). Gemeinsam haben sie also die typischen Schritte einer tiefenpsychologisch orientierten Therapie durchlaufen.

In der heutigen Verhaltenstherapie würde man sehr ähnlich arbeiten. Den gerade beschriebenen Zusammenhang könnte man auch als schematherapeutische Fallkonzeption verstehen. Damit ist ein mit dem Patienten besprochener Zusammenhang von zugrunde liegendem Schema, auslösendem Reiz (Trigger) und emotionaler Befindlichkeit (Modus) gemeint, die zu einem bestimmten Verhalten im Hier und Jetzt führt.

Im Sinne klassischer Verhaltenstherapie würde man das Ganze übrigens als einen sich selbst verstärkenden Kreislauf wahrnehmen, was durchaus auch ein gültiger Aspekt des Geschehens ist. Jedes Mal, wo Herr W. seinem Chef gegenüber wieder in die Unterwerfung bzw. Schockstarrre gegangen ist, wertet er im Nachhinein das Ausbleiben allerschlimmster Ereignisse (unbewusste unreife Fantasie: Schläge; bewusstseinsnähere Fantasie: Gehaltskürzung, Kündigung) als Beleg dafür, dass seine Taktik richtig war. Im Sinne der Verhaltenstherapie handelt es sich um einen negativen Verstärker: Ein bestimmtes Verhalten sorgt für das Ausbleiben negativer Konsequenzen bzw. die Beendigung eines aversiven Zustandes[7]. Natürlich wächst die Angst dabei immer weiter, und Herr W. ist immer weniger in der Lage, sich zu wehren. Auf der anderen Seite spricht sich seine mangelnde Durchsetzungsfähigkeit herum. Der Chef und bald auch die Kollegen mit weniger ausgeprägter Berufs- und Lebensethik behandeln ihn respektlos.

Natürlich kommen nicht immer alle drei der oben genannten Schritte in einem Gespräch vor. Der Therapeut muss hier ein Gefühl dafür entwickeln, was er dem Patienten zumuten kann. Gegebenenfalls ist es besser, mit einer Deutung noch etwas zu warten, als sie zu schnell zu »verpulvern«. Wenn ein Patient innerlich noch nicht bereit ist dafür, dann nimmt er sie zwar kognitiv auf, verbindet sie

---

7 Ein positiver Verstärker wäre: Ein bestimmtes Verhalten wird belohnt, der Betreffende hat Zusatznutzen davon.

aber nicht mit seinem Gefühl und ist für dieses Thema dann sozusagen ein Stück immunisiert.

Im wiedergegebenen Gespräch wird die Verbindung hergestellt zwischen jetzigem Erleben und Kindheit, wobei die jetzige Situation als Aktualisierung des Kindheitskonfliktes gedeutet wird. Immerhin gelingt es am Ende, bei Herrn W. eine gewisse Verwunderung über diesen Zusammenhang auszulösen. Vielleicht beginnt er auch schon, sich darüber zu ärgern. Herr W. möchte niemand sein, den man auf Knopfdruck zum kleinen Jungen machen kann. Und Ärger könnte dann die Energiequelle für Änderungsprozesse werden.

In der Regel brauchen Menschen aber weitere Hilfen, um an dieses lange verdrängte, weil als gefährlich empfundene Gefühl des Ärgers in angemessenem Maß heranzukommen. Ein wichtiges Mittel ist, die eigentliche Kindheitssituation gefühlsmäßig wiederzubeleben. Im Fall von Herrn W. also in konkrete Szenen mit dem gewalttätigen Vater einzusteigen. Am besten gelingt das, wenn man Patienten bittet, Geschichten aus ihrer Kindheit zu erzählen. Wenn Herr W. z. B. gesagt hat: »Mein Vater hat mich oft wegen kleinster Anlässe geschlagen«, dann könnte der Therapeut hier einhaken. »Erzählen Sie doch bitte mal eine Situation, wo das so war.« Man kann bei solchen Bitten ziemlich sicher sein, dass unbewusst gesteuert eine Situation erzählt wird, die noch immer eine emotionale Belastung bildet, wo viel gestauter Affekt versteckt ist. Und das wäre dann ein guter Einstieg, um an die dazugehörigen, bisher verdrängten Gefühle heranzukommen.

Am wichtigsten für eine erfolgreiche Therapie ist, das dort aufgestaute große Potenzial an aggressiver Energie nutzbar zu machen. Zu diesem Potenzial braucht der Patient unbedingt Zugang, um sich in Zukunft ähnliche Auf-

tritte durch irgendwelche anderen Personen nicht mehr gefallen zu lassen. Wie gesagt geht das am einfachsten unter
dem Vorzeichen, endlich einmal das bisher ausgelieferte
»innere Kind« (hier: den kleinen Dirk) zu verteidigen. Ein
Kind zu verteidigen, ist immer richtig. Sozusagen ein »ge-
rechter Krieg«. Den gibt es in der großen Politik nie, aber
an diesem einen Punkt im Intrapsychischen (im innerhalb
der eigenen Psyche Stattfindenden) schon.

Tiefenpsychologisch gesehen ist diese kurze Fallvignette
noch recht unvollständig. Wir wissen entscheidende Punkte
noch gar nicht über Herrn W. Sicherlich wird er an mindestens einer wichtigen Stelle neurotische Kompromisse bilden. Denn irgendwohin muss er ja auch bisher seine maß-
lose Wut über den gewalttätigen Vater und dessen
Nachfolger gesteckt haben. So könnte es sein, dass er eine
Zwangssymptomatik entwickelt hat, die vor allem von
Zwangsgedanken gegen den Vater gekennzeichnet ist. Er
wehrt sich nach Kräften gegen diese Gedanken (ist also auf
der »guten« Seite), muss sich aber immer vorstellen, wie er
höchst gewalttätige Dinge an dem Vater vollzieht. (Trieb-)
wunsch und dessen Abwehr sind immer beide im neurotischen Symptom vorhanden. Ein schlichter neurotischer
Kompromiss wäre Nägelkauen bis zum Bluten. Er wendet
damit die vorhandene Aggression gegen sich selbst. Ähnlich erklärt man die Entstehung von neurotisch bedingten
Depressionen: als gegen das eigene Selbst gerichtete Aggression. Menschen schlagen sich selbst nieder, um das
nicht bei anderen tun zu müssen.

Fassen wir die wichtigsten Prinzipien therapeutischer
Arbeit zusammen:

• den Zusammenhang zwischen Kindheitserleben und jetzigen Problemen (im aktuellen Leben und dem Szenischen in der Therapie) verstehbar machen;

- zentrale kränkende Kindheitssituationen emotional wiederbeleben (das erste Gefühl, das sich meldet, wird der Schmerz sein, das zweite die Wut);
- die Entrüstung, die Energie der Wut anwenden, um sich endlich gegen »Elternintrojekte« durchsetzen und im äußeren Leben etwas ändern zu können.

5.2 Der schematherapeutische Zugang

Einen besonders eleganten Weg, um in einer Sitzung an allen genannten Stellen gleichzeitig arbeiten zu können, bietet die Schematherapie an. Einen Überblick zu diesem Verfahren finden Sie in Kapitel 7.5.

Stellen wir uns also vor, Herr W. wäre bei einem Schematherapeuten gelandet und hätte diesem – bei ansonsten gleichem Vorwissen – die Geschichte vom polternden Chef im Büro erzählt. Im Fall von Herrn W. würde sich eine *große Imagination* anbieten. Das würde etwa folgendermaßen aussehen:

Nachdem Herr W. die Episode aus dem Büro erzählt hat, schlägt ihm der Therapeut vor, das Ganze in einer Vorstellungsübung, einer Imagination, weiterzubearbeiten. Dazu solle er sich einmal ganz entspannt hinsetzen, erfahrungsgemäß helfe es, wenn man die Augen schließe.

1. Schritt: das jetzige Erlebnis imaginieren

Jetzt bittet der Therapeut Herrn W., sich in die Situation hineinzuversetzen, wie der wütende Chef das Büro betritt. Dabei fragt der Therapeut genau nach, wo er zu dem Zeitpunkt sitzt, wie das Büro aussieht, wo Tür und Fenster sind, ob es warm oder kalt ist, sogar wie es dort riecht. Durch Erfragen von Sinneseindrücken (immer in der Ge-

genwartsform) wird bewirkt, dass die Szene sehr lebendig wird. Auch der Therapeut kann sich, empathisch, viel besser in die Situation hineinfühlen.

Als Herr W. dann beschrieben hat, wie der Chef herumgepoltert hat und was er sagt (der Therapeut lässt sich das ebenfalls in der Gegenwart schildern, beide sind jetzt richtig drin in der Szene) fragt er ihn: »Und wie fühlen Sie sich jetzt?« Nachdem Herr W. das beschrieben hat, fragt er weiter: »Was fühlen Sie in Ihrem Körper?«

Herr W. nennt zuerst wieder das Leeregefühl im Kopf, setzt dann aber gleich ein starkes Brennen im Brustbereich hinzu.

2. Schritt: Auffinden der passenden Vergangenheitsszene

Jetzt bittet der Therapeut Herrn W., genau dieses Gefühl festzuhalten: leerer Kopf, starkes Brennen in der Brust. Er bittet ihn, die jetzige Szene verblassen zu lassen und sich an diesem Gefühl entlang zurücktreiben zu lassen in seine eigene Vergangenheit. Er solle jetzt dem Therapeuten berichten, was dabei an Szenen auftaucht, die zu diesem Gefühl passen.

Wenn Herr W. Schwierigkeiten mit dieser Aufgabe hat, bittet der Therapeut ihn einfach noch einmal freundlich, gar nichts zu machen, als erneut ganz intensiv in dieses Gefühl zu gehen, in den leeren Kopf, in den brennenden Brustbereich, und sich daran zurücktreiben zu lassen in seine eigene Vergangenheit, vielleicht die Grundschulzeit. Und einfach abzuwarten, welche Szene sich da einstellt.

Herr W. wird es bei seiner Vorgeschichte nicht allzu schwer haben, bald eine passende Szene zu finden. Jetzt wütet aber anstelle des Chefs der Vater bedrohlich herum, während er als kleiner Junge am Küchentisch sitzt. Mit gerade diesem Gefühl im Körper: leerer Kopf, Brennen in der

Brust. Wieder geht es dem Therapeuten darum, diese Szene so lebendig wie möglich zu machen. Er fragt nach Sinneseindrücken, lässt sich den Raum beschreiben und die Position der Handelnden. Als es gerade ganz schrecklich ist für den kleinen Dirk, interveniert der Therapeut.

3. Schritt: den übergriffigen Erwachsenen in seine Schranken weisen

»Zum Glück haben wir in einer Imaginationsübung die Möglichkeit einzugreifen«, sagt der Therapeut. Und er schlägt Herrn W. vor, als jetziger Erwachsener mit ihm zusammen in diese Szene hineinzugehen. »Wir stehen erstmal im Türrahmen und gucken uns das Ganze an. Die beiden haben uns noch nicht gesehen.«

Dieser Schritt fällt Patienten in der Regel nicht schwer. Der Therapeut lässt sich von Herrn W. genau beschreiben, was dieser wahrnimmt. Den kleinen, hageren, sehr angstvoll guckenden Jungen am Küchentisch vor seinem Schulheft und den großen, wütenden Mann im Unterhemd, mit gerötetem Gesicht und Alkoholfahne. Der Therapeut fragt, wie Herr W. es findet, wenn er sich die Szene jetzt als Erwachsener ansieht: wie sich da der Erwachsene benimmt, wie er mit dem Jungen umgeht.

Ziel ist, dass der Patient aus dieser Außenposition heraus versteht und fühlt, was für ein Unrecht der damalige Umgang war, wie in diesem Fall der halb betrunkene Mann seine Launen an dem kleinen verschüchterten Jungen auslässt. Das für einen Erwachsenen dazu passende Gefühl ist Wut. Es ist fast nicht zu ertragen, sich so etwas anzugucken.

Der Therapeut spürt, wie wütend das Ganze den erwachsenen Herrn W. macht. Er fragt ihn, ob er jetzt mal in die Szene hineingehen wolle. Es gehe jetzt darum, dem

Mann dort »ein paar Takte zu sagen, die endlich mal klarstellen, was er darf und was nicht«. Ob er sich das zutraue. Ja, Herr W. traut sich das zu. Er betritt die »Küche«, und es gelingt ihm, den Vater heftig und sehr deutlich in seine Schranken zu weisen. Nur wenige Anstöße des Therapeuten sind nötig, damit alles Wichtige kommt: dass man so mit einem Kind nicht umgehen darf, dass es ein Verbrechen ist, seine Launen am schwächsten Glied der Familie auszulassen, dass das Gesundheitsamt und das Jugendamt benachrichtigt werden.

Als der Therapeut fragt, wie der Mann in der Szene reagiert, guckt dieser erschrocken und erstaunt und stottert herum (das tat der Vater nämlich tatsächlich oft anderen Erwachsenen gegenüber).

4. Schritt: Trösten des Kindes

Jetzt darf Herr W. sich dem kleinen Jungen am Küchentisch zuwenden. Der Therapeut fragt, wie der guckt, er habe ja alles miterlebt, wie er das findet. Herr W. meint, der Junge gucke sehr erstaunt, aber auch erleichtert. Als der Therapeut fragt, was er jetzt machen möchte, will Herr W. spontan zu dem Jungen gehen. Er nimmt ihn in den Arm. Der Junge weint und Herr W. auch (auch in der Realität hat er feuchte Augen). Auf Anregung seines Therapeuten hin bringt er den Jungen erst einmal in seine Wohnung in Sicherheit. Dort sagt er ihm, dass er ab jetzt für ihn da sei und dass so etwas nie wieder vorkommen werde. Ab jetzt werde er ihn beschützen. Und der Junge dürfe jetzt bei ihm bleiben.

Bis hierher wäre schon sehr viel erreicht.

Endlich einmal ist es Herrn W. gelungen, Ärger über das Unrecht zu empfinden, das dem kleinen Jungen angetan wird. Und er hat es auch schon geschafft, diesen Ärger umzusetzen. Er hat dem Vater der Vergangenheit eine deutliche Grenze gesetzt. Dann endlich war die Bahn dafür frei, sich dem Jungen zuzuwenden. Mit diesem hat er fast so etwas wie einen Verteidigungsvertrag geschlossen. Und tatsächlich ist es für aggressionsgehemmte Menschen das hilfreichste Bild überhaupt, mit ihren jetzt erwachsenen Möglichkeiten dem unterdrückten kleinen Jungen (oder Mädchen) der Vergangenheit beizuspringen. Ziel weiterer Therapie muss natürlich sein, dieses Bild im richtigen Augenblick auch wieder aktivieren und nutzen zu können.

Natürlich gibt es bei solchen Imaginationsübungen, auch wenn sie meist gut gelingen, auch Stolpersteine. Manchmal sind Patienten so verhaftet in alten Ängsten, dass sie es fast nicht aushalten, sich die Szene einmal als Erwachsener anzugucken. Sie rutschen sofort wieder in einen Kindzustand und fühlen sich ebenso hilflos wie der kleine Junge. Hier wäre dann immer wieder schnelle Hilfe des Therapeuten nötig, der darauf aufmerksam macht und dabei unterstützt, wieder in die Erwachsenenposition zu kommen. Oft ist es sinnvoll, wenn der Therapeut bei einer ersten Imagination Hilfs-Ich-Funktionen zur Verfügung stellt. Wenn der Patient es sich nicht zutraut, könnte er im Beispiel von Herrn W. – nach Erlaubnis des Patienten – die Küche betreten und dem Vater Grenzen setzen. Das hätte dann Modellcharakter für den Patienten, der sich im günstigen Falle weitgehend mit den Worten des Therapeuten identifizieren kann (dass man mit einem Kind so nicht umgehen darf usw.).

Eine vollständige »große Imagination« beinhaltet jetzt aber noch einen weiteren Schritt. Allerdings muss ein Therapeut hier wirklich sehen, ob der Patient noch Energie genug hat. Nach meiner Erfahrung sollte man zu Anfang einer Therapie in den meisten Fällen nach einer gelungenen

Durchsetzung in der Kindheitsszene Schluss machen. Dass diese Kindheitsszene mit der zuerst erzählten Begebenheit in der Jetztzeit in Zusammenhang steht, ist ja in jedem Fall deutlich geworden.

Wenn Energie (und Zeit) aber dafür reichen, dann ist es ein effektiver weiterer Schritt, die problematische Ausgangssituation noch einmal von der neu gewonnenen Durchsetzungskompetenz her anzugehen.

5. Schritt: Anwendung der neugewonnenen Kompetenz

Der Therapeut bittet dazu Herrn W., sich jetzt noch einmal in die Ausgangssituation im Büro hineinzuversetzen, noch bevor der Chef die Szene betreten hat. Für die anderen sieht alles genau gleich aus. Was nur er weiß: dass er sich jetzt als »gesunder Erwachsener« auf seinen Platz gesetzt hat. Als genau der, der gerade den Vater in seine Schranken gewiesen hat und dem kleinen Jungen versprochen hat, dass er ihn ab jetzt beschützen wird.

Auch jetzt wird die Szene durch verschiedene abgefragte Sinneseindrücke erneut lebendig gemacht. Wieder kommt in der Imagination der polternde Chef ins Büro. Nur diesmal fällt Herr W. ihm gleich ins Wort (laut): »Halt, halt, halt, großer Irrtum!!« Er steht auf (in der Imagination) und macht eine Bewegung mit beiden Händen (in der Realität), als ob er seinen Tisch glatt streicht. »Bei uns ist alles in Ordnung, Herr K. (so heißt der Chef). Wir arbeiten hier ordentlich. Gucken Sie mal hier: alles versandbereit. Nur der Voranschlag aus der Lackiererei fehlt noch. Vielleicht können Sie da mal Ihren Einfluss geltend machen, dass wir den endlich bekommen! Das würde echt weiterhelfen.«

Der Chef blubbert noch etwas herum, dann dreht er ab und geht in die Lackiererei.

Nach seinem Gefühl befragt, ist Herr W. geradezu glücklich. Er fühlt sich stark und kann frei atmen. Das Gefühl hält auch an, als beide die Imagination haben ausklingen lassen.

Natürlich gelingt solch eine Durchsetzung in der aktuellen Szene oft nur teilweise. Oft braucht es auch dabei Anstöße und Hilfen des Therapeuten. Aber fast immer reicht es so weit, dass Patienten den großen Unterschied zu vorher merken. Sie haben sich endlich einmal nicht alles gefallen lassen! Und »Feintuning« ist ja im Nachhinein bei Imaginationen immer möglich. Bis dahin, dass die Szene nach gründlicher Besprechung noch einmal imaginiert wird. Dann gelingt meistens eine richtig kompetente »Nummer«.

Ehrlich gesagt, macht es auch Therapeuten glücklich, wenn Patienten glücklich und stolz aus dem Sprechzimmer gehen. Das Arbeiten mit Imaginationen in der beschriebenen Art ist für Therapeuten sehr anstrengend. Bei keiner Therapieform ist so viel unablässige Wachheit und Empathie erforderlich. Aber die Anstrengung wird auch belohnt.

Im Gegensatz zum tiefenpsychologischen Arbeiten wird in der Schematherapie möglichst früh offengelegt, was das Problem ist und worum es in der Therapie gehen wird. Das wird Patienten als Bedingungsgefüge skizziert und mitgegeben, sie werden ermutigt, auf das Therapieziel bezogene Tagebücher zu führen usw. Grundprinzip ist, dass Menschen lernen, das sie nicht »automatisch« reagieren müssen. Jeder Mensch hat Schemata, die getriggert werden können, die meist auch lebenslang bestehen bleiben. Aber es ist erlernbar, nicht mehr automatisch in bestimmte Modi zu rutschen und dann aus diesen heraus zu agieren – wie bei Herrn W. die Unterwerfung und Schreckstarre –, sondern zu merken, dass gerade wieder ein Schema getriggert wurde und das die Ursache des gegenwärtigen unangenehmen Gefühls ist. Diese Feststellung verschafft den Betroffenen ein Stückchen Freiraum, um zu überlegen, was denn in dieser Situation die Handlung eines »gesunden Erwachsenen« wäre. Oft ist eine hilfreiche Frage: Was braucht das »verletzbare Kind« in mir gerade? Was könnte ich als Erwachsener dafür tun, um es zu schützen, zu ermutigen oder zu versorgen? Und das bedeutet, nicht mehr spontan aus dem (unreifen/kindlichen) Gefühl heraus handeln zu müssen. Je öfter Menschen das durchgespielt haben, desto leichter wird es ihnen fallen und desto mehr werden sie tatsächlich auch an diesem Problempunkt zum »gesunden Erwachsenen«, der (fast) ohne Anstrengung sinnvoll reagiert.

Das zweite besondere Instrument der Schematherapie ist die *Stühlearbeit*. Auch hier geht es um die Auseinandersetzung mit Elternintrojekten. Wohlgemerkt ging es beim obigen Beispiel der Imagination ja auch nicht etwa um eine Auseinandersetzung mit dem realen Vater. Vielleicht lebt der gar nicht mehr, vielleicht führt er auch mit Leberschaden und Korsakow-Syndrom eine traurige Existenz im Seniorenheim. Jedenfalls ist dieser reale Vater im Hier und Jetzt kein Gegner mehr. Gegner ist das Bild von ihm aus der Kindheit, das im Patienten kraftstrotzend überlebt hat.

In der Stühlearbeit nun geht es nicht wie in der Imagination um die Auseinandersetzung mit »ganzen Menschen«, die einem Betroffenen in der Kindheit Lebensmöglichkeiten genommen haben, sondern mit inneren »Stimmen«, die einem Menschen schaden und zur jetzigen Erkrankung geführt haben.

Das kann ein starker Leistungsdruck sein, es kann eine Entmutigung sein (»Das ist einfach zu schwer für dich, das schaffst du doch nie«), es kann Beschämung sein (»Nein, wie bist du schon wieder peinlich«), Entwertung und vieles mehr. Diese »Stimmen im Kopf« stammen natürlich großenteils auch von frühen Bezugspersonen, aber nicht nur. Zum Beispiel kann auch eine schwierige Schulzeit mit einfließen. Auch eine Unterscheidung zwischen Vater und Mutter ist nicht besonders sinnvoll, weil oft Einstellungen von beiden verschieden stark in solche »Stimmen« eingegangen sind.

In der Stühlearbeit nun wird allen an einem inneren Konfliktmuster beteiligten Instanzen jeweils ein Stuhl zur Verfügung gestellt. Da gibt es das »verletzbare Kind«, den »gesunden Erwachsenen« und die »Stimmen im Kopf«, die schon einmal auf jeden Fall einen Platz sicher haben. Hinzugezogen werden können ggf. noch das »wütende Kind« und »Bewältigungsmodi«. Der Therapeut bittet den Patienten jetzt, in die verschiedenen Rollen zu gehen, indem er auf den entsprechenden Stühlen Platz nimmt. Zuerst ist es oft sinnvoll, in die »Stimmen im Kopf« zu gehen. Diese sind den Patienten nur allzu gut bekannt, und ermutigt durch den Therapeuten, können die meisten Patienten sehr authentisch all die bekannten Vorwürfe und Beschämungen in Richtung des »verletzbaren Kindes« abfeuern. Dann bittet der Therapeut, auf dem Stuhl des »verletzbaren Kindes« Platz zu nehmen und sich in dieses hineinzufühlen. Es hat sich ja gerade wieder einmal all die Vorwürfe anhören müssen und fühlt sich deshalb richtig schlecht, kleingemacht und hoffnungslos. Das »verletzbare« Kind und die »Stimmen« werden – nach kurzer Frage um Erlaubnis – geduzt, um die Situation nicht durch ständige kognitive Brüche (was ein »Sie« zu einem zum Kind gewordenen Erwachsenen verursachen würde) zu stören. Oft wird mehrfach zwischen den verschiedenen Rollen gewechselt, um ein deutliches Gefühl für die in diesen Interaktionen erzeugten Emotionen zu bekommen. Schließlich dann wird der Patient gebeten, in die Rolle des »gesunden Erwachsenen« zu gehen. Der Therapeut fragt ihn, wie es ihm damit gehe, wenn er mit ansehen müsse, wie der kleine Junge oder das kleine Mädchen von diesen »Stimmen« fertiggemacht werde. Wenn es dem Patienten gelingt, in die Rolle des Erwachsenen zu gehen, ggf. braucht er ein wenig Unterstützung des Therapeuten dabei, dann wird er einen gesunden Ärger gegenüber diesen nörgelnd-aggressiven Stimmen empfinden, und das »verletzbare Kind« wird seinen Beschützerinstinkt wecken. Oft hilft es, gemeinsam mit dem Patienten aufzustehen und sich »das Ganze« aus der Außenperspektive anzusehen. Aus dieser Position, den Therapeuten neben sich, fällt es oft leichter wahrzunehmen, welch unerträgliche Überforderung und Misshandlung dieses verletzbaren Kindes da gerade stattgefunden hat. Der Patient darf jetzt aus der Position des »gesunden Erwachsenen« – richtig deutlich – die »Stimmen« in ihre Schranken weisen, ihnen einmal richtig die Meinung sagen. Manchmal werfen Patienten auch deren Stuhl aus dem Zimmer, um symbolisch mit dieser andauernden negativen Beschallung Schluss zu machen.

Anschließend dürfen sie sich dann als gesunder Erwachsener um das verletzbare Kind kümmern, in ähnlicher Weise wie in der Imagination: dieses anreden, es trösten und seines Wertes versichern, und, ganz wichtig, Schutz für die Zukunft versprechen.

Wie schon beschrieben, ist ein jahrzehntelang bestehendes Problem noch nicht dadurch gelöst, dass man sich einmal davon abgegrenzt hat. Das gilt für alle besprochenen Therapieformen: Tiefenpsychologie, Verhaltenstherapie und Schematherapie. Aber die Erfahrung, dass es überhaupt möglich ist, kann man kaum überschätzen. Im weiteren Verlauf einer Therapie werden sich weitere Erlebnisse dieser Art sammeln. Und Menschen werden immer öfter auch ohne Beistand des Therapeuten eigene Schritte der Selbstbehauptung und Selbstermutigung gehen und eigene Erfolge erleben.

Wie am Anfang gesagt: Der Blickwinkel auf das Leben wird sich weiten, die Möglichkeiten werden sich vermehren. Und die Wahrscheinlichkeit erhöht sich deutlich, dass Entwicklungen und Beziehungen in die Realität treten, die einem individuellen Menschen guttun.

5.3 Die Arbeit an realen Verlusten und Verletzungen

Diese Auseinandersetzung mit internalisierten Elternintrojekten, die in verschiedenster Weise weiter in das Leben hineinregieren, bildet in der Regel die eigentliche Therapiearbeit. Was allerdings meist ebenfalls bald deutlich wird, ist die Tatsache, dass es reale Entbehrungen und Versagungen in der Kindheit gegeben hat, die das Leben von Menschen geprägt haben und nicht wieder gutzumachen sind.

Hinzu kommt neueres äußerlich bedingtes Leid und weitere Verluste. Oft hat dieses zwar auch mit unglücklichen Übertragungen und deren Auswirkungen zu tun, oft aber auch mit Schicksalsschlägen oder Übergriffen anderer, die nicht vom Betroffenen zu verantworten sind. Daraus ergeben sich intensive Gefühle und notwendige Prozesse, die eine Therapie fast immer begleiten.

In der Therapie gilt es anfangs, das eingefrorene, in der Verdrängung weggeschlossene, betäubte Gefühl der Kindheit wiederzubeleben. Das ist zuerst Schmerz. Schmerz über Versagungen (z.B. keine Anerkennung bekommen zu haben), über Verbote (»Alle hatten schon ein Handy, nur ich war Außenseiter«), über Kränkungen (z.B. öffentliche

Zurechtweisungen), über erlebte Gewalt bis hin zu massiven Traumatisierungen.

Neben der Auseinandersetzung mit den damals Verantwortlichen und deren Leitsätzen, die per Internalisierung überlebt haben, geht es auch um die Auseinandersetzung mit den Versagungen und den Verlusten der Vergangenheit, die nie mehr ausgeglichen werden.

Wo Menschen Schmerz zulassen, sei es Schmerz aus der Kindheit nach Jahrzehnten oder Schmerz über neuere Verluste, da müssen sie Trauerarbeit leisten. Diese wurde oft unbewusst die ganze Zeit über vermieden, um einigermaßen funktionieren zu können. Aber diese Vermeidung hat auch Energie abgesaugt, Lebensmöglichkeiten beschränkt und Lebensfreude gekostet.

Die Trauerarbeit ist ein sehr komplexes Geschehen, auf das ich an dieser Stelle nur kurz eingehen kann (mehr dazu in Grabe 2013). Sie ist ein großenteils selbstständig ablaufender Prozess, eine in der menschlichen Psyche angelegte Fähigkeit, um Verluste bewältigen zu können. Ausgangspunkt ist in Therapien meist folgende Situation:

- Zum einen erkenne ich an, dass ich ein schwerwiegendes Defizit habe mit ins Leben nehmen müssen. Ob es materielle Dinge, Chancen oder emotionale Versorgung waren, die ich nicht bekommen habe oder die mir genommen wurden.
- Zum anderen erkenne ich an, dass ich all das von den Menschen, die es mir damals hätten geben können, auch nie mehr bekommen werde.

Gerade der zweite Aspekt ist in Therapien oft eine besonders schwer zu akzeptierende Erkenntnis. Dass ich mit einer defizitären Kindheit, einer emotionalen Mangelkindheit werde leben müssen. Dabei spielt es kaum eine Rolle, ob die frühen Bezugspersonen noch leben oder nicht. Auch wenn sie noch leben, lässt sich ein Verlust in den prägenden Kindheitsjahren nie mehr ausgleichen. Außerdem sind sich die meisten frühen Bezugspersonen noch immer sehr ähnlich geblieben. Selbst wenn sie etwas wieder gutmachen könnten, würden sie oft gar nicht daran denken, es zu tun.

Die jetzt anstehende Trauerarbeit ist jener Prozess, der Menschen dazu verhilft, Verlust nicht mehr als unerträglichen Schmerz, als offene Wunde zu empfinden, sondern ein neues Selbstbild zu akzeptieren. Dieses Selbstbild erkennt die Versagungen der Vergangenheit an. Und das ermöglicht den Betroffenen endlich, nach vorne zu blicken und nicht immer noch Gutes von dort zu erwarten, von woher es nie mehr kommen wird.

Ein weiterer Aspekt – und in diesem Zusammenhang ist die Hauptemotion die Wut – ist die Tatsache, dass es in der Regel keine ungünstigen Naturereignisse waren, sondern konkrete Menschen, die in der frühen Kindheit für Fehlentwicklungen gesorgt haben. Diese sind – und das ist auch richtig so – die erste Adresse für die im Erkenntnisprozess entstehende Wut.

Insofern geht es meist nicht um reine Trauerarbeit, die zu leisten ist. Es geht nicht nur um die Bewältigung eines Verlustes. Es geht auch darum, mit den Gefühlen denjenigen gegenüber fertigzuwerden, die einem Menschen in früherer Zeit diesen Verlust zugefügt haben.

Ähnlich wie bei der reinen Trauer gilt: Solange ein Mensch hier noch verflochten ist, wird er seine Energie nicht wirklich dafür einsetzen können, endlich gut für sich zu sorgen. Solange ein Mensch hasst, ist er an den Täter gebunden. Hass ist eine ähnlich feste Kette seelischer Verbindung wie die Liebe. Gerade Menschen, die von schweren Verletzungen betroffen sind, verstricken sich immer wieder in Grübeleien, die den Täter moralisch abwerten, oder auch in Rachegedanken. Dabei handelt es sich um intrapsychische Mechanismen, die versuchen, das durch den Übergriff geminderte Selbstwertgefühl eines Menschen wieder herzustellen. Kurzzeitig gewähren solche Gedanken auch eine gewisse Befriedigung. Sie sind aber letztlich eine virtuelle Ersatzhandlung, die nie zu einem echten Erfolg führt. Weder hebt sich dauerhaft das Selbstwertgefühl noch kommt ein Mensch in dieser Angelegenheit, die im Kern eine Rechtssache ist, auch nur einen Schritt weiter.

In den Visiten auf unseren Stationen erlebe ich immer wieder, wie verbreitet die mangelnde Verarbeitung alter Verletzungen ist, wie viel Groll über alte Geschichten Menschen mit sich herumtragen.

Hier geht es nicht nur um Trauerarbeit über einen Verlust, sondern um Vergebungsarbeit. Diese hat viele Parallelen mit der Trauerarbeit, beinhaltet aber eine wesentliche Komponente mehr. Das Verhältnis zwischen Opfer und Täter muss wieder in eine Balance kommen. Im Gegensatz zur Versöhnung, die immer beidseitig ist, ist Vergebung prinzipiell ein einseitiger Akt vonseiten des Opfers. Vergebung ist ein Verzicht auf eine fällige Wiedergutmachung. Diese ist in der Realität oft ohnehin gar nicht mehr möglich, aber darum geht es auch fast nie. Vergebung ist im Wesentlichen ein innerer Prozess des Loslassens. Vergebung bedeutet, ein Recht auf Wiedergutmachung, das zweifellos moralisch besteht, aber nicht mehr durchgesetzt werden kann, verloren zu geben. Börsianer würden sagen: diesen Verlust zu realisieren.

Wo dagegen Rechte eingefordert und durchgesetzt werden können – das ist insbesondere bei neueren Verletzungen manchmal durchaus der Fall –, sollten Therapeuten ihre Patienten unbedingt darin unterstützen, das auch zu tun.

Vergebung ist etwas Schweres, und jeder Weg sollte genutzt werden, die »Vergebungsmasse« zu verkleinern. Wenn ein Rechtsanspruch besteht und Wiedergutmachung möglich ist, dann sollte das in Anspruch genommen werden.

Erfolgreiche Vergebung bedeutet ähnlich wie gelungene Trauerarbeit, ein neues Selbstbild zu akzeptieren, das das Verlorene nicht mehr einschließt. Das Wesentliche an gelungener Vergebung ist, dass endlich die Bindung an den Täter gekappt ist. Paradoxerweise binden sich Opfer schweren Unrechts oft jahre- und jahrzehntelang psychisch an den Menschen, mit dem sie am wenigsten zu tun haben möchten, indem sie immer wieder über ihn nachgrübeln.

Wohlgemerkt geht es in der Vergebung nicht etwa darum, dem Täter in altruistischer Weise etwas Gutes zu tun. Es geht stattdessen darum, sich nicht mehr vom Negativen der Vergangenheit bestimmen zu lassen und in eine neue innere Balance zu kommen. In denjenigen Fällen, wo einem Menschen in der Vergangenheit schweres Unrecht geschehen ist, muss Vergebung und Vergebungsarbeit auch in der Psychotherapie wesentliches Thema sein. Es gilt, negative alte Geschichten endlich loszulassen, um die Hände freizubekommen für das eigene Leben. Gerade Opfer schwerer Verletzungen brauchen ihre Energie und ihre Kreativität dringend, um sich selbst ein gutes Leben aufbauen zu können. Es ist um jede Minute schade, die sie noch in fruchtlosen Grübeleien an den Täter verschwenden.

Seelische Verletzungen sind übrigens immer subjektiv. Es gibt kein objektives Maß, nach dem wir sie beurteilen könnten. Sie sind aber dann relevant, wenn das Opfer sie als relevant empfindet. In unserer Abteilung gibt es regelmäßig einen Abend über Wege zur Vergebung, wo wir interessierten Patienten – soweit an einem Abend möglich – das Wesen der Vergebung als entscheidenden Loslassprozess erklären und die verschiedenen Wege, die zu einer gelungenen Vergebung führen. Trotz dieses Wissens, das dann in Einzeltherapien aufgegriffen werden kann, bleibt Vergebung aber ein komplexer innerpsychischer Prozess, der seine ganz individuelle Zeit braucht.

Weil ich an anderer Stelle ausführlich zur Vergebung geschrieben habe (Grabe 2012), möchte ich es hier bei diesen Ausführungen belassen – obwohl mir das Thema sehr am Herzen liegt.

In der deutschsprachigen Psychotherapie hat sich das Thema Vergebung übrigens immer noch nicht durchgesetzt, obwohl es von so offensichtlicher großer Relevanz ist. Dagegen haben in der amerikanischen Psychologie und Psychiatrie die Veröffentlichungen zur Vergebung in den letzten 10 Jahren sehr stark zugenommen.

Zusammenfassend lässt sich sagen: Dort, wo bisher echte Verluste verdrängt worden sind, muss Trauerarbeit geleistet werden, und dort, wo schwere Kränkungen und Verletzungen bisher nicht bearbeitet wurden, muss Vergebungsarbeit geleistet werden. Beides ist notwendig, hat einen großen Wert und kann bisher gebundene Energie für das jetzige Leben freisetzen.

Trauerarbeit und Vergebungsarbeit sind wichtige Aufgaben, die sich jedem Menschen im Laufe seines Lebens immer wieder stellen. Wenn wir diese Aufgaben nicht angehen oder mit ihnen nicht vorankommen, dann kann das zu depressiven Zuständen von Krankheitswert, auf lange Sicht zu Verbitterung führen. Ein neuer Begriff wurde dafür in den letzten Jahren geprägt: die Posttraumatische Verbitterungsstörung (Posttraumatic Embitterness Desease, PTED) (Linden et al. 2007).

In der Psychotherapie sind aber beide Prozesse, so wichtig sie sind, meist nicht der hauptsächliche Weg, auf dem die Heilung einer Störung erreicht werden kann. Es geht sowohl in der Trauer- als auch in der Vergebungsarbeit um die Verarbeitung realer Verluste bzw. realer Kränkungen. Es ist wichtig, dass dieser Aspekt in einer Therapie nicht verloren geht und Patienten die notwendige Unterstützung und Begleitung bekommen.

Die eigentlich zu lösenden Knoten liegen aber, wie oben dargestellt, meist auf der Ebene der Auseinandersetzung mit Elternintrojekten, die als fordernde oder strafende Stimmen, als archaisches Über-Ich, als dysfunktionale Überzeugungen bis jetzt das Leben der Patienten bestimmt und deformiert haben.

5.4 Was hat Vorrang in der Bearbeitung?

Eine Therapie ist für den Patienten bestimmt. Er ist der Auftraggeber. Insofern sind natürlicherweise ihre Prioritäten entscheidend.

Das gilt z. B. bei schwerer Symptombelastung. Hier ist es wichtig, dass der Therapeut zielgerichtet darauf hinarbeitet, dass der Patient baldige Entlastung erfährt, und wenn erst einmal auch nur in Teilbereichen und ansatzweise. Möglicherweise fühlt ein Therapeut sich dem Krankheitsbild nicht wirklich gewachsen. Dann sollte er das auch sagen und der Ratsuchenden empfehlen, einen in diesem Bereich erfahrenen Kollegen aufzusuchen. Das ist für den Augenblick zugegebenermaßen eine Selbstüberwindung (natürlich stellt sich jeder lieber als kompetent dar), bringt aber beiden Beteiligten auf Dauer großen Gewinn. Denn eine Zusammenarbeit würde quälend werden. Das gilt z. B. im Bereich der Angststörungen, der Zwänge und auch der Posttraumatischen Belastungsstörung. Gerade bei letzterer wurden wir in der Klinik schon mit vielen langhingezogenen Therapieverläufen bei eigentlich überforderten – und deshalb in symptomverstärkender Weise »vorsichtigen« Therapeuten konfrontiert.

Ähnlich gilt es aber bei fast allen Störungsbildern, von denen viele im nächsten Kapitel vorgestellt werden. Eine Patient hat ein Recht darauf zu erwarten, dass sein Therapeut mit dem Krankheitsbild vertraut ist und von seiner Seite aus durch gezielte Strategien auf Symptomminderung hinwirkt – wenn dieser die Therapie übernimmt.

Wie wir allerdings in den vorigen Kapiteln gesehen haben, geht es um einen gemeinsamen Erkenntnisprozess, in dem der Therapeut immer etwas voraus ist. Es ist zu Beginn einer Therapie nicht so, dass ein für beide Beteiligten sichtbarer Stapel an Arbeit daliegt, der ausgeführt werden muss. Meist gibt es nur ein Symptom, dessen Sprache der Betroffene nicht versteht. Oft ist noch nicht einmal klar, dass dieses Symptom ein Alarmsignal abgeben will.

So werden fast immer das geschilderte diagnostische Vorgehen und die beschriebenen therapeutischen Grundprinzipien weiterführen. Allerdings können bei vielen Störungsbildern (z. B. bei Ängsten, Zwängen, Posttraumatischen Belastungsstörungen oder der Borderline-Störung) oft schon früh symptomspezifische Programme oder Techniken dazukommen, und es ist schade, wenn das nicht passiert. Erfolg in einem Bereich fördert immer auch den anderen. Mehr dazu finden Sie in Kapitel 8.

Es gibt aber auch einige Themen, die in der Bearbeitung immer und jederzeit Vorrang haben. Diese möchte ich jetzt hier vorstellen. Es sind, und zwar in dieser Reihenfolge: Suizidalität, drohender Therapieabbruch, äußere Not und eine stoffgebundene Suchterkrankung.

Suizidalität

So banal es klingt: Der entscheidendste Therapieerfolg ist, dass der Patient am Leben bleibt. Wenn Suizidalität ins Blickfeld tritt, hat sie immer sofortigen Vorrang vor allen anderen Therapiezielen.

Suizidalität kann je nach Störungsbild und Situation recht unterschiedlich strukturiert sein und braucht unterschiedliche Reaktionen. Bei schwer depressiven Patienten kann sich die Verzweiflung bis zur wahnhaften Überzeugung steigern, dass ihnen alles genommen werde, sie nie wieder gesund und ihre ganze Familie ins Unglück stürzen würden. So erscheint ihnen der Suizid als einziger Ausweg aus dieser Qual. Manche sind geradezu fixiert auf diesen Gedanken und setzen ihre ganze erwachsene Intelligenz dazu ein, es irgendwie zu schaffen. In einem solchen Fall ist auf der Gesprächsebene in der Regel keine akute Entlastung zu erreichen. Entscheidend ist hier die sofortige Unterbringung auf einer überwachten Station und baldige medikamentöse Entlastung, insbesondere was die wahnhaften Anteile des prekären Zustandes angeht.

Bei der Borderline-Persönlichkeitsstörung (▸ Kap. 8.9) kann es aufgrund von äußeren Erlebnissen manchmal sehr plötzlich zu massiver Wut kommen, die sich, wenn kein äußeres Ziel vorhanden ist, oft auch unversehens gegen den Betreffenden richtet und zu plötzlichen Suizidversuchen führen kann. Mit einer solchen Situation konfrontiert, ist es fast immer hilfreich, den Betreffenden ähnlich affektvoll entgegenzutreten.

Fallbeispiel

Mitten in einer Gruppentherapie, wo eine Mitpatientin sie kritisch hinterfragt hatte, springt Frau N. auf, ruft »Ich halte es nicht mehr aus, ich will es nicht mehr, ich will nichts mehr« und läuft in Richtung Tür. Aus der Vorgeschichte sind Suizidversuche bekannt.

Die Therapeutin steht auf und stellt sich vor die Tür. Zur Patientin sagt sie in ungewohnt lautem Ton: »Frau N., so geht das gar nicht! Sie wissen ganz genau, was wir für die Gruppe abgemacht haben. Dass jeder hier drin bleibt, bis die Gruppe zu Ende ist. Gefühle, die in der Gruppe auftreten, gehören auch in die Gruppe, nicht woanders hin. Bitte nehmen Sie jetzt wieder Platz.«

Zum Erstaunen mancher Mitpatienten tut Frau N. das auch. Sie beginnt zu schluchzen, akzeptiert von einer Mitpatientin ein Papiertaschentuch und kann einige Zeit später durchaus annehmen, als die Therapeutin ihr validierend mitteilt, dass es für sie ja bestimmt auch besonders anstrengend sei, sich auf eine solche Gruppensituation einzustellen und dass sie es als echten Erfolg sehe, dass sie im Raum geblieben sei.

Anschließend spricht die Therapeutin noch kurz mit Frau N. Diese hatte tatsächlich vor, sich »irgendetwas« zu tun, als sie aus dem Raum stürzen wollte. Die Therapeutin erklärt ihr, dass sie sich absolut darauf verlassen können müsse, dass sie sich nichts antue, so lange sie in der Klinik sei. Sie wolle sich von ihrer Seite voll für die Therapie der Patientin einsetzen, das gehe aber nur, wenn sie sich auf diesen Rahmen verlassen könne. Beide schließen einen schriftlichen Antisuizid-Vertrag.

In diesem Beispiel wird ein Prinzip deutlich, das in der Regel bei den Borderline-Betroffenen gilt. Solch eine Aktion ist oft ein unbewusster Test vonseiten des Patienten, ob der Rahmen hält. Und wenn sich der Rahmen als belastbar erweist – was in diesem Fall der beherzten Reaktion der Therapeutin zu verdanken ist –, dann tritt eine baldige Beruhigung und Sicherheit ein. Äußere Struktur ersetzt innere Strukturdefizite. Bei manchen anderen Menschen hätte das Verhalten der Therapeutin gerade Trotz provoziert und überhaupt keine beruhigende Wirkung gehabt.

Ein allgemeingültiges Prinzip wurde in dem Beispiel auch schon genannt: Suizidalität, auch indirekt angedeutete, muss immer ohne Verzug und direkt angesprochen werden. Suiziddrohungen sind eine Aufkündigung des Vertrauensverhältnisses. Im Gespräch muss klar herausgearbeitet werden, dass es ohne diese gegenseitige Verlässlichkeit für die vereinbarte Dauer der Zusammenarbeit nicht geht. Insbesondere in einer stationären Therapie hat der Therapeut gute Argumente: Der Betreffende ist schließlich extra gekommen, um Hilfe zu erfahren. Also hat er auch mindestens einen Anteil in sich, der die Hoffnung auf Besserung hat. Außerdem sind einige Wochen eine absehbare Zeit. Nur um diese geht es erst einmal in dem Antisuizid-Vertrag.

Suizidalität kann, unprofessionell gemanagt, schnell zur »Handelsware« und zum grenzenlosen Agierfeld werden. So gibt es in Kliniken immer wieder die Situation, dass Stationen mit eher unerfahrenen Mitarbeitenden über Tage und Wochen wegen eines Patienten in Sorge sind. Mit diesem werden täglich, manchmal auch während der Nacht noch einmal, Kurzzeit-Antisuizid-Verträge geschlossen. Dieser Patient saugt in dieser Zeit natürlich einen großen Teil der Stationsaufmerksamkeit ab, hat also sozusagen einen massiven sekundären Krankheitsgewinn, der ihn aber von eigentlicher Therapiearbeit und echter Entwicklung abhält.[8]

Suizidalität muss geklärt werden. Kein Therapeut muss es hinnehmen, mit Sorge und schlechtem Gewissen in den

---

8 Sekundärer Krankheitsgewinn: Von Sigmund Freud geprägter Ausdruck, der durch Krankheit erworbene äußere Vorteile wie Aufmerksamkeit, Versorgung und Entlastung umschreibt, wodurch Menschen in einem Krankheitsverhalten festgehalten werden können. Der primäre Krankheitsgewinn dagegen besteht aus der sofortigen Entlastung durch eine eintretende Krankheit, auch aus unbewussten Konflikten.

Feierabend zu gehen. Diese Gefühle sind ein untrügliches Zeichen dafür, dass eine aggressive Übertragung ungeklärt im Raum stehen blieb – die der Therapeut (in der Opferrolle) jetzt mit nach Hause nimmt.

Falls sich ein Patient bei einer solchen Klärung auf keinen Vertrag einlassen möchte, muss er darauf aufmerksam gemacht werden, dass der Therapeut in diesem Falle – egal ob es eine ambulante oder stationäre Therapie ist – schon aus juristischen Gründen zum Schutz des Lebens des Patienten die Einweisung auf eine geschlossene Station veranlassen muss. Diese Information stellt klar, dass es in dieser Frage keinen Zwischenraum für das Agieren mit bedrohlichen Gefühlen mehr gibt.

Wenn der Patient bereit ist, mit Blickkontakt und Handschlag einen Antisuizid-Vertrag zu schließen, der anschließend noch schriftlich festgehalten werden kann, gilt das. Es ist ein Ehrenwort unter Erwachsenen. Das kommt in den weitaus meisten Fällen zustande, und hält dann übrigens auch. Zunächst deswegen, weil der Patient spürt, dass der Therapeut anderenfalls die besprochene Alternative ohne weitere Verzögerungen umsetzen würde. Im Verlauf aber deshalb, weil beide in eine Zusammenarbeit auf viel konstruktiverer Ebene gekommen sind als es suizidales Agieren ist.

Manchmal möchten Patienten auch die Verlegung auf eine Akutstation, weil sie sich ihrer selbst nicht sicher sind. Dann ist es unserer Erfahrung nach wichtig, zu ihrem Schutz diesem Wunsch auch ohne Verzögerung nachzukommen. Oft vereinbaren wir, dass eine Rückübernahme möglich ist, wenn der Betroffene das wünscht und sich dem – ja inzwischen bekannten – psychotherapeutischen Setting gewachsen fühlt.

Drohender Therapieabbruch

Ein drohender Therapieabbruch ist selbstverständlich nicht so prekär wie eine Suizidankündigung. Es ist aber doch ein drohender großer Verlust.

Wenn eine Therapie abgebrochen wird, hat das immer mit überwältigenden negativen Gefühlen zu tun. Das können negative Übertragungen dem Therapeuten oder dem therapeutischen Team gegenüber sein, es können akute Krisen in der Beziehung zu Mitpatienten sein oder auch »Heimweh«.

Gerade diese intensiven Gefühle könnten ein sehr fruchtbares Substrat sein für einen Selbsterkenntnisprozess. Wenn sie aber in einer Akutsituation sehr stark sind, braucht es einen Ermutiger. Dieser muss zum einen Wertschätzung mitbringen und auch zustimmen können, dass es sich wirklich um ein anstrengendes Problem handelt, aber er muss auch die Verbindung herstellen können zu früheren Erfahrungen des Patienten. »Das ist ja ein Gefühl, das Sie gut kennen, oder? Ich kann mir lebhaft vorstellen, dass Sie total allergisch auf diese Art sind, von oben herab abgekanzelt zu werden.« Der Patient versteht im positiven Fall, dass ihn ja u. a. gerade dieses Thema in die Klinik gebracht hat: dass er an diesem Punkt so verletzbar ist. Und dass diese Therapie, die er jetzt abbrechen möchte, eine echte Chance wäre zu lernen, diesen alten Störfeldern nicht mehr hilflos ausgeliefert zu sein und sich beliebig von ihnen das Leben verderben zu lassen. Selbstverständlich kommt der Therapeut selbst als »Ermutiger« infrage, in einer ambulanten Therapie ausschließlich. Aber es kann auch günstig sein, wenn diese Hinweise von einer anderen Person kommen (z. B. Bezugsschwester, hinzugezogener Oberarzt).

Gelegentlich, sehr selten, geben wir auch die Möglichkeit zu einem Therapeutenwechsel. Insbesondere dann, wenn sich gleich zu Anfang eine fast unverrückbar negative Übertragung konstelliert hat.

In Einzelfällen war es dann gerade dieser Beweis einer wertschätzenden Sorge, der die Therapie bei Einzelnen in Fluss brachte.

Wird eine Therapie abgebrochen, dann ist das meistens leider eine Bestätigung für Ängste, denen sich die Betreffenden nicht gestellt haben. Das Misstrauen wird größer, die Hürde zu einer nächsten Therapie höher.

Wir bieten jetzt in den recht seltenen Fällen, wo es zu einem Therapieabbruch kommt, fast immer an, dass die Betreffenden gern wiederkommen können, wenn sie den Eindruck haben, dass unser Setting ihnen in der dann gegebenen Situation guttun könnte. Wir finden es wichtig auszudrücken, dass von unserer Seite her weiterhin eine grundsätzliche Wertschätzung des Patienten da ist und wir weiter motiviert sind, mit ihm zu arbeiten – sobald das von Patientenseite oder der gegebenen Lebenssituation her möglich ist. Natürlich setzt eine solche Zusage voraus, dass das therapeutische Team tatsächlich einen inneren Abstand hat zur in solchen Situationen oft vorliegenden wütend-negativen Übertragung des Patienten, dass es sozusagen mit seinem inneren »verletzbaren Kind« verbündet bleibt und nicht die naheliegenden komplementären negativen Gefühle entwickelt (»Der soll doch dahin gehen, wo der Pfeffer wächst!«). Das gelingt oft, aber nicht immer. Therapeuten sind auch nur Menschen.

Äußere Not

Ein alter Lehrsatz lautet: Soziale Not vor psychischer Not. Wer gerade seine Wohnung verloren hat, bei wem Rente oder Sozialhilfe nicht geklärt ist, wer akut von seinem eifersüchtigem Partner bedroht wird, der kann sich nicht auf eine Psychotherapie im engeren Sinne einlassen. Die Beschäftigung mit inneren Konflikten braucht einen äußeren Freiraum. Normalerweise kann eine Psychotherapiestation diesen bieten, dann allerdings nicht, wenn Patienten die meiste Zeit über die völlig ungeklärten Verhältnisse zu Hause nachgrübeln. Auch in einer ambulanten Therapie wird es unter solchen Umständen keine Fortschritte geben.

Selbstverständlich brauchen diese Menschen erst recht Hilfe. Aber zunächst andere als klassische Psychotherapie. Manchmal reichen einige Beratungsgespräche bei unserem Sozialdienst, um ganz wesentlich in der Aufklärung solcher Probleme voranzukommen. Analog könnte auch einer ambulanten Therapie eine Sozialberatung, Berufsberatung oder eine Rechtsberatung vorgeschaltet werden. In sehr seltenen Fällen haben wir Patienten für soziale Klärungen wieder nach Hause entlassen, um sie dann später wieder aufzunehmen. In der Regel waren dann auch die Betreffenden zur Erkenntnis gekommen, dass es so besser sei. Zum Beispiel, wenn es um eine Wohnung oder einen ersehnten Arbeitsplatz ging, den der Betreffende sonst verloren oder nicht bekommen hätte.

Stoffgebundene Suchterkrankungen

Bei den stoffgebundenen Suchterkrankungen handelt es sich meist um Alkoholismus, aber auch um Drogen- und Tablettenkonsum.

In der Regel muss hier allein der zu erwartenden Entzugserscheinungen wegen eine Entgiftungsbehandlung vorgeschaltet werden. Aber auch dann ist meistens eine qualifizierte Suchtbehandlung zielführender als eine allgemeine Psychotherapie. Das Leben Betroffener ist meist derartig von dem Suchtmittel dominiert, dass unbedingt zunächst an dieser Stelle etwas getan werden muss. Viele Themen wie Ehe- und Berufsprobleme haben wenig eigenen Stellenwert, sondern müssen im Zusammenhang mit dem Substanzmissbrauch und davon gekennzeichneter entgleister Lebensprozesse gesehen werden.

Wenn nach einer suchtspezifischen Therapie und einer längeren Abstinenzphase erneut der Wunsch nach einer Psychotherapie entsteht, lässt sich eine Indikation dafür ähnlich wie sonst sinnvoll abschätzen.

5.5   Wann ist eine Therapie zu Ende?

Wie oben schon beschrieben, ist das Ziel einer Therapie, dem Ratsuchenden so bald wie möglich Entlastung zu verschaffen. Auf dem Weg dahin ist der Therapeut Scout und Beziehungspartner. Meist muss der Umweg über die eigene Vergangenheit beschritten werden, um schädliche unbewusste Muster aufzudecken.

Wie hoch der Anspruch an das Therapieergebnis ist, wie viel erreicht werden soll, bestimmt der Therapeut allerdings nicht. Es ist der Patient, der definiert, wie lange er Hilfe in Anspruch nehmen möchte und bis wohin der Therapieweg ihm der Mühe wert ist.

Therapie ist ethisch nur da überhaupt berechtigt, wo aufseiten des Patienten ein Leidensdruck besteht, das Gefühl, aus einer Sackgasse herauszuwollen, eine eigene Änderungsmotivation. Wenn dieses Gefühl nicht mehr da ist, dann ist der Therapieauftrag zu Ende. Auch wenn der Therapeut vielleicht noch diese oder jene ungeklärte Stelle sieht, vielleicht diese oder jene Erkenntnis gern noch deutlicher vermitteln würde.

Fallbeispiel

Eine 55-jährige Frau, die wegen einer Agoraphobie gekommen ist, hat an einem Expositionsprogramm teilgenommen. Sie stellt nach vier Wochen fest, dass sie sich ohne Weiteres wieder in einen Supermarkt traut, was vorher angstbedingt seit Monaten nicht möglich war, und hat sogar schon wieder ein wenig Spaß beim Einkaufen. Obwohl vier Wochen nur etwa die Hälfte der Zeit ist, die die meisten unserer Patienten in der Klinik verbringen, äußert sie überraschend, dass sie gern nach Hause möchte. Sie freue sich schon so auf ihren Enkel. Das Problem, das sie hergeführt habe, sei ja gelöst.

Bei dieser Patientin würden wir vielleicht kurz stutzen und nachdenken, sie dann aber mit Glückwunsch entlassen. Wir würden sie nicht darüber belehren, dass sicherlich noch sehr viel Material zum Vorschein komme, wenn wir bei ihr noch etwas tiefer schürfen würden. Dass sie ja außerdem noch recht wenig über die Entstehungshintergründe ihrer Agoraphobie wisse.

Wir würden das deshalb nicht tun, weil wir der tiefen Überzeugung sind, dass es »den durchtherapierten Menschen« nicht gibt. In unseren nachweislich therapeutisch gut wirksamen Stationsteams kennen wir uns oft schon seit vielen Jahren untereinander und wissen recht gut um eigene Ecken und Macken. Zum Teil sind wir auch noch stolz darauf. Jedenfalls halten wir die therapeutische Formung von Normmenschen weder für ein erstrebenswertes noch für ein durchführbares Ziel. Im Gegenteil, wenn Psychotherapie gelingt, verlassen Menschen die Klinik ein Stück »verschiedener« als vorher. Denn Psychotherapie hat das Ziel, die eigene Individualität zum Leuchten zu bringen. Sie soll Menschen dazu verhelfen, ihre ureigenen Möglichkeiten, Talente und Begabungen besser nutzen zu können.

6 Psychotherapie und Spiritualität

Spiritualität, der persönliche Glaube eines Menschen, sein Empfinden für Transzendenz ist ein Bereich, der in der deutschsprachigen Psychiatrie und Psychotherapie bis heute oft weitgehend ausgeblendet wird. Es hat vermutlich immer noch mit Freuds damaliger genereller Pathologisierung der Religion zu tun, vielleicht sind es auch ein bisschen die Nachwirkungen der 68-er: Das Tabu steht noch.

Immerhin hat sich in unseren Therapieeinrichtungen weithin durchgesetzt, den Menschen als biopsychosoziales Wesen zu begreifen. Niemand würde mehr biologische Faktoren ignorieren wollen, wie die Genetik im Verständnis von Krankheiten oder die Wirksamkeit von indizierten Medikamenten. Ebenso zweifelt niemand mehr am Wert von Psychotherapie und der Notwendigkeit, sozialpsychiatrische Gesichtspunkte mit zu erfassen und zu behandeln. Das war vor 30 Jahren noch deutlich anders.

Dass Spiritualität auch eine Persönlichkeitsdimension ist, die für das Gesamtbild eines Menschen mit erfasst und berücksichtigt werden sollte, sickert erst langsam ins therapeutische Bewusstsein.

Im »Religionsmonitor« der Bertelsmann-Stiftung von 2013 (Pollack u. Müller 2013), dem eine großangelegte Befragung der Bevölkerung zugrunde liegt, äußerten immerhin 54 % der Westdeutschen und 23 % der Ostdeutschen, dass ihr Gottesglaube »ziemlich« oder »sehr« ausgeprägt sei. Mindestens täglich (!) beten 24 % der West- und 12 % der Ostdeutschen. Religiosität ist also für einen großen Teil unserer Bevölkerung ein wesentliches Merkmal.

Spiritualität taucht inzwischen auch hierzulande als Thema auf psychiatrisch-psychotherapeutischen Tagungen und in seriösen Fachzeitschriften hier und da auf. In den USA wird seit über 20 Jahren in diesem Bereich geforscht. Inzwischen gibt es Hunderte von Studien über den Zusammenhang von Gesundheit und Religiosität, in den letzten Jahren hat sich auch eine Vergebungsforschung etabliert.

Immer wieder zeigte sich in den Ergebnissen, dass sich der persönliche Glaube eines Menschen statistisch signifikant auf seine Gesundheit in psychischer und körperlicher Hinsicht auswirkt (Übersichtsarbeiten hierzu: Bonelli u. Koenig 2013; Harold u. Koenig 2004; Klein u. Albani 2007; Matthews et al. 1998).

Insbesondere für Depressionen wurde sowohl eine geringere Erkrankungsrate als auch eine schnellere Rekonvaleszenz für Menschen nachgewiesen, die eine vertrauensvolle Gottesbeziehung haben. Diese haben ebenfalls ein abwehrfähigeres Immunsystem – genauer gesagt, signifikant niedrigere Blutwerte von Interleukin-6, das bei chronischem Stress erhöht ist und auf ein geschwächtes Immunsystem hinweist. Patienten, die glauben und beten, waren nach Operationen schneller wieder auf den Beinen und benötigten weniger Schmerzmittel. Religiöse Menschen sind weniger oft im Krankenhaus, haben einen niedrigeren Blutdruck und scheinen besser gegen Herz- und Kreislauferkrankungen geschützt zu sein. Sie leben auch länger. Die meisten Effekte sind nur gering, weil Krankheit immer ein multifaktorielles Geschehen ist. Die Auswirkung auf die Überlebensrate (in je nach Studie verschieden definierten Zeiträumen) und die Lebensdauer ist allerdings erheblich, jedenfalls mehrere Jahre.[9]

---

9 In die Lebens-/Überlebenszeit gehen eine Vielzahl von Faktoren ein, die von Religiosität mitgeprägt werden, insbesondere der Lebensstil (Hummer et al. 2004).

Glaube ist also für Menschen eine bedeutsame Ressource. Voraussetzung ist allerdings ein gewährend-zugewandtes Gottesbild. Gleichzeitig belegen Studien nämlich immer wieder, dass sich Religiosität bei einem kleineren Prozentsatz gläubiger Menschen auch krankheitsfördernd in vieler Hinsicht auswirken kann. Generell ist das immer dann der Fall, wenn die Betreffenden rigide moralische Vorstellungen und unflexible Denkmuster aufweisen, meist im Zusammenhang mit einem strengen und bestrafenden Gottesbild.

Wenn Spiritualität in fachlich sinnvoller Weise in einen therapeutischen Ansatz einbezogen werden soll, so heißt das deshalb immer zweierlei:

- den Glauben als Ressource zu würdigen, vorhandene Ansätze bei Patienten ernst zu nehmen und sie zu ermutigen, diese für sich zu nutzen;
- gleichzeitig eine Atmosphäre zu schaffen, in der auch über schädliche und problematische Religiosität gesprochen werden kann, wie rigide und einengende Gottesbilder, religiös geprägte Berufungs- und Größenideen oder überwertige Schuldgefühle.

Das ist allerdings nur möglich, wenn der Therapeut selbst ein unverkrampftes, in irgendeiner Weise wertschätzendes Verhältnis zur Religiosität hat, das nicht durch unaufgelöste Konflikte geprägt wird. Damit seine Patienten in diesem Bereich Empathie erleben, muss etwas Eigenes in ihm mitschwingen. Das gilt für den Punkt Spiritualität wie für jeden anderen Erlebensbereich.

Dabei muss allerdings klar bleiben, dass die Aufgabe einer Therapie bereits mit dem umrissen ist, was in den vorigen Kapiteln dieses Buches beschrieben wurde. Es gilt, Erklärungsmodelle für die Probleme zu finden, die den Patienten in die Therapie gebracht haben, in der Regel Zusammenhänge mit seiner Vergangenheit herzustellen und ihn dabei zu begleiten, angemessenere und »erwachsenere« Lösungen zu finden. Oft gilt es auch zu üben.

Es ist ein Befreiungs- und Emanzipationsprozess, um den es in einer Therapie geht.

Aufgabe des Therapeuten ist, Freiraum zur Verfügung zu stellen, Luft zum Atmen; die Sicherheit zu geben, ehrlich sein zu dürfen ohne Sanktionen, ja, unter Beweis zu stellen, dass auch die Ehrlichkeit kompromittierender und peinlicher Wahrheiten gewürdigt wird.

Das kann nur gelingen, wenn er in einer freundlich anteilnehmenden, aber konsequent abstinenten Position verbleibt (▶ Kap. 4.3). Insbesondere gilt das für diesen Bereich der Spiritualität. Ein religiöser Therapeut, der beginnt, Kurzpredigten zu halten, weil er meint, dass der Patient doch diese oder jene hilfreiche Wahrheit brauchen könne, fährt die Therapie ganz schnell in eine Sackgasse. Egal ob er es aus echter Begeisterung getan hat oder aus eigenen nicht ganz aufgelösten neurotischen Zwängen heraus. Ein reiferer Patient spürt sofort, dass hier therapeutische Prinzipien durchbrochen wurden. Er merkt, dass sein Therapeut unprofessionell gehandelt hat, und verliert ein Stück seines Vertrauens. Wenn er vielleicht eine schwierige religiöse Sozialisation hinter sich hat, befürchtet er, dass es mit der anfänglich angebotenen Freiheit in der Therapiestunde doch nicht so weit her ist und im Tiefsten auch dort die rigiden Regeln seines Elternhauses gelten. Falls er aus glaubensfernem Hintergrund kommt, wertet er das Ganze als Missionierungsversuch und ist ab jetzt in »Hab-Acht-Stellung«. Vertrauen ist in jedem Fall verloren gegangen. Ein weniger reifer Patient entwickelt möglicherweise heftige Übertragungen, je nach Vorgeschichte reagiert er z. B.

ängstlich, feindselig, insbesondere anfangs oft auch ideali-
sierend.

Ebenso wenig förderlich ist, wenn sich ein atheistischer
Therapeut in für den Patienten spürbarer Weise distanziert,
wenn dieser über religiöse Einstellungen oder religiös geprägte Erfahrungen erzählt. So etwas geschieht oft recht
subtil. »Wenn Sie also diese – wie Sie sagen – Gebetserhö-
rung erlebt haben ...« Manche Therapeuten geben ihr Desinteresse an jedweder religiösen Frage auch durch selbstbewusst vertretene große Unwissenheit in diesem Bereich zu
erkennen. Wir haben in der Klinik schon viele religiöse Patienten kennengelernt, die in ihrer ambulanten Therapie
dieses für sie bedeutsame Thema nach solchen Erfahrungen
konsequent ausgeklammert haben. Der Therapeut merkte
es offensichtlich gar nicht.

Ein häufig gehörter Einwand ist, dass es »ideologiefreie
Therapie« gar nicht gebe. Das stimmt sicherlich. Jeder Therapeut bringt schon in der Art, wie er auf Menschen zugeht, seine eigenen Grundüberzeugungen immer mit. Aber
unsere Patienten müssen es spüren, dass wir uns Mühe geben, um ihretwillen mit unseren Prägungen und unseren
Antworten zurückzustehen. Sie brauchen das Gefühl, das
wir ihnen zuhören und uns auf ihr System einlassen.

Um einen Menschen in seiner Lebenswirklichkeit verstehen zu können, ist es also wichtig, seine Spiritualität, seine
Glaubenswelt in die Anamnese einzubeziehen, insofern
grundsätzlich auch eine »spirituelle Anamnese« zu erheben.

Lebens-wirklichkeit ist hierbei wörtlich zu verstehen.
Was wir glauben, das wirkt sich auch in unserem Leben
aus. Diese Wirkung entscheidet oft – über das Immunsystem vermittelt – über Fragen wie Resilienz oder Zusammenbruch, Gesundheit oder Krankheit (▸ Kap. 8.5, Exkurs
7: »Was ist eigentlich Psychosomatik?«).

Eine spirituelle Anamnese sollte äußere Daten erfragen wie Zugehörigkeit zu einer Glaubensgemeinschaft, Teilnahme an Gottesdiensten und eventuellen Tätigkeiten in einer Gemeinde. Das Wichtigere ist aber der Innenaspekt. Was glaubt der Einzelne, was bedeutet ihm sein Glaube? Hat sein Glaube Auswirkungen auf seinen Alltag? Gibt es Formen persönlicher Religionsausübung wie Gebet, Stille oder Meditation? Was waren bisher subjektiv gute Erfahrungen in diesem Bereich und was gab es an schwierigen, belastenden, vielleicht destruktiven Erlebnissen?

Ein gut geeignetes neutrales (nicht an eine bestimmte Form von Spiritualität gebundenes) Instrument ist hier das halbstrukturierte klinische Interview zur Erhebung einer »spirituellen Anamnese« (SPIR) von Eckhard Frick und Kollegen aus dem Jahr 2002 (Frick et al. 2006). Wir verwenden in der Klinik eine Kurzform davon für unsere Aufnahmegespräche.[10]

Wie schon gesagt, hat Glaube in der Psychotherapie immer zwei Bedeutungen. Zum einen ist er eine Ressource. Gerade in sehr problematischen Lebenssituationen finden Menschen im Gebet und im Vertrauen auf Gott eine Kraft, die sie viele Schwierigkeiten überwinden lässt. Der Glaube ermöglicht oft, das Leben neu zu deuten und auf diesem Hintergrund konstruktive und subjektiv befriedigende Lösungen zu finden. Trotzdem – wer sich in Therapie begibt, ist hier an seine Grenzen gestoßen.

Zum anderen bietet der Glaubensbereich aber auch, einschließlich seiner jeweiligen Denkstrukturen und Gemeindeformen, eine Vielzahl von neurotischen Kompro-

---

10 Diese Kurzform mit Ankerbeispiel kann gern in meinem Sekretariat angefordert werden (Kontaktdaten in der Titelei dieses Buchs).

missbildungen an. Indem der Betroffene die Pathologie, die er gerade lebt, als gottgewollt oder gottgefällig ideologisiert, macht er sich oft schnell und wirkungsvoll unhinterfragbar. Anfragen sind dann »Anfechtungen«, die man aus gutem Grund abwehren sollte.

Manchmal ist erstaunlich, wie religiöse Patienten trotz allen offenkundigen Scheiterns ihrer bisherigen Strategie – die Ehe geht auseinander, der Arbeitsplatz ist gefährdet – noch versuchen, vor sich und anderen den »Glaubenshelden« zu spielen. Diese Fassade wird auf einer Psychotherapiestation allerdings bald zerbrechen. Nicht geringen Anteil daran haben die Rückmeldungen der therapieerfahreneren Mitpatienten.

Wenn es dann passiert ist, dass der Betreffende sich selbst das Scheitern seiner – oft ambitionierten – Konzepte eingesteht, wenn ihn der Zusammenbruch mit aller destruktiven Wucht und ernüchternden Selbsterkenntnis ereilt hat, geschieht aber oft etwas Unerwartetes. Auf einmal sind viel basalere Strukturen seines Glaubens wieder freigelegt. Wo vorher Ansprüche und Wettbewerb vorgeherrscht haben, wenn auch religiös geprägt, da ist auf einmal der Zugang frei zu tieferen Schichten spiritueller Lebenserfahrung. Menschen werden wieder offen für die ganz grundlegende Erfahrung des Angenommenseins unabhängig von ihrer eigenen Leistung, die sie vielleicht irgendwann in ihrem Leben schon einmal gemacht haben. Jesus gebrauchte einmal die Umschreibung »Werden wie die Kinder« für eine zuträgliche Gottesbeziehung. Das meint: eine heilsame Regression. Auf spiritueller Ebene können in einer vertrauensvollen Gottesbeziehung grundlegende Selbstbedürfnisse nacherlebt und gelebt werden. Als sehr hilfreich hat sich für diesen Prozess religiöser Menschen, die sich in Leistungsansprüchen und Fassadendenken festgefahren hatten, eine gute seelsorgerliche Begleitung erwiesen. Es ist für einen Betroffenen ein großer Gewinn, wenn ein Therapeut bereit ist, »seine« Patienten in grundsätzlichen sinnorientierten Fragen an Seelsorger zu vermitteln. Insbesondere Trauer- und Vergebungsprozesse können von solch einer Begleitung und dort behutsam eingebrachten sinnorientierten Perspektiven profitieren.

Eine neuere Studie zeigt, dass bei religiösen Menschen unabhängig von Alter und Geschlecht die Gottesbeziehung einen wichtigen Stellenwert im Bindungsnetzwerk (gemeinsam mit Vater, Mutter, auch Therapeut) einnimmt und die Wahrnehmung dieser Beziehung (positiv oder negativ) sich erheblich auf Behandlungsverläufe auswirkt (Friedrich-Killinger 2014).

Eine besondere Gruppe im Bereich der Spiritualität sind diejenigen Patienten, die ausgesprochen negative Erfahrungen im Bereich des Glaubens mitbringen. Es kann sich um eine durch das Umfeld geprägte rigide religiöse Erziehung in der Kindheit handeln, z. B. in einer streng katholischen Familie oder einer Freikirche mit einengenden Vorschriften. Es kann sich aber auch um negative oder traumatisierende Erfahrungen mit Einzelpersonen handeln, die den Glaubensbereich für den Betroffenen besetzten. Insbesondere erlebte Scheinheiligkeit in Kombination mit persönlichem Desinteresse der Eltern, Misshandlungen oder Missbrauch kann es Menschen sehr schwer machen, einen eigenen Zugang zur Religiosität zu finden. Gleichzeitig können die Betroffenen aber oft auch nicht loslassen, sondern sind hochambivalent in Bezug auf Glauben.

In der Therapie wäre in diesem Stadium eine Diskussion über religiöse Fragen völlig zwecklos. Stattdessen ist entscheidend, dass endlich einmal die erlebten emotionalen Defizite oder Übergriffe in den Blick kommen. Damit ist gemeint, dass sie emotional wiederbelebt werden, dass getrauert wird über Versagungen und angemessene Wut zugelassen werden darf über all das Unrecht. Nicht selten kommt dabei bald in den Blick, wie »Gott« von den Eltern in dieses kranke System als Erziehungshelfer und Über-Ich-Verstärker eingebaut worden war.

Emanzipation von dieser Form missbräuchlicher Religiosität macht dann nicht selten endlich den Weg frei für eine ganz eigene, neu zu entdeckende Glaubenswelt, die dann im Sinne des oben genannten Bindungserlebens mitwirkt am Heilungsprozess.

Für eine ambulante Therapie gelten in Bezug auf Abstinenz grundsätzlich die hier markierten Grenzen. Manche der hier aufgezeigten Perspektiven kommen ohnehin nur zustande, wenn sinnorientierte Aspekte parallel in einem Seelsorgesetting besprochen werden können und die Betroffenen damit nicht allein bleiben.

Ein Kliniksetting hat weitergehende Möglichkeiten. Für das therapeutische Angebot gilt auch hier das Gesagte ohne Abstriche. Aber es gibt die Möglichkeit, zusätzlich auf freiwilliger Basis ein sinnorientiertes Angebot zu machen. In unserer Klinik gibt es eine gut aufgestellte Seelsorgeabteilung, die ein vielfältiges (therapieunabhängiges und freiwilliges) Glaubens- und Sinnangebot zur Verfügung stellt. Dazu gehören Morgenandachten, kreative Gottesdienste, Gesprächsgruppen und Einzelgespräche. Ein besonderes Projekt ist das »Forum für Glaubens- und Lebensfragen«, wo Therapeuten und Mitglieder des Seelsorgeteams jeweils Einführungsreferate über wichtige Lebensthemen halten, über die dann anschließend in der Gruppe diskutiert wird. Themen sind z. B. Sinn des Lebens, Menschenbilder und Gottesbilder, Angst, »Was ist Glück?«, Trauer und Depression, Reden und Verstehen, Vergebung – eine

Lebenskunst. Dieses Forum ist immer gut besucht und erfüllt jetzt schon viele Jahre eine Rolle als Katalysator für die Auseinandersetzung mit Sinnfragen während der Therapiezeit.

Man könnte es vielleicht so sagen: Therapie kann vieles. Sie verschafft neue Freiräume und liefert Werkzeuge. Das ist höchst nützlich. Therapie ist ein mächtiger »Befähiger«. Folgendes kann sie aber nicht, und das ist auch definitiv nicht ihre Aufgabe: Auskunft darüber zu geben, wie denn jetzt die neu gewonnenen Möglichkeiten eingesetzt werden sollten. Das fällt in den Bereich der Sinnfragen, der Spiritualität im weitesten Sinne. Und jeder Mensch ist darauf angewiesen, Antworten auf diese Fragen zu finden. Wofür lohnt es sich zu leben? Worin finde ich meinen tiefsten Sinn? In welches Netzwerk an Beziehungen möchte ich investieren? Kann ich auf der Glaubensebene ein Vertrauen fassen, das über das Sichtbare hinausreicht?

Bei alten Menschen lässt sich oft feststellen, welch bedeutenden Unterschied es für die Lebenszufriedenheit und Ausstrahlung ausmacht, ob Menschen befriedigende Antworten auf die grundlegenden Sinnfragen ihres Lebens gefunden haben oder nicht. Insofern genieße ich es, in einer Klinik zu arbeiten, wo es dieses sinnorientierte Parallelangebot zur Psychotherapie gibt. Immer wieder bekomme ich von Patienten am Ende ihrer Therapiezeit mitgeteilt, dass gerade die Seelsorgeangebote große Bedeutung für sie gehabt haben und sie auch auf dieser Seite viel mitnehmen. Das sind nicht selten Menschen, die ohne eine besondere religiöse Prägung in die Klinik kamen. Ich glaube, wir haben noch einen großen Bedarf an Kliniken, wo auch die spirituellen Bedürfnisse der Menschen ernst genommen und in aller gebotenen Behutsamkeit berücksichtigt werden.

Insgesamt ist unserer bundesdeutschen Psychothera-pieszene zu wünschen, dass die Spiritualität unserer Patien-ten mehr in den Fokus der Aufmerksamkeit rückt. Es gab viele sehr erfreuliche Entwicklungen in den letzten Jahr-zehnten, wie schulenübergreifendes Denken, die Akzeptanz der biopsychosozialen Sichtweise und die Entwicklung vie-ler hilfreicher Methoden – aber hier gibt es noch Aufholbe-darf. Wenn – Ost und West zusammengerechnet – etwa 48 % unserer Bevölkerung einen »ausgeprägten Glauben« angibt, dann kann es nicht sein, dass bis jetzt die Spiritua-lität unserer Patienten fast völlig unter der Aufmerksam-keitsschwelle ihrer Therapeuten hinwegtaucht. Jeder von uns kann dazu beitragen, endlich das Religionstabu in der Psychotherapie außer Kraft zu setzen.

7 Therapieschulen im Überblick

7.1 Allgemeines

Der bisherige Gedankengang dieses Buches war integrativ. In meiner Abteilung arbeiten wir als tiefenpsychologisch ausgebildete Kollegen und Verhaltenstherapeuten zusammen, außerdem haben viele von uns Ausbildungen und Abschlüsse in weiteren speziellen Verfahren, aber wir alle arbeiten mit Patienten in der dargestellten Weise. In der Darstellung des Umganges mit der Biografie habe ich überwiegend tiefenpsychologisches Vokabular genutzt – weil nun einmal die Tiefenpsychologie in diesem Bereich die weit längere Expertise hat –, inhaltlich denkt man aber inzwischen in der modernen Verhaltenstherapie, zu der auch die Schematherapie gehört, im Grundansatz recht ähnlich.

Trotzdem ist schon im bisherigen Text immer wieder angeklungen, dass es grundsätzlich verschiedene Therapieschulen gibt, und da soll dieses Kapitel etwas fachliche Klarheit schaffen. Ich möchte einmal nicht vom praktischen Therapieprozess sprechen, sondern mir mit Ihnen die Verästelungen des Baumes ansehen, an dem diese Blätter und Früchte wachsen – einschließlich der Wurzeln. In diesem Kapitel, das auch im Vorgriff zum Nachschlagen genutzt werden kann, stelle ich in die in Deutschland bedeutsamsten diagnoseübergreifenden Verfahren – Psychoanalyse, Tiefenpsychologie, Verhaltenstherapie und als neues Verfahren die Schematherapie – kurz der Reihe nach vor. Ich hoffe, dass deutlich wird, dass jedes dieser Verfahren seinen ganz eigenen Beitrag zur Weiterentwicklung und Bereicherung der Psychotherapie geleistet hat und leistet. Es gibt einige weitere wichtige Therapiemethoden für bestimmte

Indikationen, wie z. B. die DBT (Dialektisch-Behaviorale Therapie) in der Borderline-Behandlung oder spezielle Traumatherapieverfahren. Diese werden in Kapitel 8 jeweils bei den entsprechenden Störungsbildern erwähnt.

Nicht beschreiben werde ich trotz ihrer Bedeutung die Familientherapie/Systemische Therapie, weil sie einen weiteren Ansatz mitbringt, der den Rahmen dieses Buches sprengen würde. In der Familientherapie wird das ganze System einer Familie behandelt. Das kranke Kind wird als »Indexpatient« wahrgenommen, d. h. das Kind ist dasjenige Mitglied der Familie, das die Krankheit des Systems zeigt. In der Einzel- oder Gruppentherapie von Erwachsenen treten diese Aspekte in den Hintergrund, weil es dort gerade darum geht, eigenständig zu werden und sich von krankmachenden Systemen zu emanzipieren. Die Therapie soll sie in diesem Befreiungsprozess unterstützen, nicht wieder an das Herkunftssystem anbinden. Trotzdem bietet die Familientherapie viele Ansätze, die auch in einer Einzeltherapie und bei Hinzuziehung von Familienangehörigen genutzt werden können. Erwähnt sei hier nur die konsequente Allparteilichkeit und die Würdigung von Anstrengungen. Immerhin eine Leseempfehlung gebe ich in Kapitel 10.

Und ebenso gibt es eine Fülle von einzelnen Therapieschulen, allgemeinen und indikativ anzuwendenden Therapieverfahren, die alle ihren Baustein zur heutigen Psychotherapiepraxis beigetragen haben und beitragen, wo eine Beschreibung aber ebenfalls den Rahmen dieses Buches sprengen würde.

Es geht mir in dieser Darstellung ja darum zu beschreiben, wie ein Therapeut in der Praxis tatsächlich arbeitet, und da entspricht es der Realität, dass Ideen aus vielen Richtungen in heutige praktische Therapiearbeit eingeflossen sind und einfließen. Wir stehen sozusagen auf den Schultern unserer therapeutischen Eltern und Großeltern – auch wenn wir gar nicht mehr deren Namen wissen. Natürlich gibt es da für jeden Therapeuten individuelle Unterschiede. Es sind verschiedene Fortbildungen, die wir gemacht haben, und unterschiedliche Bücher, die wir gelesen haben.

Eine Psychotherapie-Weiterbildung muss zwar immer in einem Hauptverfahren stattfinden, sollte aber ebenso durch Neugier und Blicke über den Tellerrand geprägt sein. Viele Therapeuten erweitern ihr fachliches Spektrum im Laufe ihres Berufslebens stetig, was ihren Patienten zugutekommt.

Für die Berufstätigkeit als niedergelassener Psychotherapeut gibt es in Deutschland nur drei anerkannte Hauptverfahren: die Analytische Psychotherapie (Psychoanalyse), die Tiefenpsychologisch fundierte Psychotherapie und die Verhaltenstherapie. Nur für diese Verfahren bezahlen Krankenkassen. Das ist in der Psychotherapie-Richtlinie des Gemeinsamen Bundesausschusses (GBA) geregelt. (Der GBA ist das oberste Beschlussgremium der gemeinsamen Selbstverwaltung der Ärzte, Zahnärzte, Psychotherapeuten, Krankenhäuser und Krankenkassen in Deutschland.)

Insofern müssen sich alle anderen Therapieschulen in dieses Raster einordnen. Die Katathym-Imaginative Psychotherapie ist z.B. ein tiefenpsychologisches Verfahren, die Schematherapie ein verhaltenstherapeutisches Verfahren, die jeweils unter diesem Dach ausgeübt werden dürfen – aber nicht unter dem jeweils anderen, jedenfalls nicht im Rahmen einer von der Krankenkasse bezahlten Psychotherapie. Auch dürfen bis heute in einer ambulanten »Richtlinienpsychotherapie« tiefenpsychologische und verhaltenstherapeutische Elemente nicht kombiniert werden. Viele spezielle Therapieverfahren sind nicht von der kassenärztlichen Vereinigung anerkannt, sodass sie auch nicht im Rahmen einer Richtlinientherapie angewendet werden dürfen. Trotz dieser fachlich z. T. begründbaren, z. T. aber auch für Patienten sehr nachteiligen starren Trennung der ambulanten Therapiewelten in tiefenpsychologisch und verhaltenstherapeutisch gibt es für Psychologische Psychotherapeuten beider Richtungen seit einigen Jahren nur noch eine einzige, integrierte Abschlussprüfung. Insofern ist zu hoffen, dass es auch im ambulanten Bereich zu mehr Durchlässigkeit kommen wird.

Zur Tätigkeit als Psychotherapeut gibt es generell drei Wege. Ärzte und Psychologen können jeweils umfangreiche Zusatzausbildungen machen, die bei Ärzten entweder zum Facharzt für Psychiatrie und Psychotherapie oder zum Facharzt für Psychosomatische Medizin führen, bei Psychologen zum Psychologischen Psychotherapeuten. Für Ärzte gibt es außerdem die »Zusatzbezeichnung Psychotherapie«. Diese wird heute aber nur noch an Fachärzte (verschiedener Richtung) vergeben und berechtigt dann zu einer teilweisen psychotherapeutischen Tätigkeit in Verbindung mit diesem Fachgebiet.

Es gibt auch die Möglichkeit, als Heilpraktiker Psychotherapie zu betreiben, allerdings ohne dass für Patienten der Anspruch besteht, dass die Kosten von ihrer Kasse übernommen werden. Heilpraktiker dürfen sich nicht als »Psychotherapeut« bezeichnen, sind aber auch nicht an Methoden gebunden. Die Heilpraktikerprüfung an sich bedeutet keinen Nachweis eines psychotherapeutischen Ausbildungsstandards.

Die im Folgenden dargestellten Therapieschulen sind in der Reihenfolge ihrer Entstehungszeit aufgeführt.

7.2   Psychoanalyse

Die Psychoanalyse ist sozusagen die »Mutter« aller modernen Psychotherapieverfahren und soll deshalb hier ein wenig ausführlicher in ihrer Entstehung dargestellt werden.

Sigmund Freud (1856–1939), ihr Begründer, hatte in Wien ursprünglich mit neurologischen Forschungen begonnen, sich dann aber zunehmend der Behandlung von neurotischen Störungen zugewandt. Nach unbefriedigenden Versuchen mit hypnotischer Suggestion macht er gemeinsam mit seinem älteren Kollegen und Freund Josef Breuer den Versuch, Hysterie von der Grundannahme eines früheren Traumas her zu verstehen und zu therapieren. Weil Freud seine Methodik bald ändert und auch die theoretischen Grundlagen infrage stellt (insbesondere die Traumatheorie), kommt es schließlich zum Bruch mit Breuer. Von diesem Zeitpunkt an, 1895, beginnt Freud mit großem Engagement mit der Entwicklung des theoretischen Gebäudes, das später die Psychoanalyse wird.

Die Beschäftigung mit Träumen führt ihn zur Unterscheidung von Primärvorgang und Sekundärvorgang. Unbewusste Vorgänge scheinen primärprozesshaft zu sein, womit gemeint ist, dass verschiedenste Strebungen und Triebregungen nebeneinander stehen, nicht logisch geordnet oder koordiniert werden. Sie bilden aber die Grundlage für das, was dann als Sekundärprozess im Raum des Bewusstseins stattfindet. Hier herrschen auf einmal die Regeln der Logik, moralische Richtlinien usw. Der Übergang von einer in die andere Welt gelingt aber manchmal nicht reibungslos, wie Freud an den vielen »seltsamen« Träumen seiner Patienten feststellt. Sie sind voller logischer Fehler, moralisch unzulässiger Brutalität usw. Er beginnt bald, sie als ein Fenster ins Unbewusste zu betrachten und auch therapeutisch zu nutzen.

Freud lässt seine Patienten frei assoziieren (sie sprechen aus, was ihnen in den Sinn kommt) und entdeckt dabei, dass es Kräfte außerhalb des bewussten Willens eines Menschen gibt, die sich der Erforschung der Seele widersetzen. Er bezeichnet dieses Phänomen als Widerstand. Freud stellt die Hypothese auf, dass die Psyche etwas Dynamisches ist, wo unbewusste und bewusste Kräfte z. T. miteinander, z. T. gegeneinander operieren. In seinem Buch »Die Traumdeutung« (1900) erwähnt er zum ersten Mal das sog. topografische Modell, in dem er einen unbewussten, einen vorbewussten und einen bewussten Bereich unterscheidet. Neurotische Symptome können auf diese Weise als unbewusst geschlossener, unteroptimaler Kompromiss zwischen unterschiedlichen Strebungen verstanden werden. Krankheitssymptome symbolisieren oft, kaum verschleiert, sowohl den ursprünglichen unbewussten Triebwunsch als auch dessen Abwehr – in der Regel aus moralischen Gründen. Erst spät (1923) führt Freud das jetzt bekanntere Strukturmodell ein, das diese Erkenntnisse griffig zusammenfasst. Die psychischen Instanzen werden darin eingeteilt in

- das Es (Triebe, Lustprinzip),
- das Über-Ich (durch Erziehung entwickelte Moralvorstellungen, das Gewissen) und
- das Ich (vermittelt zwischen Es und Über-Ich).

Freuds weiteres Leben besteht zum großen Teil darin, die eben skizzierten Grundgedanken zu erweitern und auszuarbeiten. Er bezieht viele Gebiete ein, zeigt, dass die psychoanalytische Theorie ein neues Licht auf Archäologie, Anthropologie, Pädagogik und andere Wissenschaftsbereiche wirft, und formuliert schließlich einen Überbau auf der Grundlage dieser Konzepte, den er »Metapsychologie« nennt.

Seit einem ersten Treffen 1908 wächst die psychoanalytische Gesellschaft stetig. Der erste Weltkrieg bedeutet einen Rückschlag, wichtige Kollegen wie Carl Gustav Jung oder Alfred Adler gehen eigene Wege. C. G. Jung begründet eine eigene Richtung der Psychoanalyse, die Analytische Psychologie, Adler die Individualpsychologie.

Freud hat als Jude zeitlebens unter dem Wiener Antisemitismus zu leiden, bekommt erst spät eine außerordentliche Professur an der dortigen Universität und muss nach der Invasion Hitlers 1938 emigrieren. Die Psychoanalyse ist zu dieser Zeit aber längst international etabliert.

Sein umfangreiches schriftliches Werk ist gekennzeichnet von einer selbstkritischen, schonungslos ehrlichen, um Wahrheitsfindung bemühten Art zu denken – und noch heute gut lesbar. Manchmal geht Freud auch Irrwege, korrigiert sich aber oft selbst. Letztlich sind seine Entdeckungen genial und haben ein neues Kapitel in der menschlichen Selbstreflexion geöffnet.

Die Psychoanalyse als heutige Therapiemethode versteht sich als aufdeckendes Verfahren.

Der Patient liegt auf einer Couch und wird dazu angeregt, frei zu assoziieren. Der am Kopfende sitzende Therapeut hört ihm in einer Haltung »gleichschwebender Aufmerksamkeit« zu. Von besonderem Interesse sind Übertragungen, die sich einstellen, also dass der Analytiker in der Rolle einer früher bedeutsamen Bezugsperson wahrgenommen wird. Dieser hält sich im Vergleich zu anderen Therapieverfahren stark mit Interventionen zurück, um den assoziativen Prozess nicht zu stören. Mittel der therapeutischen Arbeit bzw. Formen der Intervention sind Klärung, Konfrontation und Deutung. Die Interpretation insbesondere von Übertragungsgeschehen, aber auch von Träumen im Rahmen der bestehenden Psychodynamik dient dazu, dem Betreffenden Wahrnehmung und Änderung typischer (neurotischer) Muster zu ermöglichen. Ziel ist nicht nur die kognitive Einsicht, sondern eine allmähliche Umstrukturierung der Persönlichkeit.

Klassische Psychoanalysen finden in mehreren Sitzungen pro Woche statt, oft über Jahre. Krankenkassen genehmigen bis zu 300 Stunden insgesamt.

Indikation sind vor allem chronifizierte neurotische Entwicklungen und Persönlichkeitsstörungen, die nicht mit einer symptombezogenen gezielteren Therapiemaßnahme angegangen werden können.

Die klassische Psychoanalyse hat in heutiger Zeit ein zeitökonomisches Problem. Wer voll berufstätig ist, kann neben einer Psychoanalyse oft kaum noch ein Privatleben führen und steht in Gefahr, dadurch in zu große emotionale Abhängigkeit vom Therapeuten zu geraten. Vor- und Nachteile müssen bei einer Indikationsstellung sorgfältig gegeneinander abgewogen werden. Wenn für ein Störungsbild ein neueres Therapieverfahren schnelleren Erfolg verspricht, ist dieses vorzuziehen.

7.3 Tiefenpsychologisch fundierte Psychotherapie

Gemeinsam mit der Analytischen Therapie gehört die Tiefenpsychologisch fundierte Psychotherapie zu den psychoanalytisch begründeten Verfahren. Es gibt vom Grundansatz her viele Ähnlichkeiten: Auch die Tiefenpsychologisch fundierte Psychotherapie arbeitet mit Klärung, Konfrontation und Deutung, achtet im Therapieverlauf auf sich einstellende Übertragungen und bearbeitet Widerstände. Deutlich weniger gefördert wird aber die Regression des Patienten, frei assoziiert wird ebenfalls kaum. Das drückt sich auch im Setting aus: Patient und Therapeut sitzen sich gegenüber oder in 90 Grad zueinander, es gibt keine Couch. Auch die Stundenzahl ist begrenzt: in der Regel eine bis höchstens zwei Stunden pro Woche, von den Kassen genehmigte Gesamtzahl maximal 100.

Es geht vorrangig um die Klärung aktueller Konflikte und Probleme. Ziel ist eine spürbare Symptomlinderung, jedoch keine möglichst vollständige Einsicht in innere Konflikte und auch nur eine begrenzte Änderung der Persönlichkeit.

Symptome werden in der Regel als neurotische Kompromissbildung (▶ Kap. 3.3, Exkurs 4: »Was ist ein neurotischer Kompromiss?«) verstanden, in die beide Teile eines inneren Konfliktes eingegangen sind: Wunsch und Abwehr desselben. Konflikte, die im Hier und Jetzt Symptome bilden, werden im tiefenpsychologischen Sinne meist als Reaktualisierungen von Grundkonflikten aus der kindlichen Entwicklung verstanden.

Die therapeutische Praxis wird ausführlich in Kapitel 5.1 beschrieben.

Ohne an dieser Stelle dem ganzen Spektrum der tiefenpsychologisch geprägten Therapien gerecht werden zu können, sollen noch zwei Methoden erwähnt werden, die in den letzten Jahrzehnten für eine nachhaltige kreative Bereicherung des tiefenpsychologischen Spektrums gesorgt haben.

Katathym-Imaginative Psychotherapie (KIP)

Die Katathym-Imaginative Psychotherapie (KIP) wurde von Hanscarl Leuner (1919–1996) begründet. Das Verfahren nutzt induzierte Tagträume der Patienten als Material der therapeutischen Arbeit. Der bequem sitzende oder auf einer Couch liegende Patient wird aufgefordert, ein bestimmtes Motiv vor dem inneren Auge wachwerden zu lassen und dieses dem Therapeuten mitzuteilen. Das Motiv wird dabei sozusagen Projektionsleinwand der inneren Welt des Patienten. Weil die KIP mit einer beschränkten Anzahl immer wieder verwendeter Grundmotive arbeitet, tritt das jeweils Eigene eines Patienten umso deutlicher gegenüber anderen Ausgestaltungen hervor.

Die meisten Menschen sind in der Lage, sehr plastische, farbige und lebendige »Filme« zu erleben, die, mit wenig Unterstützung des Therapeuten, mit zu ihrer psychischen Situation passenden Tieren und Fantasiegeschöpfen angereichert werden. Im »Nähren und Versöhnen«, auf das der Therapeut unaufdringlich hinarbeitet, kann es zu einem Annehmen bisher abgelehnter eigener Anteile kommen. Auf diese Weise hat die KIP nicht nur diagnostischen Wert, sondern auch therapeutischen.

Wer sich intensiver mit der Katathym-Imaginativen Therapie beschäftigt hat, wird es geradezu lieben, wenn Patienten Träume mitbringen – er fühlt sich in der symbolreichen Bilderwelt zu Hause.

Psychodrama

Das Psychodrama stammt von dem österreichischen Arzt Jacob L. Moreno (1890–1974); es handelt sich um eine Form der Gruppenpsychotherapie. Im Psychodrama spielt in der Regel ein Gruppenmitglied als Protagonist seine eigene Thematik in der Gruppe. Dabei übernimmt der Therapeut Hilfs-Ich-Funktionen, Gruppenmitglieder stellen Beziehungspartner des täglichen Lebens oder der Vergangenheit dar. Alle Anwesenden versuchen, sich empathisch in den Protagonisten einzufühlen und ihm anschließend

Rückmeldungen zu geben. Nicht selten kommt es zu kathartischen Erlebnissen beim Spiel, fast immer öffnet sich neuer kreativer Freiraum zur Gestaltung des eigenen Lebens, der den Spielenden vorher nicht bewusst war.

7.4 Verhaltenstherapie

Die heutige Verhaltenstherapie (VT) umfasst zahlreiche verschiedene Ansätze in der Psychotherapie. Allen gemeinsam sind vor allem zwei Merkmale:

- Verhalten wird als Ergebnis von Lernvorgängen gesehen (als »konditioniert«). So kann gestörtes oder dysfunktionales Verhalten folgerichtig durch weitere Lernvorgänge geändert oder gelöscht werden.
- Therapie wird als Hilfe zur Selbsthilfe gesehen. In einer offenen Kooperation mit klaren Aufgabenbestimmungen soll der Patient zunehmend in die Lage kommen, eine bewusste Selbststeuerung im bisher problematischen Bereich zu übernehmen. Voraussetzung dazu ist, dass er ein einleuchtendes Verstehensmodell und geeignete Methoden vermittelt bekommt.

Die heutige Verhaltenstherapie wird von ihren wissenschaftlichen Vertretern weniger auf bestimmte Konzepte und Techniken festgelegt, sondern eher als prinzipieller methodischer Standpunkt gesehen. Sie gilt sozusagen als therapeutische Anwendung der gesamten experimentellen Psychologie.

In den 1950er-Jahren tauchte zum ersten Mal der Begriff Verhaltenstherapie in einer amerikanischen Veröffentlichung von Lindsley, Skinner und Salomon (1953) auf. Ebenso entstanden in Südafrika (Wolpe, Lazarus) und England (Shapiro, Eysenck) Zentren verhaltenstherapeutischer Forschung.

In der frühen Verhaltenstherapie standen ausschließlich die beobachtbaren Ereignisse im Zentrum des Interesses: Umweltreize und offenes Verhalten. Der Einbezug von Bewusstseinsprozessen wurde als unwissenschaftlich – da nicht objektivierbar – abgelehnt. Innere Vorgänge seien eine »black box«, über die keine objektiven Informationen möglich, aber auch nicht nötig seien. Damit nahm die frühe Verhaltenstherapie eine bewusst diametrale Gegenposition zur bis dahin die Psychotherapie beherrschenden Psychoanalyse ein. Grundpfeiler waren die Lerntheorien, insbesondere zwei Arten des Lernens: das klassische und das operante Konditionieren:

- *Klassisches Konditionieren* bedeutet, dass ein Individuum eine Reaktion an einen (beliebigen) erlernten Reiz koppelt. Diese Form des Lernens hatte zuerst der Nobelpreisträger Iwan P. Pawlow beschrieben. In seinen Experimenten bekamen Hunde Nahrung und gleichzeitig ließ er sie jedes Mal einen Glockenton hören. Nach mehreren Wiederholungen ließ er die Hunde nun allein den Glockenton hören und konnte beobachten, dass die Hunde jetzt allein darauf mit Speichelfluss reagierten. Bald ließ sich zeigen, dass sich auch bei Menschen Reaktionen an eigentlich bedeutungslose Reize koppeln lassen.

- *Operantes Konditionieren* (instrumentelles Konditionieren, Lernen am Erfolg) beruht darauf, dass Individuen bisherige Reaktionen durch erfolgreichere austauschen, wenn sie dazu eine Möglichkeit sehen. Das kann gefördert werden durch eine Belohnung (positiver Verstärker) und das Weglassen von negativen Situationsmerkmalen (negativer Verstärker). Umgekehrt kann theoretisch unerwünschtes Verhalten bestraft werden, um es zum Verschwinden zu bringen. Das wurde in der frühen Verhaltenstherapie auch tatsächlich versucht, ist aber glücklicherweise seit Langem aus ethischen Gründen tabu.

Dysfunktionales Verhalten kann vor allem dadurch »gelöscht« werden, dass es nicht mehr positiv verstärkt wird. Sehr oft verschaffen sich Menschen z. B. durch ein bestimmtes wiederholtes Verhalten Aufmerksamkeit, die ihnen langfristig aber mehr schadet als nützt. Ein kleiner Junge verwendet vielleicht in provokativer Weise Schimpfworte oder eine ältere Frau klagt ständig über diverse Krankheiten. Oft holen sich die Betreffenden auf diese Weise (nur) negative Aufmerksamkeit, weil diese leichter zu bekommen ist. In einer Therapie unterstützt Nichtbeachtung, gerade wenn das unerwünschte Verhalten gezeigt wird, einen Änderungsprozess. Immer ist es aber auch notwendig, dass es parallel ein Angebot gibt, wo sich der Betreffende auf einem guten, sozial verträglichen oder erwünschten Weg sein Ziel zumindest teilweise erreichen kann (in diesem Fall Zuwendung). Ein konstruktives Verhalten wird damit positiv verstärkt.

Noch in den 1960er-Jahren wurde das »Soziale Lernen« als weitere wichtige Form der Aneignung von Verhaltensmustern entdeckt. Wer sich bei anderen funktionierende Methoden abguckt und übernimmt, der spart sich allerhand Misserfolge und Zeit. Direkte Nachahmung überspringt sozusagen die sonst nötigen Konditionierungsprozesse.

Schon bald wurde in der verhaltenstherapeutischen Forschung klar, dass auch innere Zustände einen wesentlichen Einfluss auf Verhalten haben. In den 1960er-Jahren führte die Entwicklung der kognitiven Verhaltenstherapie zu einem Paradigmenwechsel (»kognitive Wende«). Kognitionen (also Gedanken, Meinungen usw.) wurden als wesentlich für Emotionen, Motivationen und äußeres Verhalten erkannt. Nicht was mir »objektiv« begegnet, ist wesentlich, sondern wie ich es wahrnehme und was ich darüber denke. Ich verhalte mich passend zu meinen Kognitionen.

Albert Ellis mit der »Rational-emotiven Therapie«(Ellis u. Grieger 1979) und Aaron T. Beck mit der von ihm entwickelten »Kognitiven Therapie« (Beck u. Greenberg 1979) waren hier Vorreiter. Ellis legte den Schwerpunkt auf die Beeinflussung durch irrationale Glaubenssätze (»Jeder muss mich mögen«), während Beck mehr logische Denkfehler betonte (z. B. Alles-oder-Nichts-Denken: »Ich mache alles falsch!«). Er entwickelte seine Methode vor allem für die Arbeit mit Depressiven.

Um eine Störung auf lerntheoretischer Ebene zu verstehen, muss zunächst einmal eine gründliche Analyse der unterschiedlichen Bedingungsfaktoren für das Auftreten durchgeführt werden. Hierfür ist bis heute die grundlegende Formel das Analysemodell von Kanfer und Phillips (1975): S – O – R – K – C

- S bedeutet Stimulus, also der Reiz, der das betrachtete Verhalten auslöste.

- O sind die organischen Faktoren, also die körperliche Ausstattung des Individuums, insbesondere aber auch seine neurophysiologische – z. B. weiß man, dass Borderline-Betroffene (▶ Kap. 8.9) eine überdurchschnittliche emotionale Reaktivität zeigen.

- R steht für Reaktion, im körperlichen, kognitiven und verhaltensbezogenen Bereich,

- K für Kontingenz, womit der Zusammenhang zwischen Verhalten und den darauf folgenden Konsequenzen gemeint ist und

- C für Konsequenzen (engl. consequences), die sowohl negativ wie positiv ausfallen können.

Dieses Bedingungsgefüge für eine konkrete Störung verstanden zu haben, ist Grundlage für jede sinnvolle Intervention auf lerntheoretischer Grundlage.

So wichtig der Schritt zur Einbeziehung der Kognitionen in der Verhaltenstherapie war, so blieb doch noch weiterhin ein großes Wirkungsfeld psychischer Vorgänge unbeachtet: das Unbewusste. In der frühen Kognitiven Verhaltenstherapie wurde versucht, Patienten von der Irrationalität oder der mangelnden Logik ihrer Denkweisen zu überzeugen. Ein beliebtes therapeutisches Werkzeug war der »sokratische Dialog«. Wie der Philosoph Sokrates seine Gesprächspartner durch einfache Fragen davon überzeugte, ein Thema noch zu wenig durchdacht zu haben, so hilft der Therapeut dem Patienten im sokratischen Dialog, selbst die Fehler in seinem Gedankengebäude zu finden. Diese Art des therapeutischen Arbeitens ist auch heute noch keineswegs überholt. Es ist der beste Weg, Einsichten zu erreichen, weil selbst gefundene Antworten meistens die nachhaltigsten sind.

Nur liegt dort bei vielen Störungen nicht das Problem. Den Betroffenen ist die Irrationalität ihrer Gedanken längst bewusst. Das trifft sowohl auf einen Agoraphobiker zu, der kein Kaufhaus betreten kann, obwohl er weiß, dass das nicht gefährlich ist, als auch auf eine Zwangspatientin, die sehr wohl weiß, dass es nicht sinnvoll ist, sich zwei Stunden zu waschen. Und auch wenn eine solche Irrationalität den Betroffenen nicht von vornherein klar ist, kommen doch die meisten Therapien sehr bald an eine Grenze, wo die Tatsachen klar auf dem Tisch liegen, die Betroffenen aber trotzdem nichts ändern können. Ob es eine Frau ist, die ihrer Chefin trotz aller Einsicht nicht die Meinung sagen mag, oder ein Mann, der sich einfach nicht aufraffen kann, die beruflich notwendigen Berichte zu schreiben, obwohl er eigentlich alle Fähigkeiten dazu hätte. Unbewusste Blockaden machen auf sich aufmerksam.

Hier setzt jetzt die sog. »dritte Welle« der Verhaltenstherapie an. Die darunter zusammengefassten Methoden wurden ab den 1990er-Jahren entwickelt und werden auch als »emotionale Wende« in der Verhaltenstherapie bezeichnet. Gemeinsam ist den genannten Verfahren, dass auf der einen Seite anerkannt wird, dass oft kleine Anlässe wirkmächtige emotionale Vorgänge in Menschen in Gang setzen können. Therapeutischer Ansatz ist jetzt aber, nicht mit diesen direkt zu »diskutieren« (wie im sokratischen Dialog), sondern auf eine Metaebene zu wechseln. Die Betroffenen gewinnen dadurch Distanz und damit die Möglichkeit, sich für ein möglichst sinnvolles Verhalten zu entscheiden. Sie müssen nicht unmittelbar die entstandenen Emotionen aushalten und ausagieren.

Beispiele für dazugehörige Therapierichtungen sind die Schematherapie (Young), als achtsamkeitsbasiertes Verfahren die Mindfulness Based Stress-Reduction (MBSR, Kabat-Zinn) und als störungsspezifische Therapie die Dialektisch-Behaviorale Therapie (DBT, Linehan).

Viele Beispiele für die praktische verhaltenstherapeutische Arbeit finden sich im Kapitel 8.

Als moderner Ansatz, der zahlreiche ältere Theorien und Methoden integriert, soll im Folgenden zum Abschluss dieses Kapitels die Schematherapie dargestellt werden.

7.5   Schematherapie

Die Schematherapie ist ein von dem Amerikaner Jeffrey Young begründetes und von vielen seiner Schüler weiterentwickeltes Verfahren. In dieser noch recht jungen Therapieschule werden Elemente verschiedener Therapien zusammengestellt, u. a. der Verhaltenstherapie, der Tiefenpsychologie, der Transaktionsanalyse und der Gestalttherapie nach Pearls (▸ Kap. 10, Literatur zum Weiterlesen: Roediger 2016 u. 2017; Jacob u. Arntz 2011). Der Ansatz der Schematherapie integriert weitgehend verhaltenstherapeutische und tiefenpsychologische Ansätze, was vor Jahrzehnten noch undenkbar erschien. Eine gewisse Schwäche der Schematherapie ist (noch), dass sie etwas unübersichtliche und nicht unbedingt logische Kataloge an Schemata und Modi aufstellt, was in der praktischen Arbeit aber wenig stört. Mit Schemata – nach diesen heißt die Therapieform – sind grundlegende Muster gemeint, die ein Mensch aus seiner Kindheit mitbringt. Durch bestimmte Auslöser (Trigger) kann solch ein Grundmuster aktiviert werden. Zum Beispiel könnte sich ein Mensch, der als Kleinkind in ein Heim abgeschoben wurde, leicht verlassen und einsam fühlen. Das wäre ein Schema, eine grundlegende Reaktionsbereitschaft (engl. trait). Wenn ein solches altes Schema in der Gegenwart durch irgendein äußeres Ereignis oder auch nur durch Erinnerung berührt wird, löst das ungute Gefühle aus. Der Betreffende reagiert (unbewusst) mit einem verschiedener möglicher Modi (engl. state), um sich besser zu fühlen. So könnte er im Fall des oben genannten Einsamkeitsschemas nach einem Suchtmittel greifen (schematherapeutisch: distanzierter Selbstberuhiger) oder eine Spontanparty veranstalten (Überkompensation) oder sich depressiv zurückziehen (Unterwerfung).

In der Schematherapie wird in Bezug auf den theoretischen Hintergrund sehr offen zusammengearbeitet. In den ersten Stunden wird ein sogenanntes Modusmodell erstellt, auf das in der weiteren Therapie immer wieder Bezug genommen werden kann. In der schematherapeutischen Modellerstellung wird analog zu der in Kapitel 3 dargestellten tiefenpsychologischen Methodik gearbeitet, nur dass das Szenische als Ausdruck von Modi verstanden wird, in denen sich der Patient gerade befindet. Es wird mit ihm geübt, das möglichst schnell auch selbst bemerken und benennen zu können.

In solch einem Modusmodell wird die Grundspannung immer zwischen fordernden oder strafenden »Eltern« auf der einen Seite und dem »verletzbaren Kind« auf der anderen Seite gesehen. Durch irgendeinen Anlass (»Trigger«) ist ein eigentlich kompetenter erwachsener Mensch in den hilflosen (unreif-regressiven) Zustand des verletzbaren Kindes hineinkatapultiert worden. Dieser Zustand ist kaum erträglich, und der Betreffende versucht, auf irgendeine Art möglichst schnell das entstehende Gefühl, hilflos ausgeliefert zu sein, loszuwerden.

Es gibt eine ganze Auswahl an Modi, in die sich ein Mensch in dieser Situation hineinflüchten kann, aber eine konkrete Person sucht doch immer wieder nur in wenigen davon Unterschlupf, hat sozusagen ihre Lieblingsmodi. Diese können deshalb in der weiteren Therapie recht gut identifiziert und immer wieder aufgefunden werden.

Welche Modi sind möglich?

- Kindmodi: Außer dem »verletzbaren Kind« gibt es noch das »wütende Kind« (die Betroffenen schimpfen z.B. in einer emotionalen, unreflektierten und etwas ziellosen Weise vor sich hin) und das »undisziplinierte Kind« (z.B. zu spät kommen, Regeln »vergessen«).
  Bewältigungsmodi:
  - Unterordnender Modus: Wer sich unterwirft, stimmt den vermeintlich Mächtigen gnädig. Der unterordnende Modus ist nicht selten in Ehen und an Arbeitsplätzen zu beobachten.

- Gefühlsvermeidende Modi: distanzierter Beschützer (geht auf Abstand, wirkt misstrauisch, hält andere Personen fern), distanzierter Selbstberuhiger (lenkt ab von Konflikten mit selbstbetäubenden Tätigkeiten: Computer spielen, exzessiv arbeiten, Sucht) und aggressiver Beschützer (greift das Gegenüber an, aber nur, um Freiraum zu gewinnen und z. B. flüchten zu können).
- Überkompensierende Modi: Hier gibt es den Wichtigtuer, den Einschüchterer, den Manipulierer und Trickser, den Zerstörer und den zwanghaften Kontrolleur.

Nach Vermittlung des Grundmodells und der Erstellung eines individuellen Modusmodells können sich Patient und Therapeut im Laufe der Therapie immer schneller darüber verständigen, warum ein bestimmter Modus in einer bestimmten Situation aufgetreten ist. Grundfrage ist dabei: Wo hat sich das verletzbare Kind bedroht gefühlt? Wenn das klar ist, kann danach gefragt werden, was dieses gerade braucht. Und dann, was der »Gesunde Erwachsene« jetzt dafür tun kann, damit das Kind genau das bekommt.

Obwohl dieses Vorgehen recht logisch und einfach wirkt, gibt es doch zwei erhebliche Komplikationen dabei. Zum einen sind oft durch die gewohnten Modi die dahinterstehenden eigentlichen Gefühle fast nicht mehr erlebbar geworden. Bewältigungsmodi entsprechen im Grunde weitgehend den neurotischen Abwehrmechanismen der Tiefenpsychologie. Es sind Mechanismen, die unbewusst dafür eingesetzt werden, alte Wunden weniger zu fühlen, die aber gleichzeitig ihre Heilung verhindern. Es geht in der Therapie also darum, dass die verdrängten Gefühle, die über Jahre die Energie dafür geliefert haben, dass ein Mensch immer in bestimmte Modi geriet, wieder erlebbar werden müssen. Sonst kann nicht ursächlich gearbeitet werden.

Zum anderen ist der »gesunde Erwachsene« am Anfang einer Therapie oft leider eine recht schwache Instanz! In der Auseinandersetzung mit mächtigen Elternintrojekten (»fordernde oder strafende Elternstimmen«) macht er sich umgehend davon und der Betreffende rutscht hilflos in die Position des verletzbaren Kindes. Schnell baut sich irgendein Kompensationsmodus auf, um all die Hilflosigkeit und den Schmerz wieder loszusein.

Für diese beiden Probleme bietet die Schematherapie besondere Instrumente an. Das sind die »Große Imagination« (wo Gefühle der Kindheit absichtlich reaktiviert werden, um dann besser als in der Kindheit mit ihnen umzugehen) und die »Stühlearbeit« (wo die Auseinandersetzung von widersprüchlichen inneren Anteilen mit aller Macht geführt werden kann und der »gesunde Erwachsene« in seine Beschützerfunktion und Verantwortung eingeübt werden kann). Beides führt zu einer spürbaren Intensivierung und Beschleunigung im therapeutischen Prozess. Im Hier und Jetzt auftauchende Emotionen werden dabei dafür genutzt, um wesentlichere alte Gefühle in den Blick zu bekommen und endlich zu regulieren.

Imagination und Stühlearbeit werden in Kapitel 5.2 ausführlich in Beispielen dargestellt.

7.6 Annäherung der Therapieschulen

Vor einigen Jahrzehnten hatten Therapeuten je nach Ausbildungsrichtung oft noch sehr unterschiedliche Vorstellungen darüber, warum ein Mensch eine Störung entwickelt. Verstärkt wurde dieser Effekt dadurch, dass Therapie da-

mals oft mehr als heute von fachlichen Konstrukten geprägt wurde als vom individuellen Erleben des Patienten.
Und manchmal konnten Patienten auch wenig anfangen
mit der »reinen Lehre« einer Schule, die ihnen da angeboten wurde. Aus heutiger Sicht bestand nicht selten die Gefahr, dass sich die Sichtweise einer Störung nicht am Gefühl
des Betroffenen als letzter Instanz orientierte, sondern an
der Theorie, die der Therapeut mitbrachte. Ein Beispiel
wäre der Umgang mit Träumen, wo man zeitweise meinte,
auftretende Symbole direkt übersetzen zu können – ohne
genau hingehört zu haben, was sie gefühlsmäßig für den
Träumenden bedeuten. Insbesondere bei manchen psychoanalytischen Deutungen, die Patienten damals serviert
wurden, waren diese nur noch peinlich berührt. Aus heutiger Sicht würde man sagen: zu Recht. Eine Deutung, die
nicht vom Patienten auch gefühlsmäßig erschlossen ist, ist
manchmal falsch (der Therapeut allein kann es nicht wissen), jedenfalls aber schädlich.

So waren die Therapeuten dann auch nicht ganz un-
schuldig daran, dass in der Bevölkerung allerhand Vorur-
teile gegenüber der Psychotherapie entstanden.

Sehr nett kann man das in dem alten Loriot-Sketch beobachten, wo ein Mann bei der Therapeutin unendlich lange herumdruckst, als er seine Lieblingsfarbe sagen soll. Er
geht davon aus, dass – egal welche Farbe er nennt – die
Therapeutin daraus eine für ihn ungünstige oder peinliche
Schlussfolgerung ziehen wird.

Lange Zeit war es insbesondere ein entscheidender Unterschied, ob man an einen Verhaltenstherapeuten oder an
einen tiefenpsychologisch/psychoanalytisch arbeitenden
Therapeuten geriet, wenn man eine Psychotherapie machen
wollte. Für Patienten war es oft reiner Zufall, welche Schule ihr Therapeut vertrat, in der Praxis bedeutete es aber

völlig unterschiedliches Arbeiten. Der Verhaltenstherapeut (etwas vereinfachend gesagt) coachte Verhaltensänderungen im Hier und Jetzt, die mit Übungen und Hausaufgaben unterstützt wurden. Warum ein Mensch in ein dysfunktionales Handeln hineingeraten war, interessierte dabei wenig. Entsprechend bestand natürlich für Patienten die Gefahr, an anderer Stelle wieder in Symptome zu entwickeln, wenn der Grundkonflikt gar nicht bearbeitet war. Ein tiefenpsychologisch/psychoanalytisch arbeitender Therapeut dagegen vernachlässigte – entsprechend Freuds Empfehlung – das Symptom erst einmal großzügig. Außerdem ließ er gelegentlich wochenlang negative Übertragungen (▸ Kap. 3.3) im Raum stehen, um den Therapieprozess zur Reife zu bringen, was für den Patienten bedeutete, dass er über lange Strecken ungute Gefühle auszuhalten hatte, ohne zu wissen warum. Letztlich verstand ein Patient dann auf lange Sicht tatsächlich viel über seinen speziellen Entwicklungsweg, bekam aber auch in zeitaufwändigen Therapien oft wenig Hilfe für den Alltag.

Oft näherten sich mit zunehmender Berufserfahrung Therapeuten beider Schulen in ihrem praktischen Vorgehen einander an, weil sie selbst die Defizite ihrer Therapierichtung wahrnahmen. Das konnte auch in Studien gezeigt werden.

Glücklicherweise haben sich beide Richtungen in der Zwischenzeit auch theoretisch einander angenähert. In der Tiefenpsychologie ist es u. a. das Verdienst der »Göttinger Schule«, je nach Bedarf auch unterstützende Signale in die Therapie einbringen zu können wie Hilfs-Ich-Funktionen oder Modelle (Heigl-Evers u. Ott 1994; Streeck u. Leichsenring 2014). Auch die Verhaltenstherapie hat sich insgesamt stark weiterentwickelt. Nachdem zuerst die Kognitionen (das, was ein Mensch denkt, bevor und während er handelt) ins Blickfeld geraten waren, folgten die Emotionen (die Gefühle, die zum Handeln motivieren) – und woher diese Emotionen kommen. Die sogenannte Dritte Welle der Verhaltenstherapie interessiert sich jetzt auch für die Vorgeschichte und die Kindheitserfahrungen eines Menschen. Eine starke Annäherung hat stattgefunden.

In mancher Hinsicht einen glücklichen Kompromiss bildet die moderne Schematherapie. Diese zählt sich offiziell zur Verhaltenstherapie (in Deutschland muss sich ein Therapeut bis heute noch zwischen den zugelassenen Verfahren entscheiden), bildet aber in vieler Hinsicht ein integratives Mittelfeld zwischen beiden Richtungen, wie wir in Kapitel 7.5 gesehen haben.

8 Spezielle Störungsbilder

8.1 Allgemeines

Im Wesentlichen und in den meisten Fällen bedeutet Erfolg versprechende Therapie genau das, was in diesem Buch bisher behandelt wurde. Verstrickungen und Einengungen aus der Vergangenheit bekommen über »Wiederbelebung« biografischer Szenen ein Gesicht. Menschen erleben Emotionen (v. a. Schmerz und Wut) und gewinnen daraus die Kraft, bedrängenden und einengenden Introjekten endlich Grenzen zu setzen. Sie lernen, als jetzige Erwachsene endlich das Kind zu schützen, das sie früher einmal waren. Sie bemerken, wie bestimmte Erinnerungsreize sie bis jetzt immer wieder in kindliche Gefühlszustände versetzt haben (Regression), meist Angst oder Hilflosigkeit, manchmal aber auch destruktive Wutanfälle, und können sich bewusst dagegen wehren. In der Folge müssen (und dürfen) sie sich weiter daran gewöhnen, freundlich mit sich umzugehen, besser auf sich zu achten und nötige Grenzen zu setzen.

Diese Linie spielt in fast allen Psychotherapien eine wichtige Rolle. Trotzdem gibt es, je nach Symptomatik und Störungsbild, oft auch besondere Erfordernisse in der Therapie. Neben der therapeutischen Arbeit an der Psychodynamik, an den alten Schemata, die im Hier und Jetzt ein Symptom erzeugen, ist auch die Beschäftigung mit den Symptomen selbst wichtig.

Alles bisher Gesagte untermauert ja eher den generellen Vorschlag Sigmund Freuds, in einer Psychotherapie »das Symptom großzügig zu vernachlässigen«. Tatsächlich wird über das konkrete Symptom nur selten die eigentliche Ursache dafür zugänglich werden, dass ein Mensch diese Störung entwickelt hat. Hier führt kein Weg an der biografischen Anamnese als wichtigem Standbein der psychotherapeutischen Erkenntnis (▶ Kap. 3) vorbei. Und es führt auch kein Weg an dem Nachholen liegengebliebener Entwicklungsaufgaben vorbei.

Bis hierher könnte man sozusagen eine »allgemeine Psychotherapie« postulieren mit der Aufgabe, symptomunabhängig Verstrickungen und Einengungen der Vergangenheit zu lösen. Aber gleichzeitig gilt: Symptome verselbstständigen sich, wenn sie eine Weile bestehen. Diese Aussage gilt leider praktisch generell. Und damit bekommen Symptome einen Eigenwert. Was ursprünglich »Warnlampe« für einen tiefer liegenden Konflikt war, oft auch diesen Konflikt symbolisiert ausdrückte, wird zum eigenen Problem.

Wenn ein Mensch über einige Zeit bestimmte angstauslösende Situationen vermieden hat, wenn er ein Suchtverhalten aufgebaut hat, generell: wenn er bestimmte ersatzweise »Überlebenstechniken« geübt hat, während er andere vernachlässigt hat, dann hat das sehr schnell Auswirkungen. Sein Organismus »optimiert« sich sozusagen für Leistungen, die er öfter erbringen muss.

Es beginnt im Gehirn: Da vernetzen sich Nervenzellen, bilden Synapsen, mit jedem Mal mehr, und zwar genau da, wo sie auf eine bestimmte Weise miteinander arbeiten müssen. So entstehen aus Gewohnheiten auf Dauer richtige »Datenautobahnen« im Gehirn. Immer leichter und immer häufiger rutscht eine elektrische Erregung, die ursprünglich vielleicht noch gar nichts mit dem gewohnten Verhalten zu tun hatte, doch wieder auf diese gut ausgebaute Strecke. Ob es bedeutet, unter Stress unbedingt eine Zigarette rauchen zu müssen, sich in sozialen Situationen ängstlich zurückzuziehen, nach frustrierenden Erlebnissen zu essen oder was auch immer. Mit bildgebenden Verfahren ist es heute nicht selten möglich, Trainingseffekte als echte Volumenzunahme in bestimmten Hirnregionen zu messen.

Bei gewohnten Verhaltensweisen ist das aber nur ein Aspekt. Der ganze Körper ist einbezogen. Ob das ein verschobener Enzymstoffwechsel durch ein Suchtverhalten ist (der sich dann in Entzugserscheinungen äußert), ob es eine erhöhte Säureproduktion im Magen, eine verstärkte Darmperistaltik oder eine verkrampfte Nackenmuskulatur ist. Sehr oft führen diese Störungen dann zu weiteren, oft ernsthaften Folgeerscheinungen.

Symptome gehören also auch in die Psychotherapie. Sie haben Eigenwert. Deshalb möchte ich in diesem Kapitel verschiedene wichtige Störungsbilder vorstellen und Hinweise auf entsprechende therapeutische Strategien geben. Dieser Überblick ist natürlich nicht vollständig, ebenso können die vorgestellten Gesichtspunkte nur skizzenhaft sein. Sie sollen einen Eindruck geben und möchten keinesfalls die zahlreichen guten Lehrbücher, Manuale und Bücher für Betroffene ersetzen, die es zu jeder einzelnen der vorgestellten Störungen gibt.

Weil die Verfestigung von Symptomen in der Regel mit Lernvorgängen zu tun hat, sind hier sehr oft auch auf Lernvorgänge bezogene Therapiestrategien am effektivsten. Damit ist die Ebene der Symptome die Domäne der klassischen Verhaltenstherapie. Der große Vorteil dieser auf Vorgänge des Erlernens und Verlernens (»Löschens«) bezogenen Strategien ist, dass sie meist recht gut in Manualen erfasst werden können, in denen ein konkreter Behandlungsweg oft sehr genau beschrieben ist, und die Wirksamkeit dann im Vergleich zu anderen Therapien, auch früheren verhaltenstherapeutischen Vorgehensweisen, empirisch überprüft werden kann. Das hat in der Zwischenzeit – seit den 1950er-Jahren wurde die Verhaltenstherapie entwickelt – zu einer Kumulation von empirisch abgesichertem Wissen geführt. Unseren Patienten kommt es eindeutig zugute, dass wir inzwischen in vielen Fällen wissen, was man tun sollte und was nicht, was gut hilft und was weniger. Aber auch einschätzen zu können, welche Therapieeffekte bei welcher Störung in etwa zu erwarten sind, kann Erwartungen in ein realistisches Maß bringen.

Nicht weniger ist die Ebene der Symptome aber auch die Domäne der medikamentösen Einwirkungsmöglichkeiten. Davon wird gleich bei den Depressionen die Rede sein. Je nach Störungsbild stehen also neben der aufdeckenden, konfliktbearbeitenden Psychotherapie mehr die Übungsbehandlungen, die Medikamente oder beides im Vordergrund. In Spezialfällen können auch physikalische Maßnahmen wichtig sein.

8.2   Depressionen

Eine Depression ist in ambulanten und stationären Psychotherapien die häufigste Diagnose. Auch wo andere Hauptdiagnosen das Bild bestimmen, wie z.B. eine Angst- oder Zwangserkrankung, liegt sehr oft begleitend eine depressive Verstimmung vor.

Damit ist gemeint, dass die Stimmungslage herabgesetzt ist, die Betroffenen nur noch wenig Antrieb haben, sich schlecht konzentrieren können, sich wenig zutrauen, affektiv weniger erreichbar sind als sonst (nicht »mitschwingen«), hoffnungslos sind und leicht in negative Grübeleien abgleiten.

Bei ausgeprägteren Depressionen können diese Grübelgedanken dann bis zur völligen Verzweiflung gehen, bis zum Gefühl, alles sei hoffnungslos und könne nie mehr besser werden. Bestimmte irrationale Überzeugungen können das Ausmaß eines Wahnes erreichen, z. B. als Verarmungswahn (die Hausschulden niemals abtragen zu können, im Alter nicht versorgt zu sein). Die Betroffenen zeigen keinerlei Initiative mehr, kommen oft gar nicht mehr aus dem Bett und können auch Freunden oder Familienmitgliedern kein Interesse mehr entgegenbringen. Oft herrscht ein quälendes »Gefühl der Gefühllosigkeit« vor, also nicht einmal mehr eine für die Betroffenen fassbare Traurigkeit. Somatische Symptome wie Schlaflosigkeit kommen hinzu. Menschen mit einer solch ausgeprägten Depression müssen auch immer als hoch suizidgefährdet gelten.

Depressionen können sehr unterschiedliche Ursachen haben, und das gilt es in der Behandlung zu berücksichtigen. Es gibt Depressionen, die durch sehr verschiedenartige körperliche Erkrankungen begründet sind. Das kann eine Schilddrüsenunterfunktion (Hypothyreose), ein Hirntumor oder vieles mehr sein. Bei jeder schwereren Depression sollte deshalb immer auch eine organische Diagnostik erfolgen. Wenn sich hier eine Ursache findet, kann durch gezielte Behandlung oft schnell und ausreichend geholfen werden.

Bei den weitaus meisten Depressionen geht es allerdings um die Kombination eines neurophysiologischen und psychischen Geschehens. Bis in die 1990er-Jahre versuchte man, scharf zwischen durch psychische Konflikte ausgelösten Depressionen, den »neurotischen«, und rein neurophysiologisch bedingten, den »endogenen« Depressionen zu unterscheiden. Inzwischen weiß man, dass diese Trennung nicht der Wirklichkeit entspricht. Jede laufende Depression ist von intensiven, bald verselbstständigten neurophysiologischen Vorgängen begleitet. Die Ursachen können allerdings sehr unterschiedlich gelagert sein. Hier reicht das

Spektrum von fast rein durch innere oder äußere Konflikte ausgelösten Depressionen bis hin zu weitestgehend neurophysiologisch ausgelösten Depressionen. Aber es besteht eben ein Kontinuum zwischen diesen beiden Polen. Die meisten Depressionen, mit denen wir es in der Praxis zu tun haben, enthalten Anteile von beiden Auslösern.

Hinweise darauf, dass eine Depression nicht Ausdruck eines Konfliktes, sondern ganz vorwiegend neurophysiologisch zu verstehen ist, sind folgende:

- Phasenhafter Verlauf: In der Vorgeschichte gab es schon mehrere, gut abgrenzbare Phasen, wo die betreffende Person ebenfalls depressiv war. Diagnose wäre: rezidivierende Depression. Vielleicht gab es auch schon eine manische oder hypomanische (weniger ausgeprägt manische) Phase in der Vorgeschichte. Dann wäre die Diagnose: bipolare Störung.
- Schweregrad: Schwere und schwerste Depressionen (»major depression«), wie oben beschrieben, sind nicht oder zumindest nie allein durch innere Konflikte bedingt.
- Fehlende Gründe: Hier kann oft die Familienanamnese helfen. Das Entstehen der Depression wird als »wie aus heiterem Himmel« beschrieben.
- Familiäre Belastung: Auch schon bei Vorfahren und Verwandten gab es Depressionen.
- Morgentief: Am Morgen ist die Verstimmung am schlimmsten, gegen Abend hellt sich die Stimmung spürbar auf.

Aufdeckende und konfliktbearbeitende Psychotherapie ist bei diesen Patienten nicht angezeigt. Sie brauchen vor allem eine baldige und gut überwachte medikamentöse Therapie. Psychotherapie hat hier stützenden Charakter. Es geht zum einen darum, die bestehenden negativen Gedanken und Überzeugungen (Kognitionen) immer wieder und freundlich-beharrlich im Dialog zu lockern. Hier hat sich Aaron Beck (2010) um die Methodik verdient gemacht. Zum anderen geht es aber auch darum, den Genesungsprozess unter medikamentöser Therapie, die Wiederaufnahme von Beziehungen und das wiederaufkeimende Interesse an der Umgebung behutsam zu begleiten und den Patienten zu ermutigen.

Wenn bei der Depression neurophysiologische Ursachen vorwiegen, ist oft Schlafentzug wirksam, immerhin bei ca. drei Viertel der Betroffenen, und außerdem völlig nebenwirkungsfrei. Allerdings braucht es dazu eine therapeutische Umgebung, in der alle Beteiligten wissen, worauf es ankommt. Partieller Schlafentzug (Wecken um 1.00 bis 1.30 Uhr) wirkt ebenso gut wie vollständiger (der Patient schläft die ganze Nacht nicht). Entscheidend ist, dass dann bis zur nächsten Nachtruhe, die auch nicht eher als sonst beginnen sollte, absolut kein Nickerchen gestattet ist. Das gelingt nur bei sehr sorgfältiger Vorinformation der Patienten, die nur dann zu dieser erst einmal anstrengenden Mitarbeit motiviert sind. Sie stellen aber meist erstaunt fest, dass es ihnen trotz der kurzen Nacht am nächsten Tag »irgendwie besser« geht. Dieser Effekt, der nur jeweils für den Folgetag gilt, kann durch eine fachgerechte Schlafphasenverlagerung konserviert werden.

Bei Vorliegen einer saisonalen Depression (Winterdepression) ist eine Lichttherapie jeweils ab Herbst hilfreich. Faustregel: 10.000 Lux, täglich eine halbe Stunde lang, gleich morgens vor dem Frühstück. Und bei rezidivierenden Depressionen sollte immer eine Phasenprophylaxe erfolgen. Heutzutage wird empfohlen, genau das Medikament, das in der letzten Phase geholfen hat, in unveränderter Dosierung weiterzunehmen. Rezidive – mit all ihren negativen psychischen und sozialen Folgen – können so stark verringert werden.

Allgemein gilt: Spätestens bei jeder mittelschweren Depression ist eine medikamentöse Behandlung erforderlich. Ansatzpunkt ist, dass es bei jeder Depression, gleich welche Ursache sie hat, zu Verschiebungen der Neurotransmitterkonzentrationen im Gehirn gekommen ist. Substanzen wie Serotonin oder Dopamin fehlen inzwischen an entscheidender Stelle. Eine Depression erhält und verstärkt sich auf diese Weise nach kurzer Zeit selbst. Eine medikamentöse Therapie hat den Sinn, hier regulatorisch einzugreifen. Interessanterweise konnte nicht nur eine wieder bessere Neurotransmission (Botenstoffübertragung zwischen Nervenzellen) unter Medikation nachgewiesen werden, sondern sogar ein Nachwachsen von Neuronen. Eine Depression entspricht gewissermaßen einer Selbstblockade in bestimmten Hirnbereichen, die Abbauprozesse in Gang setzt. Diese negative Entwicklung kann unter geeigneter Medikation wieder umgekehrt werden.

Ein frühes Eingreifen (medikamentös und psychotherapeutisch) beugt auch dem Aufbau von dysfunktionalen Bahnungen vor. Je länger und öfter Menschen depressiv waren, desto schneller sind sie es auch wieder. Es ist ein ähnliches Phänomen wie bei Schmerzen, wo es ebenfalls darauf ankommt, diese durch frühes Eingreifen nicht chronisch werden zu lassen. Frühe und intensive Hilfe ist deshalb bei Depressionen weit besser als ein vergleichbar intensiver Einsatz in einem späteren Stadium.

Für die Psychotherapie von Depressionen, die vorwiegend durch innere Konflikte begründet sind, gilt ganz wesentlich das, was in den vorigen Kapiteln beschrieben wurde. Es gilt, den zentralen Beziehungskonflikt aufzuspüren und die Betroffenen dabei zu unterstützen, diesen zu lösen. Hier gibt es allerdings bei depressiven Menschen ein häufiges Muster, das ich deshalb an dieser Stelle benennen möchte.

Depressivität kann oft verstanden werden als Wendung von Aggression gegen das eigene Selbst. Bei näherem Kennenlernen dieser Menschen fällt auf, dass sie sich weder im szenischen Raum der Psychotherapie, noch – ihrer Erzählung nach – im sonstigen Leben ausreichend haben vertreten und für sich einsetzen können. Stattdessen erlauben sie anderen, ihre Grenzen zu verletzen und sie für ihre Zwecke zu missbrauchen.

Schaut man in die biografische Geschichte, dann kristallisieren sich bei Depressiven oft zwei Konstellationen heraus:

- *Variante 1:* Wut zu zeigen war hochgefährlich. Vielleicht hatte der Betreffende eine Mutter, die ihn innerlich ablehnte und zudem eine schlechte Impulskontrolle hatte: Bei Widerworten gab es unvermittelt Schläge und massive Wutausbrüche der Mutter. Oder er hatte einen Vater, der im alkoholisierten Zustand zu Gewalt neigte. In solchen Situationen verinnerlicht ein Mensch schnell, dass er unter keinen Umständen eigenen Ärger zeigen darf und sich gerade dann möglichst zurückhalten und zurückziehen muss, wenn andere erste Anzeichen von Ärger spüren lassen. Bei diesen Menschen ist allerdings im Kontakt oft unterschwellige, unterdrückte Aggression spürbar. Ein Beispiel ist Herr B. (▶ Kap. 3.3), der trotz aller vordergründigen Unterwürfigkeit etwas durchaus Aggressiv-Kontrollierendes an sich hat.

- *Variante 2:* Das Leben war früh von gefährdeten Beziehungen geprägt. Vielleicht war die Mutter überfordert und häufig krank, vielleicht wurde das Kind an Großeltern oder in ein Heim abgegeben, vielleicht war das Kind auch unerwünschter »Nachzügler« in einer ohnehin kinderreichen Familie. Hier gibt es zahlreiche Beispiele, wo Menschen ihr Leben lang versuchen, doch wenigstens ein wenig Liebe von anderen, natürlich besonders ihren primären Bezugspersonen abzubekommen. Dass diese Fantasien, für andere oft leicht erkennbar, bei einem erwachsenen Menschen kaum noch etwas mit der Realität zu tun haben, bestätigt deren unreif-neurotischen Charakter.

Außenstehenden erscheint es fast absurd, wie eine erwachsene Tochter z.B. ihre weiterhin übergriffige und undankbare Mutter finanziell oder mit Koch- und Putzdiensten versorgt. Auf der Psychotherapiestation berichtet sie in der Gruppe immerhin in einer Weise davon, dass alle anderen in Wut über diese Mutter geraten.[11] Sie selbst wehrt aber alle Anteilnahmen, Hinweise und Ratschläge ab, weint laut los und schluchzt, sie »können nun einmal nicht anders«.

Menschen, die in dieser irrationalen Hoffnung leben, irgendwann doch noch einmal Liebe zu bekommen, müssen peinlichst vermeiden, diejenigen zu kränken oder abzustoßen, von denen sie immer noch die fantasierte Erfüllung erwarten. Sie geraten in eine innere Zwickmühle. Denn na-

---

11 Hier handelt es sich um ein klassisches »psychosoziales Arrangement«: Es ist natürlich die Wut der Patientin, die sie alle anderen in der Gruppe austragen lässt. Nur sie selbst bleibt in der Rolle der guten Tochter. Gewinn: Sie hat den Genuss, andere einmal auf die »böse Mutter« schimpfen zu hören, bleibt selbst aber mit ihrem Gewissen, ihren strengen Über-Ich-Strukturen im Reinen, weil sie ja weiter zur Mutter steht. Es geht also sozusagen um einen neurotischen Kompromiss unter Einbezug der Gruppe.

türlich frustriert sie jede weitere Enttäuschung, erzeugt Ärger. Und der wächst immer mehr und mehr. Ihr Unbewusstes muss aber unbedingt verhindern, dass dieser Ärger in die immer noch mit Sehnsüchten besetzte Beziehung rutscht. So gibt es nur einen Weg: die Wendung gegen das eigene Selbst. Die Betreffenden behalten den Ärger in sich, der dort sein destruktives Werk tut. Er »frisst sie von innen an«. Sie strafen sich selbst: Verlust der Lebensfreude und der Energie.

In der Therapie ist, wie im Beispiel der Frau und ihrer Mutter oben, auf direktem Wege nichts zu holen. Die Betreffenden sind nicht in der Lage, auf dem Weg der Einsicht über ihre Situation eine direkte Entscheidung für eine angemessene Abgrenzung und Selbstbehauptung zu treffen. Viel zu stark sind die alten Muster eingespurt, viel zu hart ihr als »Gewissen« erlebtes archaisches Über-Ich. Der Weg zu einer Heilung kann nur über die Beschäftigung mit der eigenen Biografie führen.

Wie in Kapitel 5.2 beschreiben, geht es darum, ein Gefühl dafür zu entwickeln, was dem kleinen Mädchen, das die Patientin damals war, von ihrer Mutter angetan wurde. In diesem Fall: was sie damals an doch so dringend notwendiger Zuwendung und Liebe nicht bekommen hat. Hier ist der Punkt, der mit Recht beweint werden muss. Hier liegt der Schmerz, der damals – und heute im Nachempfinden – wirklich und real sehr wehtut. Und hier steckt das Potenzial an angemessener und produktiver Wut, die die jetzige Erwachsene empfinden kann, wenn sie sich die Situation des kleinen Mädchens so plastisch wie möglich vergegenwärtigt. Nur dadurch wird auch der »moralische Irrtum« deutlich, der bisher ihr Leben beherrscht hat. Manchen Patienten fällt es wie Schuppen von den Augen. Nicht die Mutter ist schutzbedürftig, muss geschont und verwöhnt werden. Es ganz anders. Das kleine Mädchen, das sie selbst damals war, hat ihre Liebe, ihren erwachsenen Schutz und ihre aktive Verteidigung verdient! Das ist ihre Lebensaufgabe.

Wenn ein solcher »moralischer Irrtum« in der Therapie besprochen wird, ist es oft hilfreich, wenn der Therapeut diese allzu bekannte moralisierende Sprache des Über-Ich aufgreift – allerdings um eine gut begründete »Gegenmoral« aufzustellen. Den Betroffenen wird die »Feigheit« des bisherigen Lebenskonzeptes offenbar. Anstatt sich um eines eigenen vermeintlichen, völlig unrealistischen Vorteils willen immer noch bei früheren Autoritäten »einzuschleimen«, haben sie die Aufgabe, endlich, endlich wie ein anständiger Erwachsener dem (inneren) Kind in Not zu Hilfe zu eilen.

Ein Therapeut muss natürlich erspüren, welche Art zu sprechen bei einem Patienten »ankommt«, ihn zum Mitschwingen bringt. Aber oft ist es ein hilfreicher Weg, an der richtigen Stelle dieses »moralische Missverständnis« aufzuklären. Viele nehmen solche Formulierungen gern als Anker für die neue Ausrichtung mit in ihr Leben.

Nicht selten bringen depressive Menschen, die sich in Therapie begeben, von vornherein eine Erklärung für ihre Erkrankung mit. Ob es fortgesetzte Demütigungen durch einen schwierigen Chef waren, Überarbeitung, eine Außenbeziehung des Partners in der Vergangenheit, Streit mit der besten Freundin oder der Verlust eines bedeutsamen Menschen vor vielen Jahren. Die Depression erscheint so den Betroffenen und auf den ersten Blick auch den Zuhörern als Trauerreaktion, die bei solch frustrierenden Erlebnissen oder Kränkungen nur folgerichtig ist.

In Therapien entsteht dann oft bald das Gefühl, dass hier etwas nicht zusammenpasst. Entweder ist es die Frage: Warum gibt es so viele Jahre nach diesem Ereignis noch immer eine so heftige Trauer? Oder: Wie kann es sein, dass der Betreffende es so lange in der krankmachenden Situation ausgehalten hat? Oder: Wie konnte ein kleines, doch eher banales Ereignis eine so langanhaltende, heftige Trauerreaktion auslösen?

Sehr bald kommen wir in der Therapie auf diese Weise doch bei der speziellen Lebensgeschichte des Betreffenden an. In vielen Fällen geht es darum, dass das geschilderte Ereignis in der jüngeren Vergangenheit, das der vermeintliche Grund für die depressive Episode ist, in Wirklichkeit nur einen alten Konflikt, eine alte, viel größere Wunde wieder aufgerissen hat. Diese wurde aber bisher über Jahre, meist seit der Kindheit, erfolgreich verdrängt. Das Unbewusste hat sie aus der Wahrnehmung verbannt, weil sie einfach zu schmerzhaft ist. Diese Verdrängung funktioniert immer noch. Dem Betreffenden ist nur die Verletzung im Hier und Jetzt bewusst. Vielleicht wundert er sich selbst, warum ihm das so viel ausmacht und das ganze Leben beeinflusst. Tiefenpsychologisch ausgedrückt: Der zugrunde liegende Konflikt wurde durch das neue Ereignis »reaktualisiert«.

Die »Trauer«, die ein Betroffener erlebt, ist leider keine konstruktive Trauerarbeit. Es ist eher eine Trauer im Leerlauf, ein unproduktives Hamsterrad, in dem er endlos treten kann, ohne weiterzukommen. Denn er trauert an der falschen Stelle – nicht dort, wo der eigentliche Schmerz liegt. In einer Therapie ist es somit Aufgabe, mit dem Betroffenen gemeinsam den Ort seiner eigentlichen Kränkung, seines eigentlichen Schmerzes aufzusuchen. Die so lange verdrängten Gefühle müssen wieder ins Leben zurückdürfen. Heilung ist sonst unmöglich.

Das ist oft ein wirklich schwerer und schmerzhafter Prozess. Es kann sein, dass es in dieser Phase der Therapie den Patienten deutlich schlechter geht als bei Therapieaufnahme. Aber gleichzeitig spüren sie auch, dass es genau richtig ist, was jetzt passiert. Und sie fühlen sich auch gehalten von ihrem Therapeuten oder vom therapeutischen Team. Hier hat eine stationäre Therapie echte Vorteile gegenüber einer ambulanten. Menschen fühlen sich geborgener und können sich eher fallen lassen, d. h.: ihre bisherigen (neurotischen) Schutzmechanismen aufgeben.

Auch hierher gehört das Stichwort Trauer. Nur dass es jetzt um echte, konstruktive Trauerarbeit an der richtigen Stelle geht. Die Betroffenen können jetzt das Tal der Trauer durchschreiten und am anderen Ufer, dem Ufer der Annahme ankommen. Dieser Begriff entstammt den Trauerphasen nach Elisabeth Kübler-Ross (2014) und bildet den versöhnlichen Abschluss eines durchlaufenen Trauerprozesses (Kübler-Ross bezeichnet die Trauerphasen als Nicht-wahrhaben-Wollen, Aggression, Verhandeln, Depression und Annahme; mehr zum Thema Trauer s. Grabe 2013). Entscheidend ist das Loslassen des Verlustes und eine erfolgreiche Neudefinition der eigenen Grenzen, sodass ein Mensch sich wieder als ganz empfinden kann.

Fallbeispiel

Eine junge Frau berichtet, dass sie depressiv geworden sei, weil sie ihrem neuen Chef einfach nichts recht machen kann. Im Gespräch zeigt sich, dass sie zu dessen Vorgänger eine sehr freundliche, fast eine Tochterbeziehung hatte und versuchte, ihm seine Wünsche von den Lippen abzulesen. Auf näheres Nachfragen stellt sich heraus, dass der neue Chef ihr eigentlich kein Unrecht getan hat. Er behandelt sie nur wie alle anderen Mitarbeitenden und hat nicht den Wunsch, sich von ihr in besonderer Weise zuarbeiten zu lassen.

In der biografischen Anamnese schildert sie, wie der Vater, dessen Liebling sie war, plötzlich die Familie verließ. Obwohl sie sich darum bemühte, sah er keine Chance, sie zu sich zu nehmen, und meldete sich nur noch sehr selten.

Obwohl die Therapeutin sofort ahnt, dass hier der eigentliche Grund für ihre Depressivität liegt, braucht es doch einige Zeit in der Therapie, bis das Thema »Vaterverlust« endlich in angemessener Weise mit Gefühlen besetzt werden und konstruktive Trauer beginnen kann. Der Verlust des väterlichen Chefs hatte das Thema reaktualisiert.

Es gibt natürlich auch echte Trauerreaktionen in der Therapie. Wenn vor wenigen Wochen ein krebskrankes Kind einer Patientin gestorben ist, dann ist es richtig und wichtig, dass ein angemessener Trauerprozess stattfindet. In einem solchen Prozess übernimmt das Unbewusste der Trauernden das Steuer. Auch die Trauernde selbst erlebt es nicht als aktiven, kognitiv gesteuerten Prozess. Eher ist es das Gefühl, dass die Trauer selbst es ist, die Rhythmus und Intensität regelt. Wenn sie selbst etwas aktiv beitragen kann, dann ist es, der Trauer den nötigen Raum zu geben, sie zuzulassen, sich ihr zu überlassen. Die Aufgabe eines Therapeuten besteht darin, behutsam zu begleiten, zuzuhören, einen Schutzraum zur Verfügung zu stellen, aber ansonsten auch dem inneren Prozess zu vertrauen. Ein Therapeut hat in diesem Fall eher die Rolle des Trauerbegleiters. Wo es sich anbietet, wird er die Aufgabe übernehmen, auf ausgeblendete konkrete positive Aspekte des Lebens hinzuweisen.

Das Problem aller Trauernden ist, auf das »halb leere Glas« zu starren, sich nur auf den Verlust zu konzentrieren. Es gibt aber auch das »halb volle Glas«. Es gilt, den positiven Aspekten des Lebens eine Chance zu geben, sich wieder, und wenn auch nur für kurze Zeit, ins Blickfeld wagen zu dürfen. Keinesfalls ist hier eine aufdeckende Arbeit wie vorhin beschrieben angezeigt. Falls es konflikthafte Themen gibt, sollte sehr genau hingehört werden, wie weit es

die Trauernde wirklich wünscht, dass diese jetzt schon angegangen werden. Besser ist meistens, das auf später zu ver-
schieben.

8.3 Angsterkrankungen

Angst ist immer ein unangenehmes, oft äußerst unangenehmes und quälendes Gefühl, aber sie ist durchaus nicht per
se eine Krankheit. Angst ist stattdessen ein äußerst wichtiges Warngefühl, das für die Selbsterhaltung essenziell ist
und jedem Menschen täglich unzählige Schwierigkeiten er-
spart. Ob es darum geht, nicht mit zu hoher Geschwindig-
keit in eine Kurve einzufahren (da vermeiden wir meist
schon im Vorfeld Angst, weil wir sie gar nicht bekommen
wollen), oder darum, trotz großer Unlust eine versprochene
Arbeit termingerecht fertigzustellen. Die ansonsten vorher-
sehbaren Konsequenzen lösten dieses innere Warngefühl in
uns aus – und im Nachhinein müssen wir zugeben, dass das
auch gut war.

Eine Besonderheit der Angst ist, dass sie nicht in einem
Teil unserer selbst stattfindet. Bei vielen Störungen, einem
gebrochenen Arm z. B., bleiben wir ansonsten funktionsfä-
hig und können uns mit verschiedensten Themen beschäftigen. Angst dagegen erfasst immer den ganzen Menschen, ein
Mensch ist sozusagen »Angst«. Der ganze Körper ist betroffen, wovon viele sprichwörtliche Beschreibungen von Angst-
äquivalenten zeugen: Da »schnürt es die Kehle zu«, jemand
»hält den Atem an«, bekommt »schreckgeweitete Augen«,
es »zieht jemandem den Boden unter den Füßen weg«.

Neben ihrer lebenswichtigen Funktion als Warn- und
Alarmgefühl kann sich Angst aber auch verselbstständigen
oder den Kontakt zum bewussten Bereich unserer Person

verlieren. Das heißt: unverständlich werden. Die Betroffenen leiden unter dem quälenden Gefühl an sich, ohne die Situation noch auflösen zu können. Sie erleben die Angst »pur«, als eigene Größe, oder aber an Stellen, deren Sinn sie nicht mehr verstehen. Damit ist der Bereich der Angsterkrankungen umrissen.

Zu den Angsterkrankungen gehören
- die speziellen Phobien,
- die soziale Phobie,
- die Panikstörung,
- die Agoraphobie und die
- generalisierte Angststörung.

Allen gemeinsam ist die Angst als Leitsymptom. Diese kann allerdings sehr verschiedenartig ausgeprägt sein. Im Falle der Phobien ist die Angst auf ganz bestimmte Objekte oder Situationen gerichtet, die prinzipiell vermeidbar sind. Bei der Panikstörung tritt sie anfallsweise und heftig auf, ohne dass die Betroffenen das vermeiden könnten und sich einer Ursache bewusst sind, und bei der generalisierten Angststörung begleitet sie das ganze Leben.

In der frühen Verhaltenstherapie glaubte man, alle Angststörungen auf Lernerfahrungen zurückführen zu können. Inzwischen weiß man, dass nur in den wenigsten Fällen ein äußeres angstauslösendes Ereignis als Ursache der Störung fassbar ist. So gibt es zwar vereinzelte Fallgeschichten, wo z. B. eine Person in ihrer Kindheit von einem Hund angefallen wurde und seitdem eine Hundephobie entwickelt hat. In den meisten Fällen ist solch ein Ereignis aber schlichtweg nicht nachweisbar.

Vor den Verhaltenstherapeuten haben die Psychoanalytiker versucht, die verschiedenen Phobien als Ausdruck jeweils spezifischer psychosexueller Entwicklungsstörungen zu deuten, oft mit Symbolcharakter, aber auch das war aus heutiger Sicht oft wenig erhellend.

Man geht heute davon aus, dass die Entstehung von Ängsten multifaktoriell ist, dass organische (insbesondere eine genetisch mitbedingte höhere Erregungsbereitschaft), psychodynamische und lerngeschichtliche Ursachen zusammenwirken.

Mit dem Störungsbild einer Phobie sind irrationale Ängste vor Begegnungen mit einem gefürchteten Objekt oder einer gefürchteten Situation gemeint. Geringfügige phobische Ängste – wie z. B. Angst vor Spinnen oder eine mäßige Höhenangst – sind weit verbreitet. Die Betroffenen erachten es aber meist nicht der Mühe wert, solche Probleme therapeutisch anzugehen. Das hat vor allem den Grund, dass diese Situationen entweder gut vermeidbar sind oder die Betroffenen ein soziales Schutzsystem eingerichtet haben. Es gibt einen »Ritter« in der Familie, der die Spinne entsorgt, und die ganze Interaktion stärkt die Beziehung. Phobien von Krankheitswert haben aber immerhin 5 bis 10 % der Bevölkerung. Damit sind Phobien bei Frauen absolut gesehen die häufigste psychische Störung. Bei den Männern werden sie leider noch durch den Alkoholismus überholt.

Menschen können sehr viele verschiedene spezielle Phobien entwickeln. Dazu gehören Höhenangst, Flugangst, Ängste vor ganz verschiedenen Tierarten, Angst vor Blut, Angst vor engen Räumen (Klaustrophobie) und vieles mehr. In der ICD, der internationalen Diagnoseklassifikation, werden die Agoraphobie (Angst vor öffentlichen Räumen mit vielen unbekannten Menschen) und die soziale Phobie (Angst, sich in einer Gruppe von Personen zu blamieren) gesondert aufgeführt.

Ein eigenes Krankheitsbild ist auch die Panikstörung, auch wenn sie oft mit Phobien, speziell der Agoraphobie verbunden ist. Von einer Panikstörung betroffen sind etwa 2 % der Bevölkerung, also auch eine sehr große Gruppe. Hier erleiden Menschen Anfälle von sehr starker Angst (oft akute Todesangst), meist ohne dass sie sich eines Auslösers bewusst wären. Nicht selten wird der Notarztwagen gerufen, viele Panikpatienten haben schon mehrere Aufnahmen auf einer Intensivstation hinter sich.

Bei der generalisierten Angststörung (abgekürzt GAS, betroffen ca. 4 % der Bevölkerung!) ist das ganze Leben von Angst gekennzeichnet. Diese tritt allerdings in der Regel nicht so akut in Erscheinung wie bei einem Phobiker, der mit dem gefürchteten Objekt konfrontiert wird, oder einer Panikattacke, sondern zeigt sich eher in wechselnd ausgeprägten Sorgen. Einem äußeren Beobachter erscheint es so, als ob sich die Betroffenen fast zufällig irgendwelche äußeren Situationen suchen, die sie unter einem bestimmten, oft sehr speziellen Aspekt gefährlich finden können, und dann darüber unfroh und sorgenvoll nachgrübeln. Bei Müttern mit Kindern bieten diese eine unerschöpfliche Quelle für Ängste, insbesondere vor Unfällen, bei Männern geht es neben der Familie oft um den Verlust des Arbeitsplatzes. Für Familienangehörige wird diese Störung auf längere Sicht äußerst anstrengend, nicht zuletzt, weil die Betroffenen oft sehr anklammernd sind.

Auch wenn Angststörungen erst kurze Zeit bestanden haben, haben sie sich bereits als sich selbst erhaltendes System verselbstständigt. Das liegt daran, dass Betroffene der gefürchteten Situation ausweichen, soweit irgend möglich. Haben sie es geschafft, mit irgendeinem Trick die gefürchtete Situation zu umgehen, dann werten sie das unbewusst als weiterer Beleg dafür, dass sie diesmal gerade noch davongekommen sind, es aber katastrophal geendet hätte, wenn sie nicht hätten ausweichen können.

Durch Vermeidung werden Ängste größer und größer. Betroffene sind ständig mit der »Angst vor der Angst« unterwegs. Jede gelungene Vermeidung wirkt wieder als Beleg für die Gefährlichkeit der Situation. Meist sind Phobikern ihre Ängste auch peinlich vor anderen, sodass sie oft ganz allein sind mit ihrem Leid. Hinzu kommt noch, dass sie – um ihre irrationale Angst zu vertuschen – manchmal ein kompliziertes Lügengeflecht um sich aufbauen. Es muss ein Ersatzgrund gefunden werden, warum man eine Einladung bei einem Freund nicht annehmen kann – obwohl der dort lebende Hund der eigentliche Grund ist. Oder bei Flugangst muss die Familie davon überzeugt werden, dass das mit dem Auto erreichbare Ziel doch viel attraktiver sei. Betroffene geraten mit diesem Verstecken immer tiefer in die innere Einsamkeit und nehmen sich selbst jede Chance für entlastende Gespräche.

Bei Ängsten sind Übungsbehandlungen essenziell. Üben heißt Exposition, also Konfrontation mit der gefürchteten Situation, sodass endlich der Kreislauf der sich selbst verstärkenden Vermeidung durchbrochen wird. Wenn Angstpatienten auf eine Psychotherapiestation kommen, lernen sie schnell zwei Dinge. Erstens, dass sie nicht allein sind mit ihren Symptomen. Fast immer sind noch ein bis zwei weitere Menschen da, die auch mit Ängsten zu tun haben. Und dann lernen sie, dass man Angst nur besiegen kann, wenn man mitten durch sie hindurchgeht. Wir drücken das mit Absicht Betroffenen gegenüber oft ein bisschen heroisch aus.

Im Einzelnen sieht das so aus: Wir erfragen, ob die Angst in einer besonderen Situation entstanden ist, wie lange sie besteht, ob sie in der Intensität zu- oder abgenommen hat und ob sie sich ausgeweitet hat. Leider neigen Ängste dazu, auch andere Bereiche zu besetzen als den ursprünglichen. Und dann stellen wir für die vorhandenen Angstbereiche eine Hierarchie auf. Weil ja nur der Patient wissen kann, was ihm mehr Angst macht und was etwas weniger, darf er verschiedene Situationen benennen und mit dem »Angstthermometer« (von 0 bis 100) einordnen.

Das Übungsprogramm ist eine Expositionsbehandlung (auch »Konfrontationsbehandlung«) und läuft so ab, dass über zwei bis drei Wochen für jeden Werktag eine Übung festgesetzt wird, und zwar geordnet von leicht nach schwer. Ziel ist, dass ein Betroffener so lange in der angstbesetzten Situation aushält, bis er selbst merkt, dass die Angst und die Anspannung spürbar nachlassen. Und er stellt regelmäßig fest: Es ist eigentlich nichts Schlimmes passiert. Wenn es um Höhenangst geht: »Ich sitze immer noch heil im angenehm temperierten Raum hier vor dem Buch mit den Gebirgsbildern – und es ist wirklich nichts passiert.« Nun reicht es aber nicht, diese Erfahrung einmal zu machen, sondern sie muss »in gesteigerter Dosis« noch öfter wiederholt werden. Es ist ähnlich wie die Hyposensibilisierungsbehandlung bei einem Allergiker. Die Übungen werden in aller Regel allein durchgeführt. Das ist deshalb wichtig, weil Angstpatienten sich gern und blitzschnell – ohne es bewusst zu wollen – mentale Schutzkonstruktionen errichten. Eine Übung ist dann praktisch unwirksam. So könnte ein Patient mit Agoraphobie, dessen größter Horror eigentlich ist, am Samstag in einen überfüllten Supermarkt zu gehen, dieses ganz gut über die Bühne bringen, wenn ihn sein Therapeut begleitet. Schützende Kognition: »Mir kann ja nichts passieren, weil mein Therapeut Arzt ist. Selbst wenn ich bewusstlos umfalle, würde er mich sofort reanimieren. Er hat jetzt zwar schon lange als Psychotherapeut gearbeitet, aber davor hat er schließlich ein reguläres Medizinstudium abgeschlossen.« Falls der begleitende Therapeut Psychologe ist, hat der Patient vielleicht gesehen, dass dieser sein Handy eingesteckt hat. Die Schutzkognition könnte jetzt sein: »Ich habe genau gesehen, dass er sein Handy dabei hat. Er würde sofort 112 anrufen, wenn etwas passiert.« In beiden Fällen würde er den Therapeuten nichts von diesen heimlichen Sicherheiten sagen. Er möchte den Schutz nämlich nicht gefährden.

Angstpatienten sind die geborenen Vermeider. Sie tun alles, um ihre eigenen Übungen zu sabotieren, großenteils natürlich unbewusst. Erfolg bringt nur: ganz allein, immer wieder, unbestechliche Kontrolle. Über jede Übung muss nach einem bestimmten Raster Buch geführt werden, damit sie im Anschluss mit dem Therapeuten besprochen werden kann.

Es gibt manchmal Fälle, wo solch eine Phobie unter Exposition geradezu ins Gegenteil umschlägt. Das kann z. B. der Fall sein bei Hundephobien. Extrembeispiel war eine Patientin, die von Kindheit an eine massive Angst vor Hunden hatte. Schon nach zwei Tagen lag sie mit einem großen Hund auf dem Teppich und schmuste mit ihm herum. Sie bat uns, Fotos für ihren Mann zu machen. »Das glaubt der mir nie!« Dass so etwas möglich ist, scheint an dem diesen Tieren eigenen Charme zu liegen, auch an ihren freundlichen Bindungsmöglichkeiten, die schnell wirksam werden, wenn man sich darauf einlässt.

In anderen Bereichen geht es oft nur um »asymptotische« Annäherungen an ein Ideal: Bei einer Höhenangst z. B. darf als voller Erfolg gelten, wenn der Betreffende die bisher gemiedene Außentreppe mit Gitterstufen benutzen kann, auch wenn er weiter oben immer noch ein mulmiges Gefühl dabei hat. Ebenso ist es bei einer Flugangst oder einer Agoraphobie. Es geht darum, dass die Betreffenden überhaupt wieder fliegen oder allein in den Supermarkt gehen können.

Zentraler Gesichtspunkt ist, dass die Angst das Leben der Betroffenen nicht mehr deformieren darf.

Im Laufe der Zeit ist weitere Besserung zu erwarten, wenn die Betroffenen nicht wieder anfangen zu vermeiden. Ein Patient konnte bei Abschluss der Therapie viel mit folgendem Bild anfangen: In Bezug auf seine Angst solle er sich verhalten wie ein aggressiver kleiner Ritter im Mittelalter. Wenn in Zukunft irgendwo wieder eine Angst auftauche, solle er unverzüglich und aktiv darauf zugehen und den Kampf suchen.

Natürlich sind die alten Vermeidungsstrategien nach jahrelanger Nutzung im Gehirn sehr komfortabel verschaltet. Die Neuronen kooperieren hier, wie gesagt, als »Datenautobahnen«. Ohne bewusstes und aktives Gegensteuern ist ein Patient schneller wieder auf dieser Spur, als er denken kann.

Es ist ähnlich wie bei den »Stimmen im Kopf« im vorigen Abschnitt. Ohne Nachzudenken werden Patienten diesen doch wieder gehorchen. Es geht hier ebenfalls um ein tief eingespurtes Muster, das auch materiell durch neuronale Verschaltungen vorhanden ist. Nur immer wieder in den inneren Abstand zu gehen, das Muster zu erkennen, vor sich selbst zu benennen und die Entscheidung zu treffen, ihm nicht mehr gehorchen zu wollen, bringt Änderung. Erst dann kann und darf der »gesunde Erwachsene« Lösungen suchen und handeln.

Bei Panikstörungen ist die Strategie etwas anders, denn es gibt hier ja auf den ersten Blick gar kein gefürchtetes Objekt. Die Panik scheint oft »aus heiterem Himmel« zu kommen. Am hilfreichsten für Betroffene ist hier, wenn ihnen gleich zu Beginn der Therapie der »Angstkreis« (oder Angstzyklus) erklärt wird. In der Regel geht es in einer Panikattacke um das Gefühl, einen Herz-Kreislauf-Zusammenbruch zu erleiden, keine Luft mehr zu bekommen und hilflos sterben zu müssen. In dieses Gefühl steigern sich Betroffene blitzschnell und maximal hinein. Eine Panikattacke ist vom Gefühl her ähnlich schlimm wie ein echter Herzinfarkt.

Und hier lässt sich jetzt bei genauem Hinsehen ausmachen, dass es in der Regel eben doch einen Anlass gab. Es ist meist eine minimale, eigentlich völlig unwichtige, körperliche Veränderung. Vielleicht ist der Betreffende schnell eine Treppe hinaufgelaufen und stellt oben angekommen plötzlich (zunächst ganz nebenbei) fest, dass sein Herz spürbar schlägt. Indem er das spürt, durchzuckt ihn die Angst: »Ist vielleicht mit meinem Herz etwas nicht in Ordnung? Ich spüre es doch sonst nicht?« Die für einen Augenblick noch moderate Angst bewirkt aber schon einen Adrenalinausstoß, der die Atmung (etwas) beschleunigt und auch den Herzschlag. Der Betroffene interpretiert das katastrophal: »Jetzt geht es los. Ich bekomme einen Herzinfarkt!« Diese Interpretation »drückt« jetzt allerdings richtig auf die Nebennierenrinden (die das Adrenalin ausstoßen). Das Herz rast, ihm wird schwindelig, die Panik schießt hoch. Er kann nur noch seiner Partnerin signalisieren, dass diese sofort den Notarztwagen rufen soll. Viele Patienten überatmen auch, was durch den verminderten CO_2-Gehalt im Blut schnell zu weiteren Symptomen wie Kribbelparästhesien und Schwindel führt.

Panikattacken können auch anders beginnen. So interpretierte einmal ein Patient das unscharfe Sehen katastrophal, weil er eine falsche Brille aufgesetzt hatte. Vieles mehr kommt in Frage. Gleich ist aber: Die katastrophisierende Interpretation minimaler körperlicher Veränderungen setzt in der Regel den Angstkreis in Gang, und dieser dreht sich dann immer schneller.

Es geht darum, dass der Patient hier vor allem das Prinzip versteht, um dem Ablauf nicht ausgeliefert zu sein, aber auch Methodik in die Hand bekommt, sich bewusst gerade in solchen Momenten zu entspannen. Sehr oft steht die Panikstörung im Zusammenhang mit einer Agoraphobie, dann muss in der Therapie vor allem bei dieser angesetzt werden. Die größte Angst der Betroffenen ist dann, in einem öffentlichen Raum, z. B. im Warenhaus, hilflos und ohnmächtig herumzuliegen und nicht zu wissen, was die »fremden Menschen« dort mit ihnen machen.

In der Regel stellen wir in stationären Therapien fest, dass es bei den meisten Angststörungen trotz aller Verselbstständigung der Symptome einen durchaus noch fassbaren psychodynamischen Hintergrund gibt. Die Symptomatik hat sehr oft aus psychodynamischen Gründen begonnen, und für den Betroffenen hat sie bis jetzt immerhin den Wert, dass sie ein deutliches Alarmsignal ist, ein Indikator dafür, dass nicht alles stimmt. Und das ihm auch den Zugang zu einer Behandlung öffnet. Ein tiefenpsychologischer (oder schematherapeutischer) Zugang zu diesen Störungen hat den großen Vorteil, dass über die Symptomreduktion einer Übungsbehandlung hinaus neuer Freiraum für das Leben erobert werden kann. Es geht nicht nur »so gerade eben« wieder, sondern Menschen haben die Chance, energiezehrende innere Konflikte endlich einmal weitgehend loszuwerden.

Generell ist auf tiefenpsychologischer Ebene zwischen zwei verschiedenen Entstehungsmodellen zu unterscheiden: dem Konfliktmodell und dem Defizitmodell.

Die heutige tiefenpsychologische Erklärung der meisten speziellen Phobien geht vom Konfliktmodell aus. Ein Mensch ist in einen intrapsychischen Konflikt geraten. Im Wesentlichen geht es um aggressive und sexuelle Regungen.

Diese auszuleben ist ihm aber aufgrund seiner Sozialisation in bestimmten Situationen verboten. Wo sie trotzdem zu sehr andrängen, erzeugt das Angst. Der eigentliche Anlass für die Angst, nämlich der Kampf zwischen dem unbewusst andrängenden Wunsch des Betreffenden (z. B. seinen verhassten Chef zu verprügeln oder seiner attraktiven Kollegin gegenüber übergriffig zu werden) und seinem »Über-Ich«, seinen verinnerlichten Ge- und Verboten, kann vom Unbewussten der Wahrnehmung verborgen werden. Erlebt wird aber das aufkommende Gefühl der Angst. Dieses braucht eine Plausibilisierung – jeder Mensch mit Angst sieht sich nach einer Ursache um. Und da ist es dann manchmal weitgehend Zufall, was dem Betroffenen gerade ins Auge fällt, in welcher Umgebung er sich gerade befindet usw. Die Angst wird auf sich anbietende äußere Objekte verschoben (zu Verschiebung ▶ Kap. 2, Exkurs 1: »Die kreative Vielfalt der Abwehrmechanismen«). Der Gewinn für Betroffene dabei liegt auf der Hand: Diese äußeren Objekte können vermieden werden. Von dieser Vermeidung ist fortan der Alltag eines Phobikers geprägt.

Oft geht es bei der Objektwahl, verhaltenstherapeutisch gesehen, um eine zufällige Kopplung im Sinne klassischer Konditionierung. Manchmal symbolisieren diese äußeren Objekte durchaus etwas von dem inneren Konflikt (z. B. Höhenangst die Auseinandersetzung mit einem übertriebenen Leistungsanspruch), oft aber auch nicht. Jedenfalls kann nie von der Art einer Phobie auf die Ursache rückgeschlossen werden. Im Prinzip kann jeder innere Konflikt auf jedes phobisch besetzte Objekt verschoben werden. Für Betroffene wird aber in einer fortschreitenden Therapie oft evident, dass ihr Symptom auch einen Symbolgehalt besitzt.

In der Therapie muss es dann um die andrängenden unerlaubten Antriebe und Wünsche gehen. In einem gewährend-ermutigenden Klima gelingt es Menschen oft bald, mehr von ihren Bedürfnissen wahrzunehmen und sich einzugestehen. Insbesondere Aggressionshemmungen werden in einem Psychotherapiesetting oft anderen viel schneller deutlich als dem Betroffenen selbst. Wenn dann Gefühle und Wünsche benannt werden können, sind allerdings auch verbietende Elternintrojekte (»Stimmen im Kopf«) auf dem Plan. Es gilt, sich mit diesen auseinanderzusetzen und sie in ihre Schranken zu weisen (▸ Kap. 5.2). Erst danach ist der Weg frei, über erwachsene Lösungen nachzudenken. Natürlich wäre es im Beispiel oben kein erwachsener Weg, den Chef zu verprügeln. Aber es gäbe die Möglichkeit, sich deutlich gegenüber einer unrealistischen Überforderung abzugrenzen, den Chef um einen sachlichen Ton zu bitten, eine Gehaltsforderung klar zu vertreten oder auch, notfalls, zu kündigen. Und im Falle der netten Kollegin wäre es möglicherweise eine gute Idee, sie einmal zum Essen in ein Lokal einzuladen und damit der Beziehung auf offener und erwachsener Ebene eine Chance zu geben, sich zu entwickeln.

Der zweite psychodynamische Erklärungsweg, das Defizitmodell, geht davon aus, dass die Ängste aufgrund von Bindungsdefiziten entstanden sind, auf der Grundlage unsicherer Bindungserfahrungen in der Kindheit. Ein Mensch, der Beziehungen immer als unsicher und gefährdet erlebt hat, vielleicht sehr viel dafür getan hat, diese Beziehungen trotzdem irgendwie zu halten, den treffen Verluste besonders schwer und lösen existenzielle Ängste aus.

Insofern geht es bei den Ängsten in diesem Modells gar nicht so sehr um die Angst vor bestimmten Objekten (auf die die Angst verschoben wurde), sondern um Verlustangst, die Angst vor dem Verlust oder der Unerreichbarkeit von Bezugspersonen. John Bowlby hat deshalb auch von »Pseudophobien« gesprochen. Das trifft insbesondere auf die Agoraphobie und die Generalisierte Angststörung zu. Sehr oft steht das Auftreten einer Agoraphobie im Zusammenhang mit dem Verlust wichtiger Bezugspersonen, wie Eltern oder haltgebender Partner. Hier ist beides wichtig: die Übungsbehandlung (bis sich der Betreffende wieder selbstständig an öffentlichen Orten mit vielen Menschen bewegen kann) und die Arbeit an den frühen Bindungserfahrungen. Wie sind die Eltern mit dem Betreffenden umgegangen? Gab es frühe Verlust- oder Verlassenheitserlebnisse, die jetzt reaktualisiert wurden? Was hat der Betreffende alles versucht, um Beziehungsverluste in seinem Leben zu vermeiden?

Als nächster Schritt ist wichtig, die jetzt vorhandenen Ressourcen in den Blick zu bekommen. Welche stabilen Beziehungen gibt es weiterhin im Leben des Betroffenen? Was könnte er tun, um diese stärker zu aktivieren? Und am wichtigsten: Wie könnte er sich selbst, dem kleinen verletzbaren Kind in sich, in Zukunft besser Aufmerksamkeit und Schutz geben?

Schon bei der Agoraphobie ist der Gewinn des neurotischen Symptoms, der Öffentlichkeitsangst, nur noch recht gering. Wer überall in der Öffentlichkeit Angst vor Panikattacken und körperlichen Katastrophen hat, kann schließlich nur noch zu Hause bleiben. Das ist tatsächlich das Los vieler Agoraphobiker gewesen, die zu uns in die Klinik kamen. Immerhin, zu Hause, in der Gesellschaft von kompetent erlebten Bezugspersonen, fühlten sie sich sicher.

Bei der generalisierten Angststörung ist der »Gewinn« durch das Symptom noch kleiner. Betroffene haben schließlich fast ständig Angst. Hier geht man von einer zugrunde liegenden ständigen Angst vor dem Selbstverlust aus. Es sind Menschen, die keine ausreichend stabilen Ich-Strukturen haben aufbauen können. Sie erleben sich als brüchig und gefährdet, und der einzige Symptomgewinn, den sie haben, ist, dass sie diese Angst äußeren Situationen zuordnen können (ob es Sorgen um Familienangehörige oder die eigene Gesundheit sind). Über diese Dinge können Sie immerhin mit anderen sprechen und dabei ihre Angst zeigen.

In der Therapie ist es deshalb kein gangbarer Weg, Betroffene von der Irrationalität ihrer Sorgen zu überzeugen. Sie würden gleich zwei neue entwickeln. Stattdessen geht es darum, innere Sicherheit zu vermitteln, das Ich zu stärken. Ein Therapeut wird hier über lange Strecken der Therapie als Halt und Schutz gebende zuverlässige Elternfigur gebraucht. Aus dieser Ersatzbindung heraus können dann kleine Autonomieschritte gewagt werden. Die Therapie einer generalisierten Angststörung braucht von daher eine lange Begleitung und wird auch nur in kleinen Schritten – parallel zur besseren Integration der Ich-Struktur – vorankommen.

Ein günstiger Effekt von Übungsbehandlungen ist, dass sie oft schnellen Erfolg bringen. Wenn eine Frau vielleicht schon jahrelang nicht mehr allein einkaufen konnte, immer den Ehemann oder die Tochter schicken musste, dann ist es für sie fast eine Wunderheilung, wenn sie nach zweieinhalb Wochen Übungsbehandlung wieder allein im Supermarkt steht. Solch ein Erfolgserlebnis stärkt ungemein das Selbstwertgefühl und beflügelt natürlich auch die weitere Therapie, wo vielleicht noch Abgrenzungs- oder Durchsetzungsaufgaben auf sie warten. Insofern kann die Therapie von Angststörungen als ein Bereich gelten, wo verhaltenstherapeutische und tiefenpsychologische Ansätze besonders gewinnbringend zusammenarbeiten.

8.4 Zwänge

Zwangserkrankungen bieten in der Regel eine bizarre, für Außenstehende nicht nachvollziehbare Symptomatik. Das ist auch Betroffenen bewusst, und so versuchen sie, so viel wie möglich davon für sich zu behalten und zu verstecken. Das belastet ihr Leben natürlich zusätzlich. Zwangskranke kommen oft erst in Therapie, wenn sie schon eine mittelschwere Depression entwickelt haben.

Die Symptome sind zum einen Zwangshandlungen. Dazu gehören insbesondere

- Kontrollzwänge (ob die Haustür auch wirklich abgeschlossen ist, der Herd ausgeschaltet ist, das Fenster geschlossen wurde),
- Waschzwänge (Betroffene können nicht selten stundenlang im Bad zubringen unter immensem Verbrauch von Seife, Duschgel oder Toilettenpapier, was ihren Alltag prägt und stark deformiert),
- Ordnungszwänge (alles in eine ganz bestimmte, unabänderliche Ordnung bringen zu müssen) und
- Berührzwänge (z. B. auf Zwischenräume von Gehwegplatten treten zu müssen oder gerade das zu vermeiden).

Hinter den Kontrollzwängen stehen ständige Zweifel, ob man denn nun alles richtig gemacht habe. Die Möglichkeit, etwas vergessen haben zu können, wird katastrophisiert: Der nicht ausgeschaltete Fernseher könnte Feuer fangen und das ganze Haus in Brand setzen, durch das geöffnete Fenster könnten Einbrecher eindringen. Nach solchen Gedanken kehrt ein Betroffener dann noch ein fünftes Mal in die Wohnung zurück, um auch ganz sicher zu sein. (Er ist es auch danach nicht.)

Waschzwänge werden in der Regel von Infektionsängsten gespeist. Oft sind es auch bestimmte Krankheiten (heutzutage oft AIDS), die Betroffene befürchten, ohne dass es dafür einen rationalen Anhaltspunkt gäbe.

Der andere wichtige Symptombereich sind die Zwangsgedanken. Zu etwa 70 % treten sie mit Zwangshandlungen gemeinsam auf. Zwangsgedanken können in verschiedene Hauptrichtungen gehen:

- Zweifeln: Habe ich bei der und der Gelegenheit alles richtig gemacht/richtig entschieden? Habe ich auf der Heimfahrt mit dem Auto eventuell jemanden angefahren?
- Impulse: Ein Betroffener fühlt einen inneren Drang, jemanden zu verletzen, zu schlagen oder an besonders unpassender Stelle Obszönitäten oder Flüche zu rufen. Diese Symptomatik kann bis zum quälenden Impuls gehen, die eigenen kleinen Kinder ermorden zu müssen.
- Vorstellungen/Bilder: Immer wieder muss sich der Betreffende lebhaft für ihn äußerst unangenehme Bilder vorstellen wie schreckliche Verkehrsunfälle. (Deutlich davon abzugrenzen sind die Intrusionen bei der Posttraumatischen Belastungsstörung, die auf real erlebten Bildern beruhen.)
- Zählzwang und rituelle Wiederholungen: Gegenstände im Alltag müssen gezählt werden, Gedanken müssen in bestimmter Abfolge ständig wiederholt werden.

Der wichtigste Punkt im Erstkontakt mit Betroffenen ist fast immer, zunächst die Peinlichkeit aus der Situation zu nehmen. Hier sind sachliche Informationen darüber hilfreich, dass die beschriebenen Ängste, Vermeidungsstrategien und Impulse Ausdruck einer bekannten Störung sind, unter der viele Menschen leiden (mehr als 2 % der Bevölkerung entwickeln in mindestens einer Phase ihres Lebens ausgeprägte Zwänge).

Gerade in Bezug auf Zwangsgedanken braucht es freundliche Ermutigung, diese einmal in ihrer ganzen Ausprägung zu erzählen. Es muss deutlich werden, dass es in der Therapie nicht um ein weiteres Kontroll- oder gar Bestrafungssetting geht, sondern um eine echte und herausfordernde Zusammenarbeit unter Erwachsenen, die nur mit gemeinsamer Anstrengung Erfolg haben kann. Hier ist es wirklich von Vorteil, wenn der Therapeut bereits genug Erfahrung und Ausbildung mitbringt, um nicht von berichteten aggressiven oder sexuellen Impulsen geschockt zu sein. Das ließe sich nicht verbergen und der Betroffene würde sich in seinen Befürchtungen bestätigt sehen. Stattdessen ist die Erfahrung wichtig, dass die manchmal heftige Symptomatik als solche für sich stehen bleiben darf (ob das nun konkrete Mord- oder Vergewaltigungsimpulse sind oder die Realität einer völlig vermüllten Wohnung zu Hause) und Betroffener und Therapeut trotzdem auf gleichwertiger Ebene ein Arbeitsbündnis schließen können, um diese gemeinsam definierte Misere anzugehen.

Ein typischer Anfängerfehler ist, die peinlich getönte Vermeidung eines Betroffenen mit zu agieren (»Da mochte ich nicht so genau nachfragen.«). Der Betroffene wird durch dieses Mit-Vermeiden in seiner Auffassung bestärkt (dass sein Verhalten entsetzlich peinlich oder verwerflich sei). Eine zielführende Therapie ist ausgeschlossen, wenn nicht gerade die vom Betroffenen als am schwierigsten erlebten Symptome ins Blickfeld rücken und offen besprochen werden können.

Zu einem solchen Arbeitsbündnis mit einem Zwangserkrankten gehört auch eine unmissverständliche Information darüber, dass die Therapie äußerst anstrengend werde.

Nur wer sich darauf einlassen wolle, genau das zu tun, wovor er bisher die größte Angst hatte, der könne profitieren.

Immerhin ist sehr vielen Zwangspatienten die Irrationalität ihrer Handlungen und Gedanken bewusst, oft wehren sie sich auch bis zu einem gewissen Grade dagegen, machen aber immer wieder die Erfahrung, dass »der Zwang stärker ist«.

Generell gelten Zwangsstörungen als langwierig und schwer zu behandeln. Viele Therapeuten nehmen Betroffene gar nicht an. Im Spektrum der psychosomatischen Krankheitsbilder gelten die Zwänge als die am stärksten genetisch bzw. organisch bedingten Störungen, sodass psychodynamische Gründe nur bedingt für die Symptommanifestation verantwortlich gemacht werden können. Ebenfalls gibt es die Erfahrung, dass ausgeprägte Zwänge manchmal (selten) in eine Psychose aus dem schizophrenen Formenkreis abgleiten. Der Zwang war damit die letzte Abwehrlinie vor dem Zusammenbruch der Ich-Struktur.

Glücklicherweise machen wir in der Klinik oft ganz andere Erfahrungen. Vielen unserer Zwangspatienten kann schon in diesen etwa acht Wochen erheblich geholfen werden, auch wenn immer eine ambulante Therapie folgen muss. Voraussetzung ist das geschilderte Arbeitsbündnis, das bewusst geschlossen werden sollte. Die Therapie hat in der Regel drei Bestandteile:

- Verhaltenstherapeutische Übungen
- Verstehende Zugänge aufgrund psychodynamischer Zusammenhänge
- Medikamente

Die wesentlichen Elemente der verhaltenstherapeutischen Behandlung sind Konfrontation und Reaktionsverhinderung. Konfrontation bezieht sich auf angstbesetzte Handlungen. Was bisher vermieden wurde, soll gerade getan werden. Beispiele: zu lernen, eine Türklinke anzufassen (was jahrelang mit allen Mitteln aufgrund von Infektionsängsten vermieden wurde) oder ein Fenster offen stehen zu lassen bei Verlassen des Raumes.

Reaktionsverhinderung bezieht sich auf alle Zwangshandlungen, die bisher die Angst gesenkt haben (Säubern, Rituale, Kontrolle usw.). Zum Beispiel den Herd nur einmal bewusst auszuschalten und dann die Wohnung zu verlassen – ohne kontrollierend zurückkehren zu dürfen. Oder das morgendliche Waschritual auf eine halbe Stunde zu begrenzen, koste es was es wolle.

In der Reaktionsverhinderung kommt es darauf an, dass diese so lange durchgehalten wird, bis die Betroffenen selbst merken, dass ihre Anspannung auch ohne Ritual wieder deutlich abgesunken ist. Beim nächsten Mal haben sie dann schon etwas mehr Vertrauen und erwarten nicht mehr ganz so stark die Katastrophe, wenn sie ihrem Zwang nicht nachkommen. Bewährtes Bild: Es gehe darum, den »Zwangsdrachen« auszuhungern. Jedes Mal, wenn er mit Nachgeben gefüttert werde, werde er wieder stärker.

Zwangspatienten müssen lernen, dass es nicht möglich ist, das Leben unter vollständiger Kontrolle zu haben. Stattdessen gilt es, sich kognitiv und emotional mit der Erkenntnis anzufreunden, dass alle Menschen mit einem gewissen Grad an Unsicherheit leben müssen. Im Laufe einer gelingenden Therapie machen Betroffene die Erfahrung, dass es sich mit kleinen mitlaufenden Risiken viel angenehmer leben lässt als mit ständigen Grübeleien oder Ritualen.

Bei Zwangs*gedanken* ist die Reaktionsverhinderung oft schwerer in den Griff zu bekommen. Hier hängt der Erfolg besonders stark von der Motivation des Betroffenen ab. Eine bewährte Methode ist hier der »Gedankenstopp«.

Dieser dient dazu, schon in Gang gekommene Grübel-schleifen oder ritualisierte Gedanken abzubrechen. Um das zu üben, bittet der Therapeut den Patienten, sich absicht-lich in eine der altbekannten Grübelschleifen hineinzubege-ben. Plötzlich, unangekündigt, schlägt er dann heftig die Hand auf den Tisch und ruft laut »Stopp«. Der verschreck-te Patient stellt fest: Er hat jetzt tatsächlich gerade abrupt mit dem Grübeln aufhören können. Dann wird geübt, die Methode »in seinen Besitz« übergehen zu lassen, auch mit dem Ziel, auf die Dauer subtilere Stopp-Methoden zu fin-den (wie sich mit einem Gummiband am Handgelenk zu flipsen und dazu »Stopp« zu denken; schließlich nur ein »lautes Stopp« zu denken). Nach dem Stopp ist es wichtig, dass »gesunde« Alternativen bereitstehen, mit denen sich der Patient dann statt der gewohnten Rituale beschäftigen kann. Es sollte also vorher eine Auswahl an konstruktiven Alternativthemen erarbeitet werden.

Allerdings muss sehr darauf geachtet werden, dass der Gedankenstopp nur dann angewendet wird, wenn es um die bekannten, endlosen neutralisierenden Gedankenschlei-fen und Rituale geht (z.B. zwanghaftes Mitzählen der Trep-penstufen). Gedankenstopp also nur im Sinne der Reak-tionsverhinderung. Dass das in Therapien manchmal nicht sauber auseinandergehalten wurde, hat den an sich nützli-chen Gedankenstopp in der Forschung zeitweise etwas in Misskredit gebracht. Die angsterhöhenden Zwangsgedan-ken und Impulse (»Ich werde mein Kind töten«) sollen nämlich gerade nicht verhindert werden. Hier ist Konfron-tation angesagt. Betroffene müssen lernen, absichtlich »hinzuschauen«, sich in Zusammenarbeit mit ihrem Thera-peuten und immer wieder allein an diese Gedanken zu ge-wöhnen (Habituation) und zu merken, wie die Anspan-nung auch ohne die Flucht in kurzzeitig angstmindernde gedankliche Rituale zurückgeht. Das Prinzip der Aufrechterhaltung von Zwangsgedanken ist im Grunde der Erhaltung einer Angstsymptomatik (▸ Kap. 8.3) sehr ähnlich: Indem Betroffene vor dem gefürchteten Gedankeninhalt oder Gedankenimpuls so schnell wie möglich in ein Gedankenritual flüchten, beweisen sie sich jedes Mal, dass sich die Bedrohung ins Uferlose gesteigert hätte, wenn sie nicht ganz schnell Gegenmaßnahmen ergriffen hätten. Diese Überzeugung und damit das Symptom festigen sich bei jeder Flucht. Ebenso wie bei Angsterkrankungen besteht der Therapieweg im Gegenteil: Konfrontation und Aushalten, bis die Spannung nachlässt.

Der zweite Bestandteil der Therapie, der psychodynamische Gesichtspunkt, drängt sich oft geradezu auf. Viele Zwänge haben eine deutliche Symbolik. Nur gilt hier wie generell für tiefenpsychologische Zugänge: Es reicht nie, vom Symptom her auf einen Zusammenhang zu schließen, sondern ein psychodynamisches Modell muss aus der Passung von frühkindlicher Geschichte, aktuellen Konflikten und szenischem Material (»Dreieck der Einsicht« ▸ Kap. 3) erstellt werden. Hier wird dann allerdings oft deutlich, dass der Zwang in seiner Form eine verschlüsselte Botschaft enthält. Zum Beispiel hat ein Waschzwang oft mit Über-Ich-Konflikten zu tun, stellt also einen symbolischen Versuch der »Reinwaschung« dar, der aber nicht erfolgreich sein kann. Dient er doch der Vermeidung der eigentlich notwendigen Auseinandersetzung mit strafenden Eltern-Introjekten.

Bei Zwangsgedanken ist oft eindeutig festzustellen, wie diese getönt sind. In der Regel entweder aggressiv oder sexuell. Oft lassen sich Zusammenhänge gut und für den Betroffenen einleuchtend herstellen. Bei aggressiven Zwangsgedanken könnte es um Autoritätskonflikte gehen,

Eifersuchtsthemen oder vieles mehr, bei sexuellen Zwangsgedanken oft um die Auseinandersetzung mit Versuchungs-
Versagungs-Situationen und dahinterstehenden verbieten-
den Eltern-Introjekten.

In vielen Fällen kommt es zu einer guten Ergänzung des
verhaltenstherapeutischen und tiefenpsychologischen An-
satzes, wobei in keinem Fall einer der beiden verzichtbar
wäre. Bei einem lang eingeschliffenen Verhalten geht es
nicht ohne explizite Umlernprozesse – so wie andererseits
das Unschädlichmachen des bisherigen verborgenen psychodynamischen Störherdes enorm wichtig für die weitere
Entwicklung eines Menschen ist.

Insbesondere dort, wo eine Depressivität vorliegt (bei
den meisten der klinischen Zwangspatienten), empfehlen
wir auch eine antidepressive Behandlung. In Bezug auf die
Depressivität wirkt diese sich in der Regel schnell aus (in ein
bis zwei Wochen), in Bezug auf die Zwänge weiß man aber
aus Studien, dass ein Wirkungseintritt erst nach vielen Wochen erfolgt und dann auch nur eine graduelle Symptombes-
serung erreicht wird. Trotzdem, der Effekt ist statistisch
eindeutig nachgewiesen, sodass die Einnahme eines ne-
benwirkungsarmen Antidepressivums (z. B. aus der Klasse
der Serotonin-Wiederaufnahme-Hemmer) nach heutiger
Kenntnis als weiterer Therapiebaustein zu empfehlen ist.

Es gibt allerdings auch Zwangspatienten, wo sich wenig
bewegt. Gründe können zunächst Mängel der Therapie
sein. Dazu gehören: kein klares Therapiebündnis zu Beginn; ein mitvermeidender Therapeut (was leider nicht selten vorkommt), weshalb das, was der Patient als »das
eigentlich Schlimme« empfindet, gar nicht zur Sprache
kommt; dass eines der beiden Standbeine (symptombezoge-
nes Übungsprogramm und Arbeit an der Psychodynamik)
aus Zeit- oder Kompetenzgründen vernachlässigt wird. Es

gibt aber auch patientenbezogene Gründe. So kann es sein, dass eine ausgeprägte Zwangssymptomatik tatsächlich die letzte Abwehrlinie vor einer Psychose ist. Oft gibt es Anzeichen für eine brüchige Ich-Struktur, sodass hier im besten Fall gar nicht versucht wird, in der dargestellten Weise zu arbeiten, sondern stützend zu therapieren und medikamentös zu stabilisieren.

Es soll auch nicht verschwiegen werden, dass es manchmal zähe Verläufe gibt, wo nur sehr langsame Fortschritte möglich sind.

Und es gibt gelegentlich auch den kontrollierenden Patienten, der mit Absicht Inhalte seiner Zwangssymptomatik zurückhält und – wenn auch auf neurotisch-kompensatorische Weise – genießt, dass er seine Therapeuten damit kontrolliert, dass er ihnen nur dosiert Informationen gibt. Hier kann, so lange der Leidensdruck nicht stärker wird, nur ein Pseudo-Therapiebündnis zustande kommen.

Insgesamt empfinden wir aber jeden neuen Zwangspatienten auf der Station als lohnende Herausforderung, weil wir wissen, dass wir in den meisten Fällen helfen können.

8.5   Essstörungen

Unter dem Begriff der Essstörungen sind drei recht verschiedene Krankheitsbilder zusammengefasst. Es sind die Anorexie, die Bulimie und die Esssucht (Binge-Eating-Disorder).

Anorexie

Die Anorexie kommt ganz überwiegend bei Mädchen und Frauen im Jugend- oder Junge-Erwachsenen-Alter vor. Betroffen sind 1 bis 2 % im Alter von 15 bis 25 Jahren. Der

Männeranteil ist in den letzten Jahren gestiegen und liegt zurzeit bei etwa 10 %. Leitsymptom ist der unbezwingbare Wunsch, abzunehmen. Gleichgültig, wie mager Anorektikerinnen vielleicht anderen vorkommen, sie selbst meinen, sie seien immer noch zu dick. Es besteht eine Wahrnehmungsstörung in Bezug auf den eigenen Körper, die sich mit fortschreitender Krankheit auch auf andere Lebensbereiche ausdehnen kann. Die heute meist verwendete Gewichtsgrenze ist ein Body-Mass-Index (BMI) unter 17,5 (Body-Mass-Index: Körpergewicht in Kilogramm geteilt durch das Quadrat der Körpergröße in Meter).

Es gibt bei den Anorexien den sogenannten restriktiven Typ, der schlicht auf das Essen verzichten kann und schließlich auch kaum noch Hunger empfindet – und den aktiven, bulimischen Typ. Hier spielt sich mehr Kampf um das Abnehmen ab. Es gibt Essanfälle, die dann wieder gefolgt sind von besonders rigorosem Fasten, exzessivem Sport oder Erbrechen. Anorektikerinnen sind oft ausgesprochen geschickt darin geworden, durch Kleidung zu kaschieren, wie mager sie wirklich sind.

Irgendwann nehmen die hungerbedingten körperlichen Probleme überhand: Herzrhythmusstörungen, Wassereinlagerungen, Untergang von Nierengewebe, Muskelschwäche, Müdigkeit und Unkonzentriertheit sowie epileptische Anfälle. Auch die Menstruation bleibt aus. Die Anorexie hat immer noch mit die höchste Sterblichkeitsrate im psychiatrischen Fachgebiet: etwa 10 %!

Das Symptom der Magersucht besteht zum einen aus einer Übernahme des Schlankheitsideals. Zum anderen besteht es aber auch aus einem aktiven Rückzug aus der »Gefahrenzone« des Erwachsenwerdens, hat also auch eine deutlich kämpferische Komponente. Im Symptom kann z. B. über lange Zeit wirkungsvoll verhindert werden, weibliche Körperformen zu entwickeln, und auch die Regelblutung werden die Betroffenen wieder los.

Hat sich die Symptomatik erst einmal manifestiert und ist sie in der Familie aufgefallen, entsteht ein Teufelskreis, den eine Familie oder auch ein Freundeskreis aus eigener Kraft meist nicht wieder gelöst bekommt. Die Betroffenen stellen nämlich fest, wie stark sie auf einmal ihr Umfeld kontrollieren können, wie viel Zuwendung sie auf einmal bekommen. Dabei ist es fast gleich, ob Bezugspersonen gut zureden oder schimpfen. Es ist für Betroffene allemal ein besseres Gefühl als vorher, wo sie vielleicht von der Mutter dominiert oder vom Vater kaum beachtet wurden.

Lerntheoretisch gesehen verstärkt jede Art von Zuwendung das Verhalten immer weiter. Betroffene fühlen sich auch mental überlegen, weil sie schließlich Herrin über ihr Essen sind. Sie verachten all die »Fettwänste« in ihrer Umgebung, die ständig »fressen« müssen (dazu gehören praktisch alle). Gibt es Probleme, welcher Art auch immer, z. B. in der Schule, wird gar keine andere Lösung mehr versucht als weiteres Hungern, das zum vermeintlichen Universalschlüssel geworden ist.

Bei fortgeschrittener Magersucht kann nur ein Wechsel in einen ganz anderen, völlig anders funktionierenden Bezugsrahmen Änderung schaffen: die stationäre Aufnahme auf einer Essstörungsstation.

Allerdings geht es nicht ohne Motivation. Oft sind es körperliche Erschöpfung, wiederholte Ohnmachten, manchmal auch die Konfrontation durch den Hausarzt mit katastrophalen Laborwerten, was Menschen in eine Therapie bringt. Trotzdem bleibt die Motivation bei Anorektikerinnen bis weit in die Heilung hinein immer hoch ambivalent. Wir legen deshalb großes Gewicht auf ein Vorgespräch, wo wir die Therapiebedingungen klar besprechen und vor allem den Aspekt, dass sie, wenn sie auf den bisherigen »Universalschlüssel« des Hungerns verzichten, all die negativen Gefühle, die sie damit bisher bekämpft haben, in vollem Maße werden aushalten müssen. Das Therapieziel ist Gewichtszunahme und konstruktiver Umgang mit den bisher unterdrückten negativen Gefühlen. Allerdings bieten wir auch unsere verlässliche Unterstützung bei diesem schwierigen Prozess an, was wir später einhalten.

Auf der Station gibt es einen klar definierten verhaltenstherapeutischen Rahmen. Dazu gehört eine dreiwöchige Kontaktsperre zu Beginn (kein Kontakt zu Angehörigen und Freunden), das Führen eines Esstagebuches, Teilnahme an psychoedukativen Gruppen über Essstörungen und wöchentliches Wiegen. Ein Therapievertrag wird abgeschlossen, in dem u. a. die Teilnahme an allen Mahlzeiten einschließlich Aufessen der selbst bestellten Portionen vereinbart wird. Wichtiger Bestandteil ist ein Stufenplan, der am BMI orientiert ist und definiert, ab welchem Gewicht welches Ausmaß an Außenaktivitäten und der Teilnahme an Therapiegruppen möglich ist. Die Realität ist, dass in einem stark abgehungerten Zustand weitere körperliche Aktivität kontraindiziert und gefährlich ist. Ebenfalls sind kognitive Funktionen eingeschränkt, sodass Mitarbeit in zu vielen Gruppen eine Überforderung wäre. Verhaltenstherapeutisch gesehen ergibt dieses Stufenprogramm aber auch eine wirksame Verstärkung (»Belohnung«) der so nötigen Gewichtszunahme.

Innerhalb dieses Rahmens lässt sich dann auch zunehmend aufdeckend arbeiten. Zusammenhänge zwischen Lebenssituation und Auftreten der Symptomatik werden den Patienten deutlich, aber auch die Mechanismen der Erhaltung.

Generell kann bei einer Anorexie stationär nur der Anfang gemacht werden. Es braucht noch eine längerfristige ambulante Anschlussbehandlung, wo immer wieder geübt werden muss, auftretende Konflikte in konstruktiver Weise zu lösen und nicht wieder in das alte Fehlverhalten abzurutschen.

Bulimie

Betroffen sind 2 bis 3 % der Frauen von 20 bis 35 Jahren, der Männeranteil unter den Betroffenen liegt inzwischen bei etwa 15 %. Bei der Bulimie geht es nicht so sehr um den suchtartig verfolgten Wunsch, immer weiter abzunehmen, wie bei der Anorexie, sondern um die ständige Angst vor Gewichtszunahme. Betroffen sind ebenfalls weit überwiegend Frauen, allerdings im Schnitt einige Jahre älter als bei der Anorexie. Ständig beobachten Betroffene ihre Körperformen und machen ihr Selbstwertgefühl weitgehend an Körpergewicht und Figur fest. Immer wieder kommt es, manchmal zweimal am Tag, zu durchbruchsartigen, unbeherrschbaren Anfällen von Heißhunger, während derer die Betroffenen alles in sich hineinstopfen, was gerade in der Nähe ist oder was sie vorher im Supermarkt gekauft haben. Den Anfang der Essattacke erleben Bulimie-Betroffene meist als beglückend, später stopfen sie eher in einer Art Selbsthass noch immer mehr in sich hinein. Gleich anschließend wird die Toilette aufgesucht, wo alles wieder – meist aktiv, mit Finger im Hals – erbrochen wird. Das Erbrechen gibt vielen Betroffenen den eigentlichen »Kick«, ein Befreiungs- und Glücksgefühl, das sie suchtartig immer wieder aufsuchen, obwohl sie sich nachher anklagen und schämen.

Meist wird auch sonst viel für die Schlankheit getan. Das kann exzessiver Sport sein, radikale Diäten, Einnahme von Abführmitteln usw.

Natürlich hat auch die Bulimie negative körperliche Auswirkungen. Durch das häufige Erbrechen kann es zu gefährlichen Elektrolytverschiebungen kommen, die z.B. zu Herzrhythmusstörungen führen können, die Schleimhaut in Speiseröhre und Rachenraum wird verätzt und die Zähne erleiden oft langfristigen Schaden.

Bulimie-Betroffene sind oft Menschen, die in ihrer Kindheit sehr wenig Zuwendung bekommen haben, ein schwaches Selbstwertgefühl mit ins Leben genommen haben und sehr darauf bedacht sind, allen Normen zu entsprechen – einschließlich dem Schlankheitsideal. Es ist eine sehr ambivalente Krankheit. Das Essen, das kurz vorher in sich hineingeschlungen wurde, wird wenig später erbrochen. In Therapien wird oft deutlich, dass es aber eben nicht nur die Sehnsucht danach ist, nach all den Diäten mal »richtig reinhauen« zu dürfen, sondern meist die viel tiefer liegende Sehnsucht danach, einmal wirklich gut versorgt zu werden. Es geht darum, von Elternfiguren Zuwendung einmal im Überfluss zu bekommen.

Unbewusst hassen sich Bulimikerinnen oft gleichzeitig dafür, noch so abhängig zu sein, so viel Bedürftigkeit unter der Oberfläche zu spüren, und stopfen dann immer weiter so viel Essen hinterher, dass es wirklich selbstschädigend ist. Das Erbrechen ist dann ein kurzzeitiger Triumph, ein Gefühl der Emanzipation aus all dieser Abhängigkeit und Bedürftigkeit. Ein aggressives, trotziges Wegwerfen des vorher Ersehnten. Schon wenig später stellen sich dann aber umso mehr wieder die bekannten Schuld- und Minderwertigkeitsgefühle ein.

In der Therapie muss es darum gehen, dass diese Gefühle ins Bewusstsein gelangen dürfen. Die Person ist erst dann nicht mehr dem jederzeitigen Rückfall preisgegeben, wenn sie auf der bewussten Ebene gelernt hat, mit ihren Bedürfnissen umzugehen und Lösungen zu finden. Sie muss trauern über all das, das sie nie bekommen hat, und neue, ihr völlig ungewohnte Wege zur Selbstbehauptung ausfindig machen.

Für bulimische Patienten ist der wichtigste Punkt am Stationsrahmen die zuverlässige Verhinderung ihres Symptoms, gerade dann, wenn es am drängendsten ist und auch am weitaus besten funktionieren würde: direkt nach dem Essen. Deshalb verpflichten sich Betroffene schon vor Aufnahme, jeweils mindestens eine halbe Stunde im Speisesaal sitzen zu bleiben und ihr Esstagebuch zu schreiben.

Der Erfolg ist für die Patienten oft verblüffend. So kommt nicht selten vor, dass eine Bulimikerin, die sich jahrelang ihrer Symptomatik hilflos ausgeliefert fühlte, diese von Anfang ihrer Behandlung an nicht mehr ausführen muss. Auf der einen Seite ist das eine kräftige Stärkung des Selbstwertgefühls, das sie in der weiteren Therapie gut gebrauchen kann. Auf der anderen Seite zahlt sie aber auch einen Preis. Bisher durch die Symptomatik bekämpfte Gefühle wie Beschämungen, Wut und Minderwertigkeitsgefühle müssen jetzt ertragen werden. Allerdings sollen und können sie jetzt auch in die Therapie einfließen und den Prozess voranbringen. Es geht darum, bessere, erwachsenere und auch Erfolg versprechendere Bewältigungswege nutzen zu lernen.

Binge-Eating-Disorder

Eine Binge-Eating-Disorder haben etwa 2 % der Gesamtbevölkerung, damit ist es die häufigste Essstörung. Circa 35 % der Betroffenen sind Männer.

Hier handelt es sich um Patienten, die ebenfalls immer wieder Heißhungeranfällen nachgeben, allerdings nichts gegen die damit verbundene Gewichtszunahme tun. Ein Krankheitszeichen ist, dass sie während des Essens das Gefühl haben, keine Kontrolle mehr über das Essen zu haben und wie die Bulimiker heimlich essen. Nach dem Heißhungeranfall fühlen sie sich angeekelt, depressiv und oft sehr schuldig.

Die Betroffenen leiden fast alle an erheblichen Schuldgefühlen für das Essen und können es gleichzeitig nicht einschränken. In der Therapie lässt sich sehr oft eine doppelte Bedeutung des Essens herausfinden, und das macht die Erkrankung etwas verzwickt. Zum einen bedeutet Essen bei diesen Patienten immer: »Jetzt tue ich mir erstmal was Gutes!« Essen ist ein jederzeit verfügbarer Trost. Zum anderen steckt aber auch oft das unbewusste Wissen im Symptom, sich nach dem Essen schuldig zu fühlen. Esssüchtige sind sehr oft Menschen, denen es – aus ihrer Geschichte heraus – unglaublich schwerfällt, Ärger gegenüber anderen zu äußern. Speziell dann, wenn sie verletzt, übergangen oder ausgebeutet werden.

Mit Essen wird dann – unbewusst – das psychische Gleichgewicht wiederhergestellt. Nach einem Essanfall fühlen sich Betroffene am schuldigsten und empfinden den herabsetzenden Umgang durch andere als völlig gerecht. Das Essen mit der anschließenden Selbstverachtung kann auf diese Weise zum unbewussten Trick werden, um nicht kämpfen zu müssen. Binge-Eating-Patienten haben deshalb oft etwas ausgesprochen Resigniertes an sich. Während Anorexie- und Bulimie-Betroffene kämpfen, für heftige Emotionen sorgen, ist viel passiert, wenn sich ein Binge-Eating-Patient endlich einmal hat aus der Reserve locken lassen. Das ist der Fall, wenn er in einer konkreten Situation auf der Station einmal eine Grenze setzt. Das könnte sich so anhören: »Ich mach morgen nicht schon wieder den Kaffeedienst, nur weil von euch keiner Lust dazu hat!« Oder: »Du kannst mir alles sagen, aber nicht in solch einem Ton!«

Wenn solche kleinen realen Erfahrungen und Erfolgser-
lebnisse mit der so nötigen Abgrenzung gelingen, bringt
das die Therapie stärker voran als viele kognitive Erkenntnisse.

Binge-Eating-Betroffene zu begleiten macht oft Freude,
weil es von solchen gemeinsam erlebbaren Erfolgen begleitet ist.

Exkurs 7

Was ist eigentlich Psychosomatik?
Die wichtigsten Modelle

Der Begriff der Psychosomatik ist sehr umfassend. Ziel der Psychosomatik ist, die Wechselwirkungen von körperlichen, psychischen und sozialen Faktoren in der Entstehung und Erhaltung
von Krankheiten zu verstehen, dieses Verständnis aber auch für
die Therapie nutzbar zu machen und anzuwenden. Mehr oder
weniger fallen alle Abschnitte dieses störungsorientierten Kapitels 8 unter den Oberbegriff der Psychosomatik. Auch bei Depressionen oder Angsterkrankungen ist der ganze Körper mit in
die Geschehnisse einbezogen. In spezieller Weise trifft der Begriff aber auf jene seelischen Störungen zu, die sich überwiegend
mithilfe des Körpers ausdrücken. Das sind die Dissoziativen Störungen im Sinne der Konversionsstörungen (▶ Kap. 8.8) mit ihren
»pseudoneurologischen« Symptomen und die somatoformen
Störungen (▶ Kap. 8.6). Mit diesem Begriff werden Krankheitsbilder bezeichnet, bei denen Betroffene deutliche Störungen bestimmter innerer Organsysteme erleben, medizinische Untersuchungen aber unauffällige Befunde zeigen.

Mit dazu gehören auch diejenigen Erkrankungen, wo eine ursprünglich psychisch begründete Störung über längere Zeit gesehen zu manifesten körperlichen Störungen führt, und auch
primär körperliche Störungen, die starke Auswirkungen auf
das Lebensgefühl haben und zu psychischen Problemen und
Problemlösungsversuchen führen.

Das bleibende Grundthema der Psychosomatik ist das »Leib-Seele-Problem« – also die Frage, wie das Seelische das Körperliche beeinflusst und umgekehrt, aber auch, wie es überhaupt dazu kommen kann, dass ein seelisches Problem körperlichen Ausdruck findet. Als gelöst kann dieses Problem bis heute nicht angesehen werden, aber es gibt eine Reihe von sehr hilfreichen Theorien und Modellen, um sich von verschiedener Seite dem Thema zu nähern. Sicherlich hat die von uns Europäern empfundene Schwierigkeit dieses Leib-Seele-Problems auch mit den Wurzeln unserer Kulturgeschichte in der antiken griechischen Philosophie zu tun. In anderen Kulturen werden Körper und Seele viel stärker von vornherein als ein Zusammenhang wahrgenommen.

Im Folgenden sollen die wichtigsten Theorien und damit der Schlüssel zum Verstehen psychosomatischer Beschwerden beschrieben werden (eine übersichtliche und ausführlichere Zusammenstellung, an der ich mich hier z.T. orientiere, findet sich in Hoffmann u. Hochapfel 2009):

Franz Alexander beschrieb in den 1950er-Jahren zwei psychodynamische Grundmuster, die zur Ausbildung von körperlichen Symptomen führen können:

- die Konversionssymptome, wo unbewusst ein psychisches Problem im Körperlichen dargestellt wird (► Kap. 8.6), und
- die Symptome der vegetativen Neurose (Organneurose).

Zur *vegetativen Neurose*: Das vegetative Nervensystem hat hier eine entscheidende Rolle. Es besteht aus zwei gegensätzlich wirkenden Hauptanteilen: dem Sympathikus, der Menschen in einen »ergotropen«, also nach außen hin arbeits- und leistungsfähigen Zustand versetzt, und dem Parasympathikus, der die äußere Aufmerksamkeit herabfährt, die Tätigkeit der inneren Organe fördert und einen allgemeinen Ruhezustand bewirkt. Hier kann es jetzt zu zwei Grundstörungen kommen:

Der Organismus bleibt über einen langen Zeitraum im Zustand der »Bereitstellung«. Durch äußere Reize alarmiert, aktiviert der

Sympathikus den Körper, es kommt aber nie zu einer äußeren Handlung. Weil der Spannungszustand anhält und es nicht mehr zu Phasen der Entspannung kommt, die ein Organismus unbedingt braucht, treten letztlich körperliche Schädigungen ein. Beispiele wäre hier Magengeschwüre durch langanhaltende stressbedingte Übersäuerung des Magens (auch wenn wir heute wissen, dass das nur ein Teilaspekt des Ulcus ist), Bluthochdruck, weil sich die Gefäße auf die Daueranspannung einstellen; bei einem Reizdarmsyndrom Durchfälle.

Die zweite Möglichkeit wäre der »Rückzug«. Hier überwiegen parasympathische Anteile. Wenn eine Person keine Chance in einer Auseinandersetzung sieht, geht sie in eine Passivität und Abhängigkeit. Beispiele wären hier beim Reizdarmsyndrom die Obstipation (Verstopfung), generell der Rückzug in eine Krankenrolle.

Alexander sah den zentralen Grund für psychosomatische Erkrankungen in einem Abhängigkeitskonflikt, der aus der frühen Kindheit stamme. Heute würde man davon ausgehen, dass es verschiedene aus der frühen Beziehungsgeschichte stammende Grundkonflikte geben kann, die in der Gegenwart durch einen auslösenden Konflikt reaktualisiert wurden (► Kap. 3.2, Exkurs 2: »Was ist Psychodynamik?«). Die konkrete Symptomwahl hängt dann wesentlich auch von der Konstitution des Betroffenen ab (Alfred Adler beschreibt solche bereits gestörten oder vorgeschädigten Körperbereiche, die für die Symptomwahl prädestiniert sind, als »Organminderwertigkeit«). Umgekehrt ist es deshalb nicht möglich, von einem Symptom auf dessen Ursachen bzw. Funktion in der Psychodynamik zu schließen. Dass es allerdings trotzdem typische Konstellationen gibt, wurde in vielen Beispielen schon angedeutet.

Das *Konversionsmodell* wurde schon 1895 von Sigmund Freud beschrieben und leistet ebenfalls bis heute einen wichtigen Beitrag im Verständnis psychosomatischer Störungen. In einer Konversionssymptomatik wird ein innerer Konflikt in eine äußere Störung umgewandelt und darin symbolisiert.

Zunächst besteht ein für den Betroffenen nicht lösbarer intrapsychischer Konflikt. Dieser findet auf der unbewussten Ebene statt. Zum Beispiel möchte eine dreißigjährige Frau, die bisher in der Nähe ihrer Eltern gelebt hat und wenig von diesen abgelöst war, eine Arbeitsstelle in einer entfernten Stadt antreten. Kognitiv ist es für sie selbstverständlich, dass sie den ihr angebotenen gut bezahlten Wunschjob annimmt.

Unbewusst befindet sie sich aber in einer starken Dissonanz: Sie möchte keineswegs von ihren Eltern getrennt sein, fühlt sich dabei völlig überfordert und hilflos, auf der anderen Seite hat sie einen starken Leistungsanspruch in sich: »Selbstverständlich machst du den nächsten Karriereschritt.« Weil ihre Überforderung und hilflose Abhängigkeit stark schambesetzt ist, schützt das Unbewusste sie davor, dass diese ins Bewusstsein dringt. Stattdessen verbindet sich der innere Druck mit dem Körperlichen. Sie entwickelt eine Ataxie der Beine und kann praktisch nicht mehr gehen. Der Symbolgehalt, den sie allerdings nicht »lesen« kann, ist: »Ich kann einfach nicht von zu Hause fortgehen!« Stattdessen kann sich die Betroffene (ohne innere Konflikte) dem Symptom zuwenden, sich darum Sorgen machen und mithilfe der Eltern (die sie jetzt mit allem Recht in Anspruch nehmen kann) einen Neurologen aufsuchen usw. (► Kap. 8.8).

Freud postulierte zeitweise auch die *Aktualneurose*. Er hatte beobachtet, dass z. B. bei Angst direkt mit diesem Gefühl verbundene Körperreaktionen stattfanden: z. B. Schwitzen, Schwindel, Durchfall. Eine solche direkte Umsetzung innerer Spannung in körperliche Symptome, ohne zwischengeschalteten intrapsychischen Prozess, würde man heute als *Psychophysiologisches Modell* bezeichnen.

Max Schur entwickelte in den 1950er-Jahren das Konzept der De- und Resomatisierung. Er ging von der Beobachtung aus, dass bei einem Säugling zunächst noch keine Trennung von Gefühl (Affekten) und Körper besteht. Ein hungriger Säugling schreit, so laut er kann, läuft rot an, verkrampft seine kleinen Fäuste – er ist ganz Hunger. Auf dem Weg zum Erwachsenwerden bedienen wir uns immer stärker der Symbole, insbesondere der Sprache. Das hat viele Vorteile, entfernt uns aber auch von unserem Körper. Es gilt geradezu als Zeichen des Erwachsenseins, »cool« zu bleiben, z. B. ärgerliche Tatsachen im Berufsleben sachlich auszusprechen.

Schurs These war nun, dass dann, wenn eine innere oder äußere Gefahr nicht mehr mit den zur Verfügung stehenden (intrapsychischen und äußeren) Mitteln bewältigt werden kann, es unter diesem Druck zu einer Regression in körperliche Reaktionen kommen kann. Das bezeichnet er als Resomatisierung. Körper und Psyche verbinden sich sozusagen unter dem Druck der Verhältnisse wieder säuglingshaft. Ein körperliches Symptom entsteht.

Alexander Mitscherlich entwickelte das Konzept der *zweiphasigen Verdrängung*. Wenn Menschen eine chronische Belastung auszuhalten haben, findet die erste Phase der Bewältigung auf der psychischen Ebene statt. Falls es zu keiner echten (reifen) Lösung kommt, könnten intrapsychische, neurotische Symptome gebildet werden. Diese engen allerdings das Ich ein. Besteht die Belastung fort oder nimmt sie zu, erfolgt eine zweite Phase der Verdrängung, die Verschiebung in körperliche Abwehrvorgänge. Das verschafft dem Ich wieder etwas mehr Freiraum, auch wenn jetzt äußerliche Symptome, wie z. B. Schmerzen, zu erleiden sind.

Die sog. Französische Psychosomatische Schule und einige amerikanische Autoren entwickelten das Konzept der *Alexithymie* (wörtlich: Nicht-lesen-Können der Gefühle). Damit ist gemeint, dass bestimmte Menschen weniger als andere in der Lage sind, ihre Gefühle wahrzunehmen und mit Worten zu beschreiben. Sie nehmen den körperlichen Ausdruck von Gefühlen wahr (wie Schwitzen bei Angst z. B.), stellen aber nur fest, dass sie offensichtlich schwitzen. Entsprechend wenig sind sie dann in der Lage, sich vor solchen Symptomen zu schützen, die sie durchaus als lästig empfinden. Ähnlich wie Herr B. (▸ Kap. 3.3) seine Magenprobleme wahrnahm, sie aber nicht mit dem Stress am Arbeitsplatz in Verbindung bringen konnte.

Wie schon mehrfach beschrieben, spielen auch *Lernprozesse* eine wichtige Rolle bei der Entstehung von Symptomen. Neutrale, harmlose Situationen werden über klassische Konditionierung mit Angst verknüpft. Vermeidung steigert die Angst durch die vermeintliche weitere Lernerfahrung »Es wäre sonst ganz schlimm geworden« immer weiter. Ursprünglich in einer ganz speziellen Situation entstandene Angst wird generalisiert und erfasst oft auch benachbarte Bereiche. Körperliche Reaktionen werden ebenfalls durch Lernprozesse an bestimmte Situationen gekoppelt bis hin zur Gewebeschädigung bei fortgesetztem Reiz. Und nicht zuletzt gehört der von den Psychoanalytikern zuerst entdeckte »sekundäre Krankheitsgewinn« entschieden zu den Lernprozessen. Aus verhaltenstherapeutischer Sicht verfestigen sich dabei Symptome durch die Belohnung mit Verstärkern.

Hans Selye war der Hauptautor des *Stresskonzeptes*. Er ging davon aus, dass Krankheit durch ein Missverhältnis entsteht zwischen äußeren oder inneren Reizen auf der einen Seite und den Verarbeitungsmöglichkeiten eines Individuums auf der anderen. Zuerst zeige der Körper eine »Alarmreaktion«, dann reagiere er mit »Widerstand« und erhöhter Leistungsfähigkeit auf einen Stressor, bis es schließlich zur »Erschöpfung« komme, bei fortgesetztem Stress zum Tod des Organismus. Krankheitssymptome entstehen dort, wo ein Organismus zufällig am schwächsten ist. Später wurden auch psychosoziale Belastungen in dieses Modell einbezogen.

Heute wissen wir, dass auch das *Immunsystem* eine wichtige Rolle in der Verbindung zwischen psychischem Befinden und körperlicher Krankheit spielt. Das zentrale Nervensystem hat erheblichen Einfluss auf die Regelung von Abwehrmaßnahmen des Körpers. Vermittler zwischen zentralnervösen Zentren und den Organen ist der Hypothalamus (Zwischenhirn), der Neurotransmitter- und Hormonausschüttungen veranlasst. Damit nimmt er auch Einfluss auf das Immunsystem. Auf diesem Wege sind psychische Faktoren, ist die psychische Verfassung an Entstehung und Verlauf der meisten Krankheitsbilder beteiligt. Die Abwehrlage kann dabei sowohl verbessert als auch geschwächt werden.

Das bestätigt die Beobachtung, dass Menschen in bestimmten Konflikt- oder Stresssituationen besonders häufig Infektionskrankheiten bekommen. Vor allem langanhaltende Stressoren, aber auch schwere Verlust- und Trennungserlebnisse führen nicht nur zu einer Depressivität, sondern auch nachweislich zur Schwächung des Immunsystems. Vermutlich spielen diese Mechanismen auch eine nicht zu unterschätzende Rolle bei der Entstehung von Krebserkrankungen, auch wenn der letzte Beweis dafür bis heute noch aussteht.

Seit den 1980er-Jahren weiß man, dass das Immunsystem sogar direkt konditionierbar ist. Im Experiment waren es saure Drops, an deren Geschmack eine Immunantwort gekoppelt werden konnte.

Zusammenfassend kann gesagt werden: Krankheit erscheint als komplexer Prozess, bei dem grundsätzlich psychische und körperliche Anteile zusammenwirken. Angemessen wäre also immer eine psychosomatische Betrachtungsweise. Es gibt bei näherem Hinsehen keine Ausnahmekrankheit, bei der das überflüssig wäre. Gleichzeitig ist eine Tatsache, dass dieser weite Blickwinkel aus Ressourcengründen in unserem Gesundheitssystem derzeit oft nicht möglich ist. Nach Herbert Weiner (amerikanischer Psychosomatiker) entsteht Krankheit da, wo ein Individuum mit der Aufgabe überfordert ist, sich den gegebenen Umweltbedingungen anzupassen und deshalb aus der Balance gerät. Symptombildung bedeutet: Zusammenbruch der Balance, des biologischen Fließgleichgewichtes in mindestens einem Teilbereich. Das braucht nicht der sichtbare Ort des Symptoms zu sein.

Ursache, Auslösung und Aufrechterhaltung einer Störung hängt von einer schier unüberschaubaren Anzahl von Faktoren ab. Insofern müssen die skizzierten Modelle immer als Versuch angesehen werden, Ursachengruppen so zu strukturieren, dass eine gewisse Übersichtlichkeit entsteht. Die Erfahrung zeigt, dass mit den genannten Theorien in der Praxis recht gut gearbeitet wer-

den kann, dass sie für die Erklärung eines speziellen Krankheits-
bildes aber jeweils unterschiedlich viel beitragen, also ausge-
wählt werden muss. So ist ein Überblick in diesem Feld für
Therapeuten durchaus von Vorteil.

Heilung bedeutet in der Sprache von Herbert Weiner, dass ein
Mensch wieder in die Lage versetzt wird, mit seinen Umge-
bungsbedingungen so flexibel und kompetent umzugehen, dass
er seine innere und äußere Balance wiedergewinnen kann.

8.6 Somatoforme Störungen

In vielen Studien wurde gezeigt, dass – bei großer Schwan-
kungsbreite – bei jedenfalls mindestens 25 % aller Patienten in allgemeinärztlichen Sprechstunden Störungen vorliegen, die überwiegend oder vollständig psychisch bedingt
sind. Sie äußern sich aber als körperliches Problem. Im Wesentlichen handelt es sich dabei um somatoforme Störungen: psychische Störungen, die sich als körperliche Erkrankung darstellen.

In der Allgemeinbevölkerung wurde erstmalig im Bundes-
gesundheitssurvey 1998 in einer großen Stichprobe die Häufigkeit der somatoformen Störungen untersucht (diesen Bereich übernahm das Max-Planck-Institut für Psychiatrie;
Wittchen et al. 1999). Danach hatten innerhalb des betreffenden Jahres 11 % eine somatoforme Störung entwickelt,
etwa 8 % eine somatoforme Schmerzstörung. Die somatoformen Störungen stellen nach Angsterkrankungen und Depressionen die dritthäufigste Gruppe psychischer Störungen dar.[12]

---

12 Bei Männern die vierthäufigste, weil hier leider der Alkoholismus die Tabelle anführt.

Es geht also um ein Thema von großer Bedeutung, auch für das Gesundheitssystem. Letztlich gibt es keinen Menschen, der nicht schon in besonderen Lebensphasen psychisch bedingte körperliche Funktionsstörungen erlebt hätte.

Alle somatoforme Störungen vereint, dass Betroffene immer wieder wegen bestimmter im Körper lokalisierter Beschwerden Ärzte aufsuchen, auf Hilfe und medizinische Untersuchungen drängen, obwohl bereits viele vorangehende Untersuchungen keine erklärenden Ergebnisse gebracht haben. Oft ist auffällig, dass sie sehr stark über ihre Beschwerden klagen, sichtlich beeinträchtigt sind und sich gedanklich viel mit den empfundenen körperlichen Defiziten beschäftigen, was oft in auffälligem Gegensatz steht zu anderen Patienten, die nachweisbare organische Schäden haben. Sind Befunde und körperliche Veränderungen vorhanden, erklären sie nicht die Schwere der Beeinträchtigung.

Selbst wenn bei Betroffenen Lebensprobleme deutlich erkennbar sind, ist es sehr schwierig, einen Zusammenhang zu ihren Beschwerden herzustellen. Wenn es ihnen nicht gelingt, sich mit dem Arzt auf ein – oft fernliegendes – organmedizinisches Erklärungsmodell zu einigen, dann reagieren sie oft enttäuscht oder verärgert und wechseln den Behandler.

Am stärksten betroffen sind Menschen zwischen 15 und 35 Jahren, danach nimmt die Häufigkeit deutlich ab.

Im Folgenden sollen die verschiedenen Krankheitsbilder dargestellt werden.

Somatisierungsstörung

Die Somatisierungsstörung ist gekennzeichnet durch ein wechselndes Bild vielfältiger Beschwerden, meistens bei Frauen vor dem 35. Lebensjahr. Letztlich können alle Körperregionen betroffen sein. Besonders häufig sind: Kurzatmigkeit, Regelbeschwerden, vaginales Brennen, Kloßgefühl im Hals, Erinnerungslücken, Erbrechen und Schmerzen in den Extremitäten.

Sämtliche Symptome kommen auch bei den unten genannten »somatoformen autonomen Funktionsstörungen« vor, entscheidend ist hier nur das bunte Bild, der Wechsel der Symptome und die oft lange Karriere im medizinischen System.

Man nimmt an, dass Betroffene in ihrer Ich-Struktur brüchiger sind als Menschen, die nur einzelne somatoforme Beschwerden entwickeln. Gegebenenfalls muss hier eine auf das Strukturniveau bezogene Therapie (▸ Kap. 8.9) im Vordergrund stehen, nicht etwa eine weitere Bearbeitung – und weitere Fixierung – der ohnehin schwer fassbaren äußeren Symptome.

Abzugrenzen von diesem Störungsbild ist die Hypochondrie. Auch hier werden immer wieder in drängender Weise Ärzte aufgesucht, es stehen aber nicht irgendwelche mehr oder weniger konkreten Beschwerden wie bei der Somatisierungsstörung oder den spezifischen somatoformen Funktionsstörungen im Vordergrund, sondern stattdessen vor allem die Sorge, irgendeine bisher verborgene (gefährliche) Krankheit haben zu können. Ähnlich wie oben geschildert geht man hier von einer brüchigen Ich-Struktur aus, wo ebenfalls nur eine darauf bezogene Therapie Erfolg haben kann. Die Prognose ist bei einer chronifizierten Hypochondrie leider schlecht.

Somatoforme autonome Funktionsstörungen

Die somatoformen autonomen Funktionsstörungen werden in der älteren Literatur auch als funktionelle oder psychovegetative Syndrome bezeichnet. Es handelt sich dabei um psychisch bedingte Störungen folgender Funktionsbereiche:

- Oberer Gastrointestinaltrakt (Speiseröhre und Magen): Globusgefühl (»Kloß im Hals«), Schluckstörungen, Erbrechen, Reizmagen, Verdauungsstörungen
- Unterer Gastrointestinaltrakt (Dünndarm und Dickdarm): Obstipation (Verstopfung), Diarrhoe (Durchfall), Blähungen und Schmerzen
- Herz und kardiovaskuläres System: gelegentliches Herzrasen, Extrasystolen, Ohnmachten, »Herzschmerzen« und ängstliche Fixierung auf mögliche Schädigungen des Herzens (»Herzangstneurose«)
- Respiratorisches System: Hyperventilationstetanie (Überatmen mit Verkrampfungen als Folgeerscheinungen), »asthmoide« Spastik der Bronchien
- Urogenitales System: Harnverhalt, Harndrang, abakterielle Entzündungen von Prostata oder von Eileiter/Eierstock (Adnexitis) sowie Sexualstörungen
- Funktionelles Kopfschmerzsyndrom: Migräne, Spannungskopfschmerz

Anhaltende somatoforme Schmerzstörung

Bei der anhaltenden somatoformen Schmerzstörung geht es um dauerhaften, quälenden und schweren Schmerz, der zumindest weitgehend nicht durch körperliche Störungen erklärt werden könnte. Oft wird in der näheren Untersuchung bald eine Verbindung zu emotionalen Konflikten oder sozialen Problemen deutlich. Letztlich gibt es keinen Organbereich, der nicht betroffen sein könnte. Am häufigsten sind aber die funktionellen Magen-Darm-Störungen, gefolgt von den Herzbeschwerden.

Wie kommt es zu diesen Störungsbildern?

Zunächst kommt es bei der somatoformen Störung zu einer »Resomatisierung« (▶ Kap. 8.5, Modell von Max Schur in Exkurs 7: »Was ist eigentlich Psychosomatik?«), sozusagen zu einem Rückfall in eine altersungemäße direkte Verbindung von Gefühl und Körper. Am besten kann dieser Vorgang als psychophysiologische Symptombildung verstanden werden: Ein innerer Spannungszustand äußert sich über die Vermittlung des Vegetativums direkt in körperlichen Missempfindungen.

Das ist allerdings nur der erste Schritt. Wenn es ausschließlich bei diesem direkten Zusammenhang bliebe, wären die ausgelösten körperlichen Veränderungen bei Wegfall des Auslösers ebenso schnell zu Ende. Bis dahin ist oft aber schon ein sich selbst verstärkender Kreislauf in Gang gekommen: Eine Person nimmt die beschriebenen Veränderungen (im Gegensatz zum Auslöser) bewusst wahr und reagiert emotional darauf, in der Regel mit ein wenig Angst. Diese Angst verstärkt die vegetative Reaktion, das Symptom nimmt zu. Der Betroffene reagiert entsprechend auch mit stärkerer Angst und Sorge – das Krankheitsbild nimmt seinen Verlauf. Denn in der Folge wird er immer wieder auf »sein« Symptom achten, sein Vegetativum in Fahrt bringen und die Reaktionen mit seiner Angst verstärken – die Verfestigung des Symptoms ist eingeleitet.

Welches Symptom gewählt wird, ist im Gegensatz zu den Konversionsstörungen, wo es oft Symbolgehalt besitzt, eher zufällig. Wahrscheinlich ist es eine Körperregion, mit der der Betroffene bereits einmal Probleme hatte oder wo schon eine geringfügige Funktionsstörung ohne Krankheitswert vorliegt. Oft sind es auch Körperbereiche, die sich die Betreffenden in ihrer individuellen Entwicklung aufgrund gestörter Kind-Eltern-Interaktionen nicht so haben aneignen können wie andere.

Das Schicksal vieler Menschen mit somatoformen Störungen ist eine Chronifizierung. Diese kommt leider auch durch das Zusammenspiel von Ärzten und Betroffenen zustande. Die vorher ängstlich-besorgten Patienten zeigen sich schnell zufrieden, wenn ihnen der Fachmann eine, vielleicht recht fernliegende medizinische Erklärung für ihre Beschwerden präsentiert. Und für den behandelnden Arzt sind Menschen mit somatoformer Störung auf Dauer bequeme Praxisfinanzierer, die sich monatlich ihren Kontakt, ihre Vitaminspritze oder welche Anwendung auch immer abholen – aber keine Sorgen und wenig Arbeit machen. Das Plus für die Patienten ist, dass sie jetzt regelmäßig eine offizielle Sanktionierung für ihr psychogenes, ins Körperliche verschobenes Symptom bekommen. Sie sind körperlich krank, müssen zum Arzt und brauchen das nicht mehr infrage zu stellen. Der Gewinn ist, wie immer bei neurotischer Symptombildung: Entlastung von bewusster Auseinandersetzung mit inneren und äußeren Konflikten. Möglicherweise springt zusätzlich ein sekundärer Krankheitsgewinn heraus. Wer fährt mich zum Arzt? Wer schont und bedauert mich?

Therapeutische Gesichtspunkte

Die eben geschilderte iatrogene (arztbedingte) Chronifizierung entspringt nicht dem bösen Willen eines Hausarztes. In der Regel hat es damit zu tun, dass er es nicht anders gewohnt ist, als in den Kategorien organmedizinischer Diagnosen zu denken. Entsprechend wird er wahrscheinlich Beschwerden aus dem Patienten herausfragen, die zu irgendeiner seiner Diagnosen passen. Die seit längerem in der Facharztweiterbildung vorgesehene Psychosomatische

Grundversorgung lässt hoffen, dass immer mehr Ärzte Wege finden, die nicht leichten, aber notwendigen und einzig weiterführenden Gespräche über die psychische Bedingtheit der Beschwerden zu führen.

Als ein hilfreicher Weg hat sich erwiesen, Patienten die Reaktionsweise des vegetativen Nervensystems zu erklären. Über dieses vermittelt, kommt es nämlich tatsächlich zu realen Funktionsstörungen und damit verbundenen Missempfindungen, auch Schmerzen.

Der Patient hat wirklich etwas!

Es ist wichtig, nicht in der Sackgasse des »Sie haben nichts!« zu landen, was nur dazu führen würde, dass der Patient, der sich nicht verstanden fühlt, schnellstens den Arzt wechselt. Stattdessen muss er spüren, dass sein Arzt ihn ernst nimmt, auch seine Beschwerden ernst nimmt und versucht, ihm auf der Grundlage von verstehbaren Zusammenhängen zu helfen.

In einer Psychotherapie im engeren Sinne dann gibt es vor allem zwei Aufgaben. Zum einen ist es wichtig, mit dem Patienten in annehmbarer Weise ein auf ihn zutreffendes Modell des oben beschriebenen selbstverstärkenden Kreislaufs seiner Aufmerksamkeit, Emotionen und Beschwerden zu erarbeiten, der bisher sein Symptom fixierte. Vor allem aber kommt es darauf an, die innere und äußere Realität des Betroffenen im Hinblick auf Konfliktpunkte zu erforschen.

Im Symptom der somatoformen Störung hatte er sich ganz auf seine »körperlichen« Beschwerden konzentriert. Diese waren sozusagen zum überschaubaren und handhabbaren Ersatz-Sozialpartner geworden, um den er sich Sorgen machen konnte, über den er im Gespräch mit anderen klagen durfte, den er gefahrlos beschimpfen konnte … Und jetzt gilt es, diese unrealistische Situation wieder aufzuheben, wo es vermeintlich kein wesentliches Ziel für negative Emotionen gab als das Herzstolpern oder den Blähbauch.

Es wird dem Betroffenen nicht leichtfallen, über wirkliche Konflikte zu sprechen. Wut, die ihm zu gefährlich ist, Bedürfnisse, die er nicht zu äußern wagt, haben in der Entstehung seines Symptoms zwar sein Vegetativum (meist den Sympathikus) hochgefahren, wahrgenommen hatte er aber nur die körperlichen Folgen davon. Die Gefühle direkt anzuschauen, ist eine große Herausforderung. Ein guter Rückhalt sind hier einmal wieder solidarisch-freundliche Beziehungen in der Einzeltherapie oder auf einer Psychosomatik-Station.

Fallbeispiel

Eine Patientin mit extremer somatoformer Störung brauchte auf einer unserer Stationen drei Wochen, bevor sie das erste Mal über ihren massiven Ehekonflikt sprechen konnte. Diesen hatte sie vorher schlichtweg geleugnet. Es tat ihr dann sichtlich gut, die Teilnahme der Mitpatienten an ihrer Schilderung zu erleben. Nach einem von uns moderierten Partnergespräch, wo sie Problempunkte benennen und erste Absprachen treffen konnte, verschwanden die körperlichen Symptome praktisch ganz. Wir konnten die verbleibende Zeit zur Vertiefung ihrer Selbstwert- und Abgrenzungsthemen verwenden.

In einer ambulanten Therapie kann dasselbe passieren, nur man wird mehr Zeit brauchen.

Psychosomatische Rhythmusstörungen

Abschließend sollen in diesem Unterkapitel noch vier Typen »psychosomatischer Rhythmusstörungen« vorgestellt werden, wie sie Hanne Seemann (2016) entwickelt hat. Diese überschneiden sich in wesentlichen Teilen mit den bereits beschriebenen Modellen, erlauben jedoch noch einen Blick aus anderer Perspektive auf unser Thema. Aus meiner Erfahrung eignet sich diese Sichtweise besonders gut zur Vermittlung an Betroffene, sodass ich sie Ihnen nicht vorenthalten will. Für Hanne Seemann, die lange Jahre in der psychosomatischen Ambulanz einer Universitätsklinik gearbeitet hat, ist ein zentraler Aspekt im Umgang mit psychosomatischen Patienten, Körper und Seele in einem ihnen gemäßen Rhythmus zu halten. Gute Balance heißt dabei nicht Stillstand im Gleichgewicht, sondern Flexibilität, Neugier und Vielfalt. Sie unterscheidet vier Typen psychosomatischer Rhythmusstörungen. Die dabei vorgenommene Typisierung darf nach allem Gesagten natürlich nicht absolut genommen werden. Prinzipiell kann jedes Problem fast jede Störung hervorrufen. In der Praxis verkürzen die unten dargestellten Zusammenhänge aber oft die Suche deutlich.

Anspannungssyndrom. Klassische Vertreter des Anspannungssyndroms sind Spannungskopfschmerzen oder chronische Rückenschmerzen. Hier haben wir es mit einer Rhythmusstörung der Muskulatur zu tun. Die normale Rhythmik von Anspannung und Entspannung ist beim Anspannungssyndrom nicht mehr ausreichend vorhanden. Vielmehr ist die Muskulatur in einem Zustand relativer Bewegungslosigkeit erstarrt, der über längere Zeiträume aufrechterhalten wird.

Hier haben sich meist lange Zeit Motivationen wie hoher Leistungswillen, der Wunsch, unter allen Umständen Haltung zu bewahren, oder bestimmte Leitsätze durchgesetzt wie »Erst die Arbeit, und dann das Vergnügen«, »Wenn du eine bestimmt Arbeit angefangen hast, dann musst du sie auch zu Ende bringen«. Das Gefährliche daran ist, das die Anspannung nicht etwa stark zu sein braucht. Es geht vielmehr um eine bewusst nicht spürbare leichte Spannungserhöhung der Haltemuskulatur.

Ende der 1980er-Jahre wurde dazu in einem Großraum-
büro ein eindrucksvoller Versuch gemacht. Alle Mitarbeitenden, die an Spannungskopfschmerzen litten, trugen
einen Tag lang Elektroden auf Nacken- und Rückenmuskulatur, die fortlaufend die Anspannung bzw. die Stärke der
Innervation maßen. Zur Überraschung der Forscher zeigte
sich, dass die Schmerzbetroffenen in der Summe keinen hö-
heren Muskeltonus (Anspannungsgrad) aufwiesen als die
Vergleichsgruppe Gesunder. Der Unterschied fiel auf den
zweiten Blick auf: Die Schmerzbetroffenen variierten kaum.
Gesunde Kollegen wechselten immer wieder zwischen Anspannung und Entspannung, die belasteten Personen dagegen stellten sozusagen bei Arbeitsbeginn ihren Muskeltonus
auf »Arbeitsspannung« und hielten diese bis zum Abend so
fest. Es fiel auch auf, dass sie sich weniger bewegten als die
anderen. Sie saßen oft lange Zeit wie eingefroren.

Für Spannungskopfschmerz ist es deswegen typisch,
dass er sich nach und nach aufbaut und dass die Betroffenen gar keinen direkten Auslöser nennen können. Was sie
tun, ist für sie völlig normal.

Bei Rückenschmerzen wirkt oft ein ähnlicher Mechanismus, der die Haltemuskulatur der Wirbelsäule betrifft.
Auch hier wird eine Nachgiebigkeit des Rückens nicht zugelassen, die der jeweiligen Situation angemessen ist. Nicht
nur, was die Rückenmuskulatur angeht, herrscht bei vielen
Rückenpatienten ein »Alles oder Nichts«-Prinzip. So etwas
wie entspanntes Arbeiten oder vergnügten Sport gibt es bei
ihnen kaum. Entweder man tut etwas, und das hundertpro-
zentig, oder man muss nachgeben. Selbst wenn sie joggen
– man weiß ja, Sport ist gesund – wirken manche Menschen unglaublich verbissen.

Man könnte Menschen mit Anspannungssyndrom sowohl aus körperlicher wie auch aus psychologischer Sicht

als Durchhalter bezeichnen. »Nur nicht nachlassen, nur nicht aufgeben, nur wer durchhält, kommt zum Ziel!« Schwierig wird es vor allem dann, wenn Menschen mit solch einer Grundeinstellung lange Zeit Erfolg hatten, vielleicht Karriere gemacht haben und bewundert werden. Das hat sie in ihrer Sichtweise immer wieder bestätigt.

In der Therapie zeigt sich meistens bald, wie stark solche Parolen und Einstellungen schon das Elternhaus von Patienten geprägt haben und mit ins Leben genommen wurden. In einer Therapie wird natürlich auch gleich wieder ernsthaft und verbissen gearbeitet, jeder Auftrag erfüllt usw. Eine wirkliche Wende geschieht aber oft erst da, wo es dem Therapeuten gelungen ist, seinen Klienten in eine Erfahrung von Nachgiebigkeit und Geschehenlassen hineinzubringen. Es gilt, einen ganz neuen Reiz des Lebens zu entdecken.

Vegetative Entgleisung. Bekannte Beispiele für vegetative Entgleisung sind asthmatische Anfälle oder die Migräne. Beim Migräneanfall geht sehr häufig für die Betroffenen spürbar ein Zustand erhöhter Aktivierung heraus. Die Betroffenen fühlen sich besonders leistungsfähig, manchmal sogar wie high, und sind kaum noch in der Lage, ihre Tätigkeit zu unterbrechen. Also ein ergotroper Zustand, wo der Sympathikus das klare Übergewicht hat. Vor dem Migräneanfall dreht das Nervensystem gewissermaßen hoch, viel zu hoch, wobei die verschiedenen beteiligten Funktionssysteme sich offensichtlich gegenseitig aufschaukeln.

Der Anfall beginnt im Hirnstamm und bringt nacheinander verschiedene vegetative, zentralnervöse und biochemische Prozesse durcheinander. Es entstehen chaotische Verhältnisse, oft rasende Kopfschmerzen, die Stimmung entgleist, nichts funktioniert mehr. In der nachfolgenden Phase dominieren dann Erschöpfung und Erholung.

Vor dem Anfall festgefahrene Stimmungen, seien sie zu gut oder griesgrämig gewesen, werden meist nach dem Anfall vom Gegenteil abgelöst. Das zeigt schon, dass es um eine Gegenregulierung des Vegetativums geht, weil die Einseitigkeit vorher zu stark geworden ist. Viele Patienten empfinden die Phase nach dem Anfall, wo übrigens der Parasympathikus die Herrschaft übernommen hat, als ausgesprochen angenehm: »Ich fühle mich wie neugeboren.« Der Körper hat hier eine dringend notwendige Erholungsphase erzwungen, weil vorher die Aktivierungsphase zu ausgedehnt war. Der Zusammenbruch ist gewissermaßen die Notbremse, um das Gesamtsystem vor größeren gesundheitlichen Schäden zu schützen.

Man geht inzwischen davon aus, dass Menschen, die im Laufe ihres Lebens eine Migräne entwickeln, mit einem empfindsameren Nervensystem ausgestattet sind als andere. Untersuchungen haben ergeben, dass Migränepatienten bekannte Umweltreize viel länger stark wahrnehmen als andere Menschen, die bald abstumpfen. So kann z. B. eine Unterhaltung im Café für eine Migränepatientin zur Qual werden. Sie bekommt immer noch mit, was an den zwei Nebentischen gesprochen wird, dass der Lüfter summt usw., während ihre Gesprächspartnerin das alles zusammen vielleicht als nette belebte Geräuschkulisse im Hintergrund längst ausgeblendet hat. Das heißt, dass für solche Menschen der Stress einfach viel eher anfängt als für andere. Und wenn man mit einem solchen Nervenkostüm ausgestattet ist, ist es nicht sehr klug, so zu tun, als sei man robust. Das Handicap der meisten Migränepatienten besteht nicht so sehr in ihrer Empfindsamkeit, sondern darin, dass sie diese nicht bemerken oder sich weigern, diese anzuerkennen.

Bei Kindern mit Migräne gibt es Beispiele, wo es ausreichte, dem Kind zu vermitteln, dass es völlig in Ordnung sei, wenn es sich mal zwei Stunden zum Alleinspielen auf sein Zimmer zurückziehe, um die vorher schwere Störung völlig zum Verschwinden zu bringen.

Die beste Art, mit einem Handicap umzugehen, ist, dieses zu einer Stärke zu machen. Manche Migränepatienten könnten z. B. wahrnehmen, dass andere Leute gern mit ihren Sorgen zu ihnen kommen, weil sie merken, wie es den anderen geht. Oder dass sie ihre Aufgaben gründlich erledigen und nicht einfach Teile davon ausblenden. Aber: Sie sollten sich auch zugestehen, etwas mehr Ruhezeiten zu brauchen als andere Menschen, damit ihr Parasympathikus ordnungsgemäß seine Aufgaben erledigen kann.

Chronische Erschöpfungssyndrome. Chronische Erschöpfungssyndrome entstehen, wenn sich Menschen über lange Zeiträume ihres Lebens hin überfordern. Das kann durch äußere Lebensumstände bedingt sein oder auch nur aufgrund eigener Normen. Meistens kommt aber beides zusammen. Viele Menschen reagieren auf solche andauernde Überforderung ihrer Möglichkeiten ohne Entspannungsphasen mit einer Depression, einer sog. Erschöpfungsdepression, oder mit verschiedensten psychosomatischen Beschwerden, je nachdem, welcher Körperbereich schlecht integriert ist.

Eine ganz typische Konstellation ist die Pflege der eigenen Eltern. Ob jemand seine pflegebedürftig gewordenen Eltern bei sich aufnimmt, ist, wie wir in der Klinik an zahlreichen Beispielen erleben, offensichtlich meist wenig abhängig davon, wie gut man sich vorher verstanden hat, sondern weit stärker von inneren Normen. So passen die Menschen in der neuen »Wohngemeinschaft« dann oft ausgesprochen schlecht zusammen. Die zunehmend notwendige Pflege wird in der Regel als zusätzliche Aufgabe übernommen, ohne dass andere Pflichten abgegeben werden können. Pflegende finden sich oft in einer Situation wieder, wo zum einen die Arbeitsmenge stark zugenommen hat, sie aber zusätzlich ständigen zwischenmenschlichen Konflikten unentrinnbar ausgeliefert sind bis hin zu andauenden Demütigungen. Oft ist erstaunlich, wie lange Menschen – meist sind in unserer derzeitigen Kultur Frauen die am stärksten Betroffenen – solch eine Situation aushalten, bis sie schließlich krank werden und Hilfe suchen.

Letztlich hilft hier, wie man von außen recht leicht erkennen kann, nur eine eingreifende Änderung der Lebenssituation. Eigentlich selbstverständliche Persönlichkeitsrechte müssen wieder hergestellt werden und ausreichende Phasen echter Erholung müssen gewährleistet sein. Oft bedeutet das räumliche Trennung.

In Therapien ist es häufig ein langer, schmerzlicher Weg bis dorthin. Menschen müssen sich vor allem von einem idealisierten Selbstbild verabschieden und ihre Grenzen anerkennen. Es hatte immer wichtige Gründe, und zwar intrapsychische, wenn Menschen sich bis zur völligen Erschöpfung verausgabt haben. Das macht es oft so schwer, diese Lasten abzuwerfen.

Körpergedächtnissymptome. Es gibt Sonderfälle von vegetativen Entgleisungen, die immer dort anfallsartig auftreten, wo sich der Körper an eine traumatische Situation erinnert. Oft ist es aber so, dass diese Erinnerungen so schlimm, erschreckend oder peinlich für den Betreffenden sind, dass sie aus dem Bewusstsein verdrängt sind und der Betreffende sich seine seltsame Symptomatik überhaupt nicht erklären kann. Zum Beispiel sind Bauchschmerzen oder auch Beschwerden im Urogenitaltrakt nicht selten, wenn ein sexueller Missbrauch stattgefunden hat, der aber verdrängt wurde. Oder auch wenn eine schwere Krankheit vorliegt wie Krebs, wo unbewusst versucht wird, sie nach Möglichkeit aus dem Bewusstsein zu fernzuhalten. Da kann es dann passieren, dass die Betroffenen, wenn das Gesprächsthema nahe an den gefährlichen Bereich kommt, plötzlich starke unerklärliche körperliche Beschwerden entwickeln wie Schmerzen oder Harndrang, dass sie eilig die Situation verlassen müssen. Bewusst tun sie es aber der Schmerzen wegen und nicht etwa um des verdrängten Inhalts willen.

Aber selbst wenn die traumatisierende Situation durchaus klar erinnerbar ist, können Körpererinnerungen sehr störend ins Leben eingreifen. Die Verstandeserinnerungen sind dann vom Gefühl abgespalten. Ein Therapeut wundert sich oft, wie sachlich und mit wie wenig innerer Beteiligung Patienten über wirklich schlimme Begebenheiten in ihrer Vergangenheit berichten können. Nur: Ihr Körper hat die Begebenheit noch lange nicht so weggeordnet wie der Verstand. Erst wenn die Körpererinnerung mit der Verstandeserinnerung zusammenkommt, wenn der körperliche Schmerz sich in der Therapie in seelischen verwandeln durfte, ist der Weg zu einer Heilung beschritten.

Fallbeispiel

Eine Patientin hatte bei Aufnahme in unsere Klinik ohne spürbare Affekte kurz und sachlich davon berichtet, dass sie in der Kindheit von ihrer Mutter stark misshandelt worden war. Einige Wochen später, die Patientin war inzwischen gut in die Stationsgruppe integriert, erzählte ihr eine neu angekommene Mitpatientin, dass sie häufig von ihrer Mutter geschlagen worden sei.

Plötzlich spürte unsere Patientin einen heftigen Schmerz am linken Unterarm. Sie schaute hin und sah, dass dort ein ovaler Abdruck war, als wenn sie sich gebissen hätte. Das hatte sie aber mit Sicherheit nicht getan. Und auf einmal stand die Situation ihrer Kindheit ihr wieder klar vor Augen. Wenn die Mutter sie geschlagen hatte, hatte sie sich fast immer in den Arm gebissen. Ihr größter Schmerz in der Situation war nämlich nicht, dass die sowieso verhasste Mutter sie schlug, sondern dass der Vater, der die einzige Person auf der Welt war, zu der sie Vertrauen hatte, das ungerechte Schlagen mitbekam und sie nicht verteidigte. Plötzlich befand sie sich wieder ganz in dieser Gefühlslage. Sie spürte, was ihr tiefstes, bisher nie eingestandenes Problem war: von ihrer einzigen Vertrauensperson verraten und nicht beschützt worden zu sein. Das hatte sie bisher durchs Leben getragen und es hatte trotz aller ihrer Ressourcen vieles in ihrem Leben deformiert.

Nicht ihr Bewusstsein, sondern viel basalere Strukturen im Gehirn hatten gemerkt, dass jetzt der Zeitpunkt war, wo das gezeigt werden durfte – und: »zugebissen«.

Die Stationsschwester, die sich die Hautstelle angesehen hatte, beschrieb übrigens, dass es aussah wie ein ovales Ekzem, das dann schnell wieder verschwand, nachdem es seine Botschaft abgegeben hatte.

Bezug zu den Theorien. Um diesen komplexen Stoff der Psychosomatik abschließend noch einmal etwas zu ordnen und zu wiederholen, möchte ich jetzt der Frage nachgehen: Was haben diese »Rhythmusstörungen« nun mit den beschriebenen psychosomatischen Theorien zu tun?

> Achtung: Wer mag, darf jetzt erst einmal selbst der Reihe nach über die einzelnen Rhythmusstörungen nachdenken, gern auch zurückblättern in den Exkurs 7: »Was ist eigentlich Psychosomatik?« und eigenständig Zusammenhänge herausfinden. Lesen Sie dann gern weiter.

Zum Anspannungssyndrom: Hier trifft sehr gut das Modell der vegetativen Neurose/Organneurose Alexanders zu, und zwar im Sinne der »Bereitstellung«. Die »Arbeitsspannung« wurde so lange vom Sympathikus gefordert und bereitgestellt, bis das Schmerzsyndrom manifest war.

Die vegetative Entgleisung wiederum lässt sich am besten mit dem Stresskonzept Selyes erklären: Ein Mensch hat so lange im Stadium des »Widerstandes« gekämpft, bis es zum Zusammenbruch, der »Erschöpfung« kam. Glücklicherweise, auch wenn es eine unteroptimale Lösung ist, hat ein Betroffener in diesem Stadium dann sozialen Anspruch auf Schonung. Ein Migränekranker darf sich ins Bett legen. Wenn das nicht so wäre, würde es tatsächlich, wie im Modell Selyes beschrieben, zum Untergang des Individuums kommen.

Das Erschöpfungssyndrom ist, wie schon der Name sagt, zunächst ein weiteres Beispiel für die »Erschöpfung« im Sinne des Stressmodells. Allerdings sind Erschöpfungssyndrome häufig mit einer Vielzahl psychosomatischer Störungen verknüpft, die oft weit vor einer klinisch relevanten Depression auftreten. Dann wäre das Modell der »Resomatisierung« (Max Schur) sinnvoll anzuwenden, bei somatoformen Störungen auch das »psychophysiologische Modell«, das zunächst als »Aktualneurose« formuliert wurde: Gefühle werden über das Vegetativum direkt in Körpersensationen umgesetzt. Diese können dann in einen selbsterhaltenden Kreislauf geraten und zum Dauersymptom werden. Was leider auch durch Studien gezeigt wurde: Bei häuslich Pflegenden ist oft das Immunsystem supprimiert, sodass sie häufiger als die Durchschnittsbevölkerung – auch schwer – erkranken.

Und schließlich die Körpergedächtnissymptome: Hier handelt es sich um klassische Konversionssymptome. Wenn Menschen in einen inneren Konflikt geraten oder durch einen Auslöser an einen solchen erinnert werden, setzt sich das aufkommende Gefühl der Angst unmittelbar in ein körperliches Symptom um, das ein früheres Trauma symbolisiert. Bei sexuellen Themen sucht sich die Symbolik auf der Ebene des Unbewussten oft einen benachbarten Bereich (wie Bauchschmerzen z. B.), deutet damit das Thema an und verschleiert es gleichzeitig. Das wurde schon als typisch für neurotische »Lösungen« beschrieben.

Im berichteten Beispiel passierte etwas eigentlich sehr Ungewöhnliches: Die Patientin konnte ihr Symptom plötzlich verstehen. Das jahrzehntelang abgekoppelte Gefühl (und diese Entkoppelung ist ja gerade der Grund aller Konversionssymptome) kehrte mit der erneuten Symptomauslösung überflutend und gleichzeitig erlösend zurück. Das war nur möglich aufgrund der bereits geschehenen Vorbereitung in der Therapie.

8.7 Posttraumatische Belastungsstörung

Die Posttraumatische Belastungsstörung (PTBS) nimmt eine Sonderrolle unter den psychischen Erkrankungen ein. Hier geht es nämlich nicht um einen inneren Konflikt oder ein auf üblichem Wege erlerntes Verhalten, sondern darum, dass das Gehirn eines Menschen in einer akuten, schweren Überforderungssituation nur mit einer Notreaktion antworten konnte. Dabei entstehen gewissermaßen Fehlspeicherungen, unter denen die Betroffenen anschließend auf Dauer zu leiden haben. Ohne Hilfe z. T. jahrzehntelang. Solche Überforderungen des psychischen Systems und der neuronalen Verarbeitung können z. B. in Situationen entstehen, wo ein Mensch akut sein Leben bedroht sah oder solche Bedrohungen bei anderen mitansehen musste. Nach der internationalen Diagnoseklassifikation ICD-10 ist Voraussetzung für die Diagnose einer PTBS, dass es eine Ausgangsituation gab, die nahezu jeden Menschen schwer belastet hätte.

Bei traumatisierten Menschen muss zunächst unterschieden werden zwischen Typ-I- und Typ-II-Traumata. Mit Typ-I-Traumata sind Schädigungen aufgrund kurzzeitiger und plötzlicher psychischer Überforderungssituationen gemeint (wie einem Verkehrsunfall oder Überfall). Typ-II-Traumata bezeichnen psychische Schädigungen, die auf wiederholte Traumata, oft über lange Zeiträume hinweg, zurückgehen. Das ist bei sexuellem Missbrauch leider oft gegeben und bei Kriegsbeteiligten. Im letzteren Fall werden oft auch die Soldaten als primäre Täter bald zu Opfern, wie die sehr hohe Zahl von PTBS-Betroffenen z. B. bei Vietnam-Veteranen zeigt.

Als Psychotrauma wird nicht die schädigende Situation an sich, sondern der verbleibende Folgeschaden bei einem Betroffenen bezeichnet. Ob Menschen, die schlimmen Erlebnissen ausgesetzt waren, anschließend eine Posttraumatische Belastungsstörung entwickeln, hängt ab vom Ereignis selbst, von der psychischen Konstitution der Person und – sehr wichtig – ihrem Eingebundensein in eine Halt und Orientierung gebende Beziehungsumgebung. Gerade Menschen, die hier keinen guten Rückhalt haben, sind stärker gefährdet als andere, eine PTBS zu entwickeln.

Eine PTBS ist gekennzeichnet durch drei hauptsächliche Symptome bzw. Symptomgruppen:
* Vermeidung (z. B. von Situationen, die an das Trauma erinnern könnten)
* Intrusionen (auch Flashbacks genannt: tagtraumartigen, bildhaften immer wiederkehrenden Erinnerungen oder Teilerinnerungen an die traumatische Situation)
* Ein erhöhtes allgemeines Anspannungsniveau

Die Therapie der PTBS umfasst mehrere Ebenen.

In einem stationären Setting muss ein Patient Gelegenheit haben, sich in der neuen therapeutischen Umgebung umzusehen und etwas Vertrauen zu gewinnen. Dann werden sog. Sicherungstechniken eingeübt. Diese dienen dazu, den immer wieder andrängenden sehr belastenden Erinnerungsbildern nicht mehr hilflos ausgeliefert zu sein, sondern Mittel in die Hand zu bekommen, aktiv zu steuern und innere Sicherheit zu finden. Hier werden bewährte imaginative Methoden eingesetzt. Oft gelingt es auf diese Weise schon in einer frühen Phase der Therapie, dass Patienten eine spürbare Entlastung erleben und Selbstvertrauen gewinnen.

Schon bald gilt es dann aber auch, in therapeutischer Begleitung in die belastenden Erinnerungsbilder einzusteigen. Dazu stehen insbesondere Verfahren kognitiver Verhaltenstherapie, EMDR (Eye Movement Desensibilisation and Reprocessing) und IRRT (Imagery Reprocessing and Rescripting Therapy) zur Verfügung. Die Durchführung von Traumatherapie erfordert spezielle Weiterbildungen in diesen Verfahren.

Ansatz aller genannten Therapieverfahren ist immer die folgende Ausgangsproblematik: Wenn Erlebnisse über Menschen hereinbrechen, die die Psyche in ihren Verarbeitungsmöglichkeiten völlig überfordern, findet eine Art »Not-Schnellspeicherung« statt. Diese Erlebnisse geraten dadurch in andere Hirnregionen als dorthin, wo normalerweise Erinnerungen abgespeichert werden. Diese Hirnregionen sind normalerweise für die Entstehung und Verarbeitung von Emotionen zuständig (Amygdala, Limbisches System). Sie senden in der Folge in unberechenbarer Weise immer wieder Bruchstücke der traumabedingten Erinnerungen in bildhafter Weise ins Bewusstsein. Durch das fortgesetzte (für Traumapatienten normale) Vermeidungsverhalten der Betroffenen bekommt ihr Gehirn auch keine Chance, diese Erinnerungen noch einmal in Ruhe zu verarbeiten und »ordnungsgemäß« abzuspeichern.

Genau das ist aber der Wirkmechanismus der genannten, in der Traumatherapie bewährten Methoden. Es geht darum, über bestimmte geeignete Wege diese traumatische Erinnerung zunächst wiederzubeleben (was für Betroffene natürlich meist sehr anstrengend ist), um sie dann, in einem verlässlichen, geschützten Rahmen verarbeiten zu können und als echte Erinnerung ablegen zu können. Das ist mit dem Wort »Reprocessing« in den Bezeichnungen der Therapiemethoden gemeint. Erst damit wird es für Betroffene möglich, zwischen ihrem jetzigen erwachsenen Möglichkeiten, auch der jetzt gegebenen Sicherheit, und dem früheren Preisgegebensein zu unterscheiden, das bisher in den Flashbacks immer wieder im Hier und Jetzt über sie hereinbrach. Ist die Verarbeitung gelungen, hören diese ganz auf.

Für Therapeuten kann die Therapie der PTBS sehr belastend werden, wenn sie sich in die geängstigt-hilflose Weltsicht ihrer Klienten mit hineinziehen lassen. Entscheidend wichtig ist, sich jederzeit über zwei Tatsachen im Klaren zu sein:

- Was bei traumatisierten Menschen derartig quälend und unberechenbar in Erscheinung tritt, sind Fantasien. Es ist nicht die derzeitige Lebensrealität. Deshalb muss in der Therapie auch die Ebene dieser destruktiven Fantasien erreicht werden und auf dieser gearbeitet werden. Das tun die oben genannten Methoden.

- Betroffene müssen oft Nacht für Nacht ihre Flashbacks aushalten, und zwar ganz allein. Deshalb können sie nur gewinnen, wenn sie diese endlich einmal gemeinsam mit einem Therapeuten anschauen und bearbeiten dürfen. Früher galt es als fachlich richtig, einer Bearbeitung eine ausführliche Stabilisierungsphase vorzuschalten. Stabilisierung muss aber eher ein begleitender Prozess sein. Ich kenne viele bedauerliche Verläufe, wo endlos ausgedehnte »Stabilisierungsphasen« ganz offensichtlich mehr der Angstabwehr des Therapeuten dienten, der sich das Anhören der traumatischen Ereignisse nicht zutraute. Diese Art von »Schonung« fördert natürlich die Ängste der Betroffenen, weil sie immer wieder das Signal bekommen, dass ihre Erlebnisse viel zu schlimm zum Hingucken seien. Die Vermeidung, ohnehin ein Symptom der PTBS, wird durch das Mitagieren überforderter Therapeuten zementiert.

Falls allerdings, was immer wieder vorkommt, insbesondere bei Patienten mit Borderline-Struktur (▶ Kap. 8.9), noch ein Kontakt zu früheren Tätern besteht oder gar Übergriffe bis in die Gegenwart fortgeführt wurden, dann ist die weitaus wichtigste Maßnahme, hier neue Strukturen zu schaffen und Täterkontakte zu beenden. Eine sinnvolle Therapie ist ohne diese Voraussetzung unmöglich.

Häufig verbunden mit einer komplexen Traumatisierung sind dissoziative Phänomene. Durch für andere oft gar nicht erkennbare »Trigger« können bei Betroffenen spezifische Ausnahmezustände ausgelöst werden. Am häufigsten ist, dass Patienten plötzlich wie weggetreten wirken, nicht mehr am Geschehen teilnehmen, sich oft auch anschließend nicht erinnern können, was geschehen ist (dissoziative Amnesie). Das kann bis hin zum ausgeprägten dissoziativen Stupor gehen, wo Betroffene starr dasitzen oder liegen, nicht sprechen und nur sehr eingeschränkt auf Licht, Geräusche oder Berührung reagieren.

Gleichzeitig ist aber deutlich, dass der Betroffene weder schläft noch bewusstlos ist. Am ehesten ist diese Symptomatik als »Totstellreflex« zu deuten. Auf eine spezifische Art traumatisierte Menschen sind nach wie vor von bestimmten Situationen völlig überfordert, haben keine Lösungsmöglichkeiten, sehen noch nicht einmal eine Chance zur Flucht – und erstarren. In der Stressforschung bezeichnet man diesen Zustand, wo »Kämpfen« und »Fliehen« nicht möglich sind, als »freeze« bzw. »fright«. Trigger sind oft subtil an die traumatische Situation erinnernde Sinnesreize, wie z. B. ein Räuspern (das an den damaligen Täter erinnert) oder ein Körpergeruch. Es können aber auch »aggressive« Assoziationen auslösende Wahrnehmungen sein wie ein Knallgeräusch oder laut schimpfende Menschen.

Diese Zustände dauern minuten- bis manchmal stundenlang an. Nur durch eine Reprozessierung des Traumas in der Therapie – und damit die reguläre Verarbeitung und Abspeicherung der Geschehnisse – besteht die Chance, diese Symptome überflüssig zu machen.

Selten kommt es im Rahmen einer Dissoziation allerdings auch zum »flight«, zur Flucht. Als Auslöser können im Nachhinein oft Situationen identifiziert werden, die den Betreffenden unter extrem hohen Stress gesetzt haben, weil sie z. B. als hochpeinlich oder besonders schwierig empfunden wurden. Betroffene finden sich an einem entfernten Ort wieder und können sich beim besten Willen nicht erinnern, wie sie dorthin gekommen sind. Oft sind es Orte, die in irgendeinem (emotional besetzten) Zusammenhang mit der Lebensgeschichte des Betreffenden stehen. Manchmal »beweist« noch ein Bahnticket im Portmonee, dass sie offensichtlich ein solches gekauft haben. Man redet in diesem Fall von einer Fugue. Manchmal nehmen Menschen im Rahmen einer Fugue auch vorübergehend – und völlig unbewusst – eine neue Identität an, die auch noch einige Zeit nach der »Flucht« bestehen bleiben kann. Damit bildet die Fugue gewissermaßen schon ein Übergangsphänomen zur Dissoziativen Identitätsstörung.

Bei fortgesetzten Traumatisierungen kann es zu einer Symptomatik kommen, die weit über solche singulären und zeitlich begrenzten dissoziativen Zustände hinausgeht. Dabei spielen nicht nur die Schwere der Traumatisierung, sondern auch die Veranlagung des Betroffenen eine wichtige Rolle. Dissoziation kann die ganze Persönlichkeit erfassen, sodass es zum ständigen Wechsel zwischen zwei oder mehr Persönlichkeitsanteilen kommen kann, die kaum noch miteinander in Kontakt stehen. Man spricht dann von einer Dissoziativen Identitätsstörung (DIS, früher »Multiple Persönlichkeit«). Die therapeutische Arbeit wird unter diesen Umständen deutlich komplexer und langwieriger als bei einer »einfachen« PTBS. Diese Spaltung in verschiedene Persönlichkeitsanteile diente in der traumatisierenden Situation dem Schutz eines Menschen. Wenigstens einzelne Anteile konnten damals auf diese Weise in Sicherheit gebracht werden. Genauer gesagt: Der Gewinn dieser tiefgreifenden Dissoziation ist, dass Betroffene sich sicher fühlen können, so lange sich ihr Bewusstsein in einer nicht vom Trauma erfassten Teil-Persönlichkeit befindet.

Eine solche ausgeprägte Fähigkeit zur Dissoziation kann man durchaus auch als Begabung ansehen, zu der längst nicht alle Menschen in ihrer Kindheit fähig sind. Im jetzigen (erwachsenen) täglichen Leben allerdings führt eine fortbestehende Aufspaltung von Persönlichkeitsanteilen, die schlecht im Kontakt miteinander sind, zu vielfältigen Schwierigkeiten. Die harmloseste ist noch, dass Absprachen und Termine unberechenbar verloren gehen (vergessen werden). Manchmal finden Betroffene Kleidung im Schrank, die ihnen passt, wo sie sich aber beim besten Willen nicht daran erinnern können diese gekauft zu haben. Durch die Aufspaltung von Persönlichkeitsanteilen, die manchmal nichts voneinander wissen, geht im Gefühl der Betroffenen »Zeit verloren«. Oft versuchen sie lange, das zu verstecken, bevor sie sich in Therapie begeben. Viele Betroffene können im Berufsleben lange einen Funktionsmodus aufrechterhalten. Hier gilt es, neben der Arbeit an traumatischen Erinnerungen, vor allem die verschiedenen Anteile wieder in Beziehung zueinander zu bringen. Das erfordert einen langen, behutsam geführten Prozess, der in einer stationären Traumatherapie nur beginnen kann und unbedingt ambulant fortgeführt werden sollte. Oft sind in Abständen weitere klinische Aufenthalte sinnvoll.

Von der Dissoziation aus gesehen, gibt es übrigens fließende Übergänge zur Spaltung im Rahmen der Borderline-Pathologie (▸ Kap. 8.9). Nur sind es dort eher emotionale Zustände, die voneinander abgetrennt existieren (z. B. sich glücklich und geborgen fühlen und sich hilflos ausgeliefert fühlen), während es bei der Dissoziativen Identitätsstörung verschiedene, in der Regel an verschiedene Lebensalter gebundene vollständigere Persönlichkeitsanteile sind, die jeweils für sich durchaus in der Lage sind, unterschiedliche Gefühle zu empfinden.

Generell gilt: Eine gelungene Traumatherapie führt zu einem erheblichen Zugewinn an Sicherheit, Selbstvertrauen, Energie und Gestaltungsmöglichkeiten, wie es Betroffene vorher oft nicht für möglich gehalten hätten.

8.8 Dissoziative Bewegungs- und Sinnesstörungen (Konversionsstörungen)

Im obigen Abschnitt über die Posttraumatische Belastungsstörung war bereits von dissoziativen Zuständen die Rede, die sehr oft mit dieser in Zusammenhang stehen. Dazu gehört die dissoziative Amnesie, der dissoziative Stupor, die Fugue und der Extremfall: die Dissoziative Identitätsstörung.

Bis in die 1970er-Jahre wurde die Gesamtheit der dissoziativen Störungen unter dem Dachbegriff der Hysterie zusammengefasst, der zudem mit einer bestimmten Persönlichkeitsstruktur gekoppelt wurde. Diese entspricht der heutigen »histrionischen Persönlichkeit«, die gekennzeichnet ist durch Dramatisierung, Ich-Bezogenheit, aufmerksamkeitssuchendes Verhalten und oberflächliche, wechselhafte Gefühle. Freud zählte auch die Somatisierungsstörungen und Teile der Angststörungen dazu, weil er von einem unaufgelösten Ödipuskomplex (▶ Kap. 3.2, Exkurs 3: »Welche inneren Konflikte gibt es eigentlich?«) als gemeinsame Ursache ausging.

Heute weiß man, dass dissoziative Symptome sehr oft nicht mit einer histrionischen Persönlichkeitsausprägung gekoppelt sind und auch die von Freud postulierte psychosexuelle Ursache in den meisten Fällen nicht zutrifft. Weil der Begriff »hysterisch« sich außerdem bereits im allgemeinen Sprachgebrauch als diskriminierender Begriff für in lästiger Weise übertriebene Gefühlsäußerungen durchgesetzt hatte, verzichtete man in neueren Diagnosemanualen sinnvollerweise ganz auf die »Hysterie«.

In diesem Abschnitt möchte ich auf einen weiteren Bereich dissoziativen Erlebens eingehen: die dissoziativen Störungen der Bewegung und der Sinnesempfindung.

Dieser Störungsbereich wurde in der klassischen Psychosomatik auch als Konversionsneurosen oder »Ausdruckskrankheiten« bezeichnet. Gemeint ist, dass intrapsychische oder auch soziale Konflikte sich nicht in psychischen Symptomen wie Depression oder Angst äußern, sondern in ein körperliches Symptom konvertiert werden, mit dem Körper – oft drastisch – in neurologisch wirkenden Symptomen (»pseudoneurologisch«) ausgedrückt werden.

Betroffene sind sich sicher, dass ihre Störung eine körperliche Ursache hat, wenn auch die Symptome oft den Vorstellungen der Patienten folgen und nicht den anatomischen Gesetzmäßigkeiten. Nicht selten liegen Konflikte und Probleme für andere offen zutage, während Betroffene sie verleugnen und ausschließlich ihr körperliches Leiden sehen. Auf dieses führen sie alle Beschwerden zurück.

Manchmal leiden enge Verwandte oder Freunde unter einer körperlichen Krankheit, die der Betreffende jetzt auch zu haben meint und dann – unbewusst – deren Symptome darstellt.

Am häufigsten kommen in diesem Bereich dissoziative Bewegungsstörungen vor. Betroffene können z. B. nicht stehen (Astasie) oder gehen (Abasie), manche zeigen auch anfallsweises Zittern oder Schütteln von Extremitäten, können Arme oder Beine nur noch ungenau, zitternd, ungezielt und ungeschickt einsetzen (Ataxie, Apraxie). Letztlich gibt es kein neurologisches Symptom, das nicht im Rahmen dissoziativer Bewegungsstörungen von Betroffenen aufgenommen werden könnte.

Immer wieder entwickeln Menschen auch dissoziative (psychogene) Krampfanfälle. Diese sind oft schwer von epileptischen Anfällen zu unterscheiden. Allerdings kommt es weit seltener zu Verletzungen, weil die Schutzreflexe noch intakt sind, die Betreffenden kneifen die Augen zu (meist das deutlichste Unterscheidungsmerkmal), es gibt in der Regel auch keinen Zungenbiss und kein Einnässen.

Weitere Krankheitsbilder:

- Psychogene Aphonie/Dysphonie: Die Betroffenen können keinen Laut hervorbringen oder nur sehr heiser sprechen.
- Dissoziative Sensibilitätsstörungen: Völlige Taubheit oder Kribbelmissempfindungen bestimmter Hautareale werden beklagt. Dabei stimmen die angegebenen Zonen meist nicht mit den neurologisch vorgegebenen Hautversorgungsgebieten bestimmter Nerven überein.
- Sehstörungen: Meist geht es nicht um vollständige Blindheit, sondern um unscharfes Sehen oder Tunnelsehen. Beim letzteren können die Betroffenen nur einen sehr kleinen Ausschnitt direkt gegenüber wahrnehmen, als ob sie durch eine lange Röhre blickten. Alles andere wird ausgeblendet.
- Sehr selten dagegen sind dissoziative Taubheit oder Anosmie (Verlust des Riechvermögens).

Selbstverständlich muss die erste Stufe der Therapie eine wirklich gründliche neurologische Abklärung sein, einschließlich Laboruntersuchungen und bildgebender Verfahren.

Gerade wenn die Patienten ihre Beschwerden sehr klagsam vortragen und dann evtl. noch herauskommt, dass jemand in ihrer Verwandtschaft bereits eine ähnliche Erkrankung hat, ist die Gefahr groß, vorschnelle Rückschlüsse zu ziehen.

Fallbeispiel

Eine völlig gesund wirkende Patientin klagte auf einer Neurologiestation über eine Vielzahl sehr diskreter Symptome, die auf eine Multiple Sklerose hindeuteten. Als sie dann erzählte, dass ihre Schwester an

einer fortgeschrittenen MS leide, war allen Stationsmitarbeitenden
»klar«, dass es sich hier um eine dissoziative Störung handele. Es stellte sich dann aber heraus, dass die Patientin tatsächlich eine MS hatte.
Im Nachhinein waren alle zwar von der Diagnose betroffen, aber
auch froh, dass trotz der Überzeugung, dass nichts dabei heraus-
komme, alle Untersuchungen ordnungsgemäß durchgeführt worden
waren.

Wenn eine körperliche Ursache für die Beschwerden ausgeschlossen wurde und die Betreffenden auf einer psychotherapeutisch-psychosomatischen Station angekommen sind,
gilt es zunächst einmal, sich durch gründliche Anamnese
und Beobachtung (►Kap. 3) eine Vorstellung darüber zu
verschaffen, warum dieses Symptom bei dieser Person zu
dieser Zeit aufgetreten ist. Insbesondere gilt es bei den ge-
schilderten »Ausdruckskrankheiten« auf zwei Bereiche zu
achten:

• Wann und in welcher Umgebung ist das Symptom aufgetreten? Enthält es eine Symbolik für einen zugrunde
  liegenden Konflikt?

• Durch Beobachtung der szenischen Ereignisse auf Station ist bald ein gutes Gefühl dafür zu gewinnen, wie ein
  Betroffener über seine Störung mit seiner Umwelt agiert.
  Zum Beispiel ob er wegen seiner Gehstörung ständige
  Hilfe beansprucht oder ob er sich mit seinem Symptom
  aus lästigen Situationen befreit. Zum Beispiel beginnt
  ein Patient in einer Gruppentherapie, wo es um für ihn
  heikle Themen geht, so stark mit seinem Bein zu schütteln, dass mitleidige Mitpatienten darum bitten, ihn in
  sein Zimmer bringen zu dürfen. Kurz gesagt: Die Frage
  ist, ob es einen sekundären Krankheitsgewinn gibt und
  wo dieser liegt. In der Regel wird ein therapeutisches
  Team hier sehr schnell fündig.

Damit die Therapie eine Chance bekommt, ist es von daher fast immer nötig, über durchdachte Maßnahmen dafür zu sorgen, dass das Symptom nicht mehr »belohnt« wird. Wie sollten es die Betroffenen denn aufgeben, wenn sie dadurch nur bisher sichere Aufmerksamkeit und Zuwendung verlieren? Vielleicht ließe sich auf kognitiver Ebene ein Bündnis schließen, z. B. wieder zu einer Arbeitsfähigkeit zu gelangen. Die archaische Kraft des Unbewussten lässt sich durch derartige Papierverträge aber nicht irritieren und ist durchaus bereit, für die Fortführung des bisher erprobten Erfolgsweges zu kämpfen.

Dass sekundärer Krankheitsgewinn nur ein neurotischer Teilerfolg ist, der Verzicht auf viele Lebensmöglichkeiten bedeutet, ist für die Betroffenen (unbewusst) in diesem Stadium nicht überzeugend. Sie halten an dem fest, was sie kennen.

Ein wichtiger erster Schritt ist hier eine Aufklärung der Mitpatientengruppe. In der ambulanten Therapie wäre analog die eigene Familie aufzuklären. Dafür braucht es natürlich die Zustimmung des Betroffenen, aber die wird in der Regel gegeben. (Kognitiv stimmen sie ja einer Therapie und deren Maßnahmen zu!)

So könnte dann der Stationstherapeut darüber aufklären, dass die Zitteranfälle von Herrn V. keine neurologische, sondern eine psychische Ursache haben, und er darum auch gekommen sei. Für die Therapie sei es wichtig, dass die anderen ihn in diesen Phasen völlig in Ruhe lassen und sich weiter den bisherigen Tätigkeiten widmeten. In einer Gruppentherapie muss der Therapeut Modell sein für entspannt-gewährendes Zulassen des Symptoms, ohne sich davon aus dem Konzept bringen zu lassen. Im Gegenteil, wer gerade starke Symptome zeigt, wird im Gruppengeschehen marginalisiert, und er erlebt, dass sich die anderen interessiert miteinander und ohne ihn unterhalten. Das klingt möglicherweise etwas hart, ist aber unausweichlich für einen Therapieerfolg notwendig. Es gilt die schlichte Alternative: Belohne ich ein unerwünschtes, destruktives Symptom, oder zeige ich, dass es gar nichts bringt? Verstärke oder lösche ich dysfunktionales Verhalten?

Es geht insgesamt darum, eine Umgebung zu schaffen, wo ein Betroffener spürt, dass er auf einer erwachsenen, gesunden Ebene viel mehr bekommen kann, als er mit regressiven Zuständen erreicht. Zunächst führt das manchmal zu richtigen Trotzreaktionen, die nahtlos zu der Unreife der regressiven Zustände passt, in die sich vorher die Betroffenen öffentlich sinken ließen. Das therapeutische Team wird als herzlos empfunden, Verwandte zu druckvollen Anrufen motiviert.

Glücklicherweise greift fast immer bald der gesunde Anteil der Zuwendung der Patientengruppe. Betroffene erleben, wie gut es tut, bei Mahlzeiten ausführlich mit anderen zu sprechen (ohne z. B. verurteilende oder einengende Reaktionen zu bekommen wie zu Hause), miteinander zu spielen, spazieren zu gehen, die Welt mit Humor zu sehen. Sie spüren: Belohnt wird hier nicht die Krankenrolle, sondern Offenheit, prosoziales Verhalten und ehrliche Kommentare.

Insbesondere bei psychogenen Anfällen ist es wichtig, früh gute Rahmenbedingungen zu schaffen. Solche Anfälle finden nämlich in der Regel dann statt, wenn viele Mitpatienten dabei sind, gern auch in Therapiegruppen, oft in extrem störender Weise. Alle scharen sich als Notfallhelfer um den am Boden liegenden zuckenden Patienten. Hier ist zunächst auch die oben dargestellte Entdramatisierung und Aufklärung der Mitpatienten essenziell. Wenn solche Anfälle aber wiederholt stattfinden, spätestens beim zweiten

Mal, auch ein Gespräch mit der Betroffenen. Hier gilt es freundlich und klar darauf hinzuweisen, dass leider das Stationssetting mit dieser Art von Anfällen überfordert ist. Die Betreuung sei nicht leistbar. Außerdem gebe es Mitpatienten, die eine traumatische Vorgeschichte mitbringen und durch solche Vorfälle in schädlicher Weise getriggert und geängstigt werden. Falls es noch einmal zu solch einem Anfall komme, müsse der Betreffende in die heimische Psychiatrie verlegt werden.

Dieses Vorgehen wirkt auf den ersten Blick recht grausam und untherapeutisch. Aber abgesehen davon, dass die Aussagen tatsächlich der Realität entsprechen (es führt die Arbeit der Station ad absurdum, wenn mit Emotionalität arbeitende Gruppentherapien jederzeit durch »Notfälle« unterbrochen werden), »hört« das Unbewusste mit.

Der Patient wird eine innere Entscheidung treffen, ob er die Therapie innerhalb des bestehenden und jetzt noch einmal kommunizierten Rahmens mitmachen möchte oder nicht. Und praktisch jeder Betroffene in unserer Abteilung hat sich bisher für die Therapie entschieden. Die Anfälle hörten auf und kamen nicht wieder.

Um es noch einmal zu betonen: Das war ein unbewusster Prozess. Die Betroffenen können nicht auf bewusster Ebene über ihre Anfälle entscheiden, sie haben sich auch nie bewusst für diese Ausdrucksform entschieden. Das unterscheidet sie vom Simulanten. Für dauerhaften Erfolg ist allerdings entscheidend, dass sich auch in den eigentlichen Therapiesitzungen etwas bewegt.

Hier gilt es zu verstehen, in welcher Weise grundlegende Entwicklungsdefizite oder Konflikte in der jetzigen Lebenssituation reaktualisiert wurden (▶ Kap. 5). Oft zeigt das ausgebildete Symptom dann auch seinen Symbolcharakter, der jetzt den Betroffenen auch gedeutet werden kann.

Vielleicht hat eine Gangstörung begonnen, als dem Betroffenen eine vom ihm als schwierig oder gefährlich empfundene Lebensphase bevorstand? Schlaffe Armlähmungen, bei Rechtshändern rechtsseitig, entlarven sich oft als Aggressionshemmung bei heftiger innerer Wut. Symbolgehalt z. B.: »Nein, ich werde nie den Arm gegen meinen Vater erheben!« Und wer eine Sehstörung hat, will vielleicht manches in der jetzigen Umgebung nicht sehen? Psychogene Dysphonien haben oft mit Durchsetzungsproblemen zu tun. Die Betroffenen können die Stimme nicht erheben.

Allerdings, wie schon in anderem Zusammenhang gesagt, der Umkehrschluss ist nicht erlaubt! Nur wenn sich eine solche Symbolik im Rahmen einer stimmigen Psychodynamik einordnet, dann ist es auch eine. Es kann völlig anders gelagert sein. Vielleicht hatte in der Familie des Dysphonikers jemand über längere Zeit eine Kehlkopfentzündung, konnte nicht zur Arbeit und unser Patient hat unbewusst an die Vorteile dieses Zustandes gelangen wollen. Und manchmal ist auch überhaupt kein Zusammenhang nachweisbar. Vielleicht hat das Unbewusste, das nach irgendeinem schrillen Alarmsignal suchte, um auf seine Not aufmerksam zu machen, nur das Nächstliegende genommen.

Aber auch wenn einem Therapeuten die Psychodynamik der Störung recht klar erscheint, ist es gerade bei dissoziativen Symptomen wichtig, die Betroffenen nicht mit zu frühen Deutungen zu überfordern. Stattdessen gilt es, ihnen Brücken zu bauen und ihnen zu helfen, sich das Funktionsgefüge ihrer Symptome so weit wie möglich selbst zu erschließen. Der in der Therapie entscheidende Schritt ist dann, dass die Betroffenen aktiv beginnen, für ihren Lebensraum zu kämpfen, wo auch immer dieser vorher eingeengt war. Das gelingt dann, wenn sie verstanden haben, dass es ihr Recht ist.

8.9 Borderline-Störung und Strukturniveau

Störungsbild

Lange Zeit haben sich die Psychotherapeuten und Psychotherapieforscher sehr schwer getan mit einer bestimmten Gruppe an Patienten, für die es auch keine eigentlichen Behandlungsoptionen gab. Es waren die sogenannten Persönlichkeitsstörungen. Lediglich diagnostische Kataloge wurden aufgestellt und Bezeichnungen gefunden.

Besonders schwer einzuordnen war eine bestimmte Gruppe, die durch stark wechselnde heftige Gefühle und entsprechend turbulentes Verhalten auffiel. Letztlich setzte sich der Begriff Borderline durch, in dem sich andeutet, dass man die Betroffenen weder bei den Psychosen noch bei den Neurosen einordnen konnte und ihnen sozusagen die Grenzlinie dazwischen zugestand.

In der ICD, der internationalen Diagnoseklassifikation, wird das Störungsbild etwas unscharf als »Emotional instabile Persönlichkeitsstörung vom Borderline-Typ« beschrieben. Exaktere Angaben finden sich im DSM-5, dem amerikanischen Diagnosemanual. Die Diagnose ist danach zu stellen, wenn fünf der folgenden neun Kriterien erfüllt sind:

1. Starkes Bemühen, tatsächliches oder vermutetes Verlassenwerden zu vermeiden
2. Instabile aber intensive zwischenmenschliche Beziehungen, die durch einen Wechsel von Idealisierung und Entwertung gekennzeichnet sind
3. Identitätsstörung: ausgeprägte und andauernde Instabilität des Selbstbildes oder der Selbstwahrnehmung
4. Impulsivität in mindestens zwei selbstschädigenden Bereichen (z.B. Geldausgeben, Sexualität, Substanzmissbrauch, rücksichtsloses Fahren, zu viel oder zu wenig essen)

5. Wiederholte suizidale Handlungen, Selbstmordandeutungen oder -drohungen oder Selbstverletzungsverhalten
6. Affektive Instabilität infolge einer ausgeprägten Reaktivität der Stimmung (z. B. hochgradige episodische Dysphorie, Reizbarkeit oder Angst, wobei diese Verstimmungen meist einige Stunden und selten mehr als einige Tage andauern)
7. Chronische Gefühle von Leere
8. Unangemessene, heftige Wut oder Schwierigkeiten, die Wut zu kontrollieren (z. B. häufige Wutausbrüche, andauernde Wut, wiederholte körperliche Auseinandersetzungen)
9. Unter Belastungen vorübergehende paranoide Vorstellungen oder schwere dissoziative Symptome

Diese Symptome wirken auf den ersten Blick erschlagend zahlreich und zusammenhanglos. Ein neutraler Beobachter wäre versucht zu fragen, was man denn sonst überhaupt noch haben kann.

Der deutsch-amerikanische Psychoanalytiker Otto Kernberg leistete in der 1980er-Jahren und in der Folgezeit einen wesentlichen Beitrag zum Verständnis dieser Störungen. Und zwar stellte er die Borderline-Störung und damit verbundene Persönlichkeitsstörungen in eine Reihe mit den schon weit besser erforschten Psychosen und Neurosen. Er stellte fest, dass jede dieser Krankheitsgruppen durch spezifische Abwehrmechanismen gekennzeichnet und dadurch näher beschreibbar war.

Im Kapitel 3, Exkurs 1, wurden bereits die verschiedenen Abwehrmechanismen und ihre Funktion beschrieben. Diese lassen sich alle unter den Dachbegriff »Verdrängung« zusammenfassen und charakterisieren nach Kernberg die »neurotische« Ebene der Persönlichkeitsorganisation. Wesentlich für »gelungene« Verdrängung ist, dass ein für den Betroffenen schwieriger – weil mit seinem Selbstbild oder seinem Gewissen unverträglicher – Bewusstseinsinhalt nicht mehr wahrgenommen wird. Diese Situation bleibt stabil, der Betroffene kann sich sozusagen auf die Ausblendung verlassen. Beispiel: Wer mithilfe der Projektion seinen eigenen Ärger seinem Nachbarn zuschreibt, kann sich als friedliches Opfer böser Nachstellungen empfinden und braucht das nicht mehr zu korrigieren. Er hat ein reines Gewissen und glaubt, mit Recht darüber klagen zu dürfen, dass ihm Unrecht getan wird. Um es noch einmal kurz zu sagen: Natürlich ist das eine unteroptimale Lösung. Besser und beziehungsfördernder wäre, wenn sich der Betreffende seinen Ärger eingestehen würde und ihn verstehen würde. Denn nur so hätte er die Chance, die Umstände in der Realität zum Besseren zu verändern. In diesem Beispiel müsste er sich aber zunächst mit seinen archaischen Über-Ich-Strukturen auseinandersetzen, die ihm schon im unbewussten Bereich verbieten, ärgerlich zu sein.

Für die »psychotische« Ebene der Persönlichkeitsorganisation, das andere Ende der Skala, nennt Kernberg den Wahn als zentralen Abwehrmechanismus. Im Wahn erlebt ein Betroffener unverträgliche Bewusstseinsinhalte als von außen gemacht. Zum Beispiel hört er Stimmen, die ihm aggressive Befehle geben. Subjektiv setzt er sich ununterbrochen gegen die bösartigen imperativen Stimmen zur Wehr (die er Spionageagenturen oder dem Teufel zuschreibt) und ist auf der »guten« Seite. Dass es eigene aggressive Inhalte sind, ist für den Betroffenen nicht mehr erlebbar. Im Wahn schützt sich ein Mensch sozusagen um den Preis des Ich-Zerfalls.

Die mittlere Ebene nun ist das »Borderline-Niveau«, das Kernberg später in weitere Zwischenstufen einteilte.

Diese haben inzwischen, modifiziert, als »Strukturniveaus«
Eingang in die OPD-2 gefunden haben (▸Exkurs 8: »Das
Strukturniveau nach OPD-2« am Ende dieses Kapitels).

Kennzeichnend für das Borderline-Niveau der Persönlichkeitsorganisation sind folgende Abwehrmechanismen:
die Spaltung, die Verleugnung und die projektive Identifizierung.

- Mit »Spaltung« ist gemeint, dass ein Betroffener dazu
  neigt, Beziehungspartner in Gut und Böse einzuteilen,
  zu idealisieren oder zu entwerten. Weil das auch noch
  sehr schnell wechseln kann, führt dieser Mechanismus
  in sozialen Beziehungen zu ständigen Irritationen. Spaltung ist ein tiefgreifendes Phänomen. Die Betroffenen
  erleben völlig unterschiedliche Bewusstseinsräume, die
  zueinander kaum Kontakt haben, und in denen sie sich
  plötzlich wiederfinden. So kann Spaltung auch bedeuten, sich auf einmal völlig verlassen und ausgeliefert zu
  fühlen. Das Gute wird als nicht mehr vorhanden erlebt
  und nur noch das Böse ist anwesend.

- Die Verleugnung von Tatsachen, die oft von Beziehungspartnern als krass und kaum noch nachvollziehbar empfunden wird, ist eine direkte Folge der Spaltung.
  Die Betroffenen sind mit dem aktiven Teil ihres Ich tatsächlich der vollen Überzeugung, dass es ein bestimmtes
  Ereignis nie gegeben habe.

- Mit »projektiver Identifizierung« ist gemeint, dass die
  Borderline-Betroffenen so intensiv ihrem Gegenüber
  eine bestimmte Haltung unterstellen, dass diese Person
  diese tatsächlich annimmt. So wird unter Umständen
  ein freundlicher Therapeut zur streng-bedrohlichen
  Vaterfigur oder eine Therapeutin wirft die Patientin
  aus der Sitzung. Beide überlegen anschließend, was
  da denn eigentlich passiert ist, denn es ist ganz sicher:

Sonst sind sie nicht so. Man kann ihnen nur wünschen, dass sie diesen Mechanismus wenigstens im Nachhinein verstehen. Der »Gewinn« der projektiven Identifizierung ist für den Patienten, dass er bekannte schädliche Beziehungssituationen wieder konstelliert, sich »die altbekannten Prügel abholt«, was ihm unbewusst erträglicher erscheint als einer völlig unbekannten, möglicherweise noch gefährlicheren, neuen Situation ausgeliefert zu sein.

Die Ebenen der Persönlichkeitsorganisation sind in Abbildung 8-1 dargestellt.

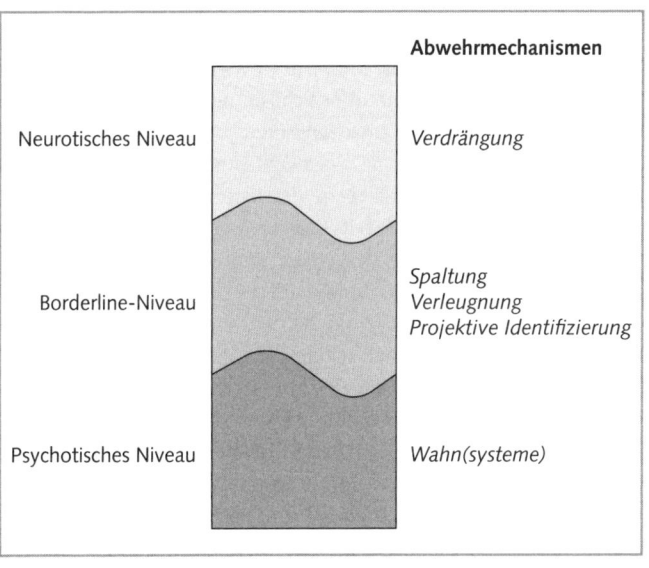

Abb. 8-1   Ebenen der Persönlichkeitsorganisation nach Kernberg

Fallbeispiel

Die 32-jährige Frau B. ist vor zwei Wochen auf die Psychothera-pie-Station aufgenommen worden. Einweisungsdiagnose: Mittelgra-dige depressive Phase bei Problemen am Arbeitsplatz.

In der heutigen Teamsitzung kam es – für die meisten Teilnehmer unerwartet – zum Eklat. Sie müsse jetzt doch mal nachfragen, sagt die Krankenschwester Annette R. in forschem Ton, ob das wirklich nötig gewesen sei, dass die Stationsärztin der Patientin neulich die-sen Spruch gesagt hätte. Diese ist ganz erstaunt und erinnert sich an keinen Spruch. »Na, dass sie hier gleich einpacken kann, wenn sie nur herumsitzt und nicht endlich was tut in der Therapie. Frau B. war ganz verzweifelt und weinte die ganze Zeit im Gespräch am Abend bei mir, ich konnte sie kaum trösten. Sie würde immer alles falsch machen. Ich konnte sie nur mit Mühe davon abbringen, die Therapie abzubrechen. Außerdem: Sie ist doch erst kurz hier, ich weiß wirklich nicht, was du von ihr willst. Und dann ist es überhaupt ein Hammer, ihr am Freitag so was zu sagen, wenn du genau weißt, dass wir am Wochenende knapp besetzt sind. Das ist wieder mal typisch.«

Die Stationsärztin hat ganz offensichtlich nicht mit diesem Angriff gerechnet. Sie stottert ein bisschen herum und überlegt dabei, was wohl gemeint sein könnte. »Das ist echt Unsinn, was Frau B. dir da erzählt hat«, meint sie schließlich. »Ich kann mir jetzt aber denken, worauf sie sich bezieht. Ich hatte am Freitag versucht, ein bisschen mehr über ihren Arbeitsplatzkonflikt herauszubekommen. Es war aber einfach nicht möglich. Bisher hatte sie ja nur immer wieder ge-sagt, dass die Chefin total ungerecht zu ihr ist und sie hasst. Sie wiederholte das noch einmal, wirkte dabei bockig, und es war nicht möglich, irgendein Detail oder eine konkrete Geschichte zu erfahren. Ich habe ihr schließlich gesagt, nach einem längeren Schweigen, dass sie doch schließlich zu uns in die Klinik gekommen ist, weil sie hier etwas erreichen möchte, ich sie aber jetzt sehr passiv erlebe.«

Der anwesende Psychologe schlägt vor, doch einmal zusammenzu-fassen, was bisher über Frau B. bekannt ist. Dabei kommt heraus, dass der Vater der Patientin Alkoholiker war und die Familie verließ, als diese vier Jahre war. Frau B. war einziges Kind und wuchs bei ihrer Mutter auf, die mit wechselnden Partnern zusammen war, von denen aber nur einer über längere Zeit mit in der Wohnung lebte. An den Vater besteht keine Erinnerung mehr, die Mutter gab ihr nur wenig Zuwendung, zeigte sich überfordert mit dem Kind und signalisierte mehrfach, dass Frau B. eigentlich ein Junge hätte sein sollen. Über gute Schulnoten konnte sich Frau B. immer wieder etwas Anerkennung bei der Mutter holen, die Zeugnisse mit Geld belohnte. Frau B. ist nach mehrfachen Stellenwechseln derzeit als Bürokauffrau tätig und ist seit einigen Jahren mit einem 14 Jahre älteren Mann befreundet. Obwohl dieser sie oft enttäuschte, kehrte sie immer wieder zu ihm zurück. Die Ärztin berichtet aus der Untersuchung, dass ihr linker Unterarm übersät mit Narben gewesen sei und sie berichtet habe, dass sie sich früher über längere Zeit selbst verletzte.

Auf der Station gab es mit einer Mitpatientin im Speisesaal eine heftige Auseinandersetzung, weil Frau B. sich von dieser bevormundet fühlte. Es führte dazu, dass sie, eigentlich gegen die Stationsregeln, den Esstisch wechseln durfte.

An diesem Beispiel ist typisch, dass die soziale Umgebung, in diesem Fall die Psychotherapiestation, häufig in Spaltungen mit einbezogen wird. Die Umgebung zerfällt in zwei Teile, Gute und Böse, die sich dann nicht selten untereinander streiten. Die Krankenschwester Annette R. wird in diesem Fall idealisiert, ihr kann Frau B. ihr Herz ausschütten, die Stationsärztin wird dagegen entwertet. Sie habe sie »völlig fertig« gemacht – was ja nicht gerade ein Qualitätsmerkmal für eine Psychotherapeutin ist. Wenn man die DSM-Kriterien betrachtet, werden anscheinend viele erfüllt, wenn auch der Beobachtungszeitraum noch zu kurz ist.

1. Das starke Bemühen, Verlassenwerden zu vermeiden. Sie kehrt immer wieder in die vermutlich problematische Beziehung zu dem älteren Mann zurück.

2. Die instabilen, intensiven zwischenmenschlichen Beziehungen (Idealisierung und Entwertung).
3. Identitätsstörung: Vermutlich entspringt die absolute und einseitige Darstellung der Arbeitsplatzsituation einer mangelnden Selbstwahrnehmung.
4. Zu impulsiven Handlungen fehlen noch Daten, bisher sind keine bekannt.
5. Selbstverletzungen über Jahre.
6. Die affektive Instabilität zeigt sich in der ängstlich-depressiven Stimmung, in der die Krankenschwester Frau B. erlebte.
7. Zum Leeregefühl ist noch nichts bekannt. Meist ist solch ein Leeregefühl die Ursache dafür, dass Menschen sich selbst verletzen. Es geht dabei darum, sich wenigstens im Schmerz wieder zu spüren.
8. Unangemessene Wut zeigte sich in der Auseinandersetzung mit der Mitpatientin. Das Stationsteam wusste sich keinen anderen Rat mehr, als dem eigentlich regelwidrigen Platzwechsel zuzustimmen.
9. Wahnhafte oder dissoziative Phänomene sind bisher nicht erkennbar.

Wie kommt es zu diesem Störungsbild?

Aufgrund der Ergebnisse der neueren Säuglingsforschung wissen wir inzwischen, dass Spaltung immer als pathologisches Phänomen zu gelten hat. In gewisser Hinsicht ist sie aber auch eine Begabung. Man geht davon aus, dass Kinder die Spaltung als Abwehrmechanismus entwickeln, wenn sie immer wieder in heftiger Weise unverträglichen Bewusstseinsinhalten ausgeliefert sind.

So könnte z. B. das Kind einer suchtkranken Mutter eine Spaltung entwickeln, wenn diese einerseits unter Drogeneinfluss das Kind vernachlässigt, schlägt, wenn es ihr lästig wird usw., auf der anderen Seite aber auch aus einem schlechten Gewissen heraus an anderen Tagen das Kind verwöhnt, z. B. mit Leckereien füttert. In einer solchen Situation kann es dazu kommen, dass das Kind dann, wenn die Mutter »gut« zu ihm ist, die bösen Anteile der Mutter völlig ausblendet. Es gibt in dem Augenblick nur die gute Mutter und das Kind kann sich ganz dem Gefühl der Sicherheit und Geborgenheit hingeben. Der Preis dafür ist allerdings, dass in den Phasen, wo die »böse Mutter« anwesend ist, das Kind aufgrund der Spaltung nichts mehr davon weiß, dass es eine gute Mutter überhaupt gibt. Das Böse füllt die ganze Wahrnehmung aus, das Kind fühlt sich ohne jede Hoffnung einer vernichtenden Situation preisgegeben.

Wenn die Spaltung als Hauptabwehrmechanismus bis ins Erwachsenenalter überdauert, dann führt das dort natürlich fortwährend zu Konflikten. Bezugspersonen werden entweder idealisiert, also als praktisch nur gut empfunden oder entwertet und gefürchtet. Weil diese Zuschreibungen aber auch noch instabil sind, sich z. B. Idealisierung also auch blitzschnell in Entwertung wenden kann (umgekehrt seltener), produzieren die Borderline-Betroffenen in ihrem Umfeld oft ein Beziehungschaos, in das auch andere einbezogen werden. Sie können nicht anders, weil sie selbst, immer wieder unerwartet, in Gefühlsabgründe stürzen. Wer mit Borderline-Betroffenen arbeitet, muss deshalb immer auch bereit sein, heftige Gefühle, insbesondere Wut und Hass, um des Betroffenen willen auszuhalten.

Neben dieser tiefenpsychologischen Sicht der Störung von den Abwehrmechanismen her gibt es eine Reihe von neueren Forschungsergebnissen zur Entstehung der Borderline-Störung. Dabei rücken neben erworbenen (psychosozialen) auch neurophysiologische Faktoren mehr in den Vordergrund. Gemeinsam ist den Betroffenen offensichtlich eine Übererregbarkeit der Amygdalae[13], was in neuerer Zeit bildgebende Verfahren deutlich belegt haben, und eine Dysfunktion des serotonergen Systems. Beides wirkt sich auf Impulsentstehung und -kontrolle aus. In Zwillingsstudien zeigen sich auch Hinweise auf eine genetische Veranlagung (zentrales Symptom: emotionale Hyperreaktivität).

Eine gerade in der Anfangszeit der Borderline-Forschung heftig diskutierte Frage war, wie weit sexueller Missbrauch eine Bedingung für eine spätere Borderline-Störung ist. Aufgrund neuerer Studien weiß man heute, dass verschiedene psychosoziale Belastungsfaktoren eine wichtige Rolle spielen. Sexuelle Gewalt kommt leider tatsächlich bei 35 bis 70 % der Betroffenen vor, im Mittel bei 50 %, körperliche Gewalt bei ebenfalls 50 %. Dabei gibt es einen breiten Überschneidungsbereich, d. h. es gibt durchaus auch Borderline-Betroffene, bei denen beides keine Rolle spielt. Dieses könnte man als Hinweis auf die oben erwähnte neurophysiologische Mitbedingtheit des Störungsbildes werten. Wichtigster Belastungsfaktor ist, wie man heute weiß, die emotionale Vernachlässigung (80 %). Das passt wiederum gut mit dem oben dargestellten tiefenpsychologischen Modell zusammen.

Im Beispiel von Frau B. wird die weitere Therapie zeigen, wieweit es auch in ihrer Vorgeschichte Erfahrungen von sexuellem Missbrauch und körperlicher Gewalt gab. An beides muss bei einem suchtkranken Vater leider unbedingt gedacht werden.

---

13 Mandelkerne: Zum limbischen System gehörende und damit für die Emotionsentstehung mitverantwortliche paarige Schaltzentralen im Temporallappen des Gehirns.

Die Häufigkeit der Borderline-Persönlichkeitsstörung beträgt je nach Studie zwischen 2 und 3 % der Bevölkerung. Etwa drei Viertel der Betroffenen sind Frauen. Die Suizidrate ist hoch, sie liegt zwischen 5 und 10 %. Ganz offensichtlich sind die Symptome im jüngeren Erwachsenenalter am stärksten und klingen mit zunehmendem Alter in der Regel ab.

Therapie

In Deutschland gibt es zurzeit drei etablierte Verfahren, von denen jedes seine Vorzüge hat. Meines Erachtens bietet die TFP (Transference-Focused Psychotherapy) das beste Erklärungsmodell zum Verständnis an, die DBT (Dialektisch-Behaviorale Therapie) das am weitaus besten erforschte und bewährteste Übungsprogramm und die neu ins Spiel gekommene Schematherapie die beste Methodik für die Einzeltherapie.

Transference-Focused Psychotherapy. Diese geht in manualisierter Form auf Weiterentwicklungen der Therapiemethodik von Otto Kernberg zurück. Zugrunde liegt die Vorstellung, dass die Symptomatik eine unbewusste Wiederholung kränkender Beziehungserfahrungen aus der Vergangenheit ist. Weil die Betroffenen nicht in der Lage sind, einheitliche, kohärente innere Bilder von Bezugspersonen in sich zu halten, geraten sie immer wieder in heftige Übertragungen. In diesen Übertragungen nehmen sie (oft kaum vorhandene) Teilaspekte der Betreffenden als deren Ganzes wahr und verhalten sich entsprechend: Sie glauben, sich heftig wehren zu müssen, haben ausgeprägte Angst – oder machen sich schutzlos durch übergroße Zuneigung und Vertrauen.

Im Beispiel von Frau B. entstand im Therapiegespräch mit ihrer Ärztin allem Anschein nach eine negative Mutterübertragung. So wie sie früher bei der an ihr desinteressierten Mutter Leistung erbringen musste, um überhaupt beachtet zu werden, so fühlt sie sich von der Ärztin lieblos zu »therapeutischer Leistung« getrieben. Dass sie vor dem Ausspruch der Ärztin, den sie ihr so übel nahm, im Gespräch nichts sagte, war schon ein Ausdruck der negativen Übertragung. Weil die Ärztin offensichtlich wenig erfahren war, bemerkte sie das nicht wirklich, sondern sie versuchte weiterhin, der Patientin Konkretionen »aus der Nase zu ziehen«. Diese verschloss sich der von ihr als bedrängend und dominant erlebten Ärztin immer mehr und geriet immer deutlicher in die negative Mutterübertragung hinein.

Im Sinne der TFP richtig wäre gewesen, den Beziehungsaspekt sofort anzusprechen! Es hat niemals Sinn, mit einem Borderline-Patienten weiterzuarbeiten, wenn sich auf der Beziehungsebene etwas Unklares dazwischenschiebt. Das ist immer Ausdruck einer Übertragung, die geklärt und besprochen werden muss. Betroffene sind nicht in der Lage, von sich aus das Bruchstückhafte ihrer Wahrnehmung zu erkennen. Im Gegenteil, darin besteht im Wesentlichen ihre Störung. So ist Hauptaufgabe der Therapie, solche Teilwahrnehmungen von Beziehungspartnern zusammenzuführen. Es geht darum, Patienten zu helfen, die abgespaltenen Teile ihrer inneren Welt zu integrieren. Im Ergebnis gewinnen die Betroffenen zunehmend die Fähigkeit, mit Emotionen umzugehen, eine klarere Vorstellung von sich selbst und anderen und letztlich eine Vertiefung und Reifung zwischenmenschlicher Beziehungen.

Dialektisch-Behaviorale Therapie. Die Dialektische-Behaviorale Therapie wurde von der Verhaltenstherapeutin Marsha Linehan entwickelt und beruht auf drei Wirkfaktoren:

- Etablierung einer starken, tragenden Beziehung
- Lehren von Bewältigungsmechanismen
- Öffnung zu alternativen Sinnstrukturen

Mit »dialektisch« im Namen DBT ist gemeint, dass durch ständige Gegenüberstellung unterschiedlicher Wahrnehmungen und Positionen (These und Antithese) eine fortschreitende Annäherung an das Wesentliche des Patienten erfolgt.

In der Einzeltherapie hat die konkrete Arbeit in der DBT in wesentlichen Punkten recht starke Ähnlichkeit mit der Arbeit in der TFP. Dort würde man eher von Klärung, Konfrontation und Deutung reden. Im Sinne der Verhaltenstherapie steht aber stärker das Lehren von Bewältigungsmechanismen im Vordergrund und, als ganz eigenes Linehansches Element, die Vermittlung von alternativen Sinnstrukturen (bei M. Linehan vor allem der Zen-Buddhismus).

Ein wesentlicher weiterer Punkt in der DBT ist die Gruppenarbeit. Hier wird im Sinne eines Fertigkeitentrainings (Skill-Training) in folgenden Bereichen geübt: innere Achtsamkeit, zwischenmenschliche Fähigkeiten, bewusster Umgang mit Gefühlen, Stresstoleranz. Dieses Fertigkeitentraining hat ein ganz eigenes Gewicht und wird von den meisten Patienten als sehr nützlich empfunden, weil es genau ihre Alltagsprobleme aufnimmt. Durch die Gruppensituation und die eindeutige Trainerrolle, die der Therapeut (idealerweise Therapeutenduo) darin einnimmt, werden wenig Anhaltspunkte für Übertragungen geboten. Stattdessen werden auch kleine Erfolge wahrgenommen und sofort gewürdigt (im verhaltenstherapeutischen Sinne als erwünschtes Verhalten verstärkt). In der Regel reichen ein bis zwei Jahre regelmäßige Teilnahme, um einen spürbaren

Gewinn für den Alltag mitnehmen zu können. Auch begleitend zu einer TFP-Therapie auf tiefenpsychologischer Basis werden gute Erfahrungen damit gemacht, die Patienten begleitend in eine DBT-Skill-Trainingsgruppe zu schicken.

Schematherapie. Die Schematherapie – als jüngstes Verfahren natürlich auf der Basis seiner Vorgänger aufgebaut – bietet den Vorteil, dass dort typische Reaktionen der Patienten direkt benannt werden können. Wenn Übertragungssituationen eintreten, werden diese nicht als solche gedeutet, was voraussetzen würde, dass der Zusammenhang zur frühkindlichen Situation bereits erarbeitet worden ist. Stattdessen wird der Modus benannt, in dem sich der Betroffene gerade befindet. Jeffrey Young, der Begründer der Schematherapie, definierte fünf verschiedene Modi, in denen sich die Borderline-Betroffenen am weitaus häufigsten befinden, auch wenn es noch mehr Modusmöglichkeiten gibt. Natürlich ist es in Therapien gut, wenn diese Modi mit Namen bezeichnet werden, die die Patienten ihnen geben. Nach Young sind es:

- Der distanzierte Selbstschutz-Modus
- Der Modus des verlassenen oder missbrauchten Kindes
- Der Modus des wütenden oder impulsiven Kindes
- Der bestrafende oder überkritische Modus
- Der gesunde Erwachsenen-Modus

Im Beispiel von Frau B. befand sie sich im Gespräch mit der Schwester, als sie sich anschuldigte, immer alles falsch zu machen, und die Therapie abbrechen wollte, im »bestrafenden oder überkritischen« Modus, den sie gegen sich selbst richtete. Im Gespräch mit der Ärztin dagegen hatte sie sich im »distanzierten Selbstschutz«-Modus befunden. In der Interaktion mit der Tischnachbarin, von der sie sich bevormundet fühlte (wie von einer lieblosen Mutter vermutlich), war sie höchstwahrscheinlich in den Modus des »wütenden Kindes« gerutscht.

Wenn die Ärztin Schematherapeutin gewesen wäre, hätte sie schnell gemerkt, dass die Patientin blockiert war und offensichtlich im distanzierten Selbstschutz-Modus. Mit der Bemerkung, dass die Patientin ja schließlich hergekommen sei, um etwas zu erreichen, hatte sie natürlich völlig Recht. Darum war das Verhalten von Frau B. auch offenkundig dysfunktional. Nur war Frau B. leider nicht mit dieser kognitiven Intervention zu erreichen.

Die Ärztin hätte stattdessen direkt mit dem »distanzierten Beschützer« arbeiten können. Vielleicht so: »Ich merke gerade, dass ich gar nicht an die Frau B. herankomme, wenn ich mit ihr sprechen möchte. Offensichtlich ist da ein starker Beschützer im Raum.« Die Ärztin stellt einen Stuhl hin.

Ärztin: »Dieser Stuhl ist für den Beschützer. Würden Sie sich da bitte mal drauf setzen? – Vielen Dank!« Dann: »Hallo Beschützer, wir kennen uns ja schon. Ich verstehe ja auch gut, dass du auf die kleine Anna (Vorname von Frau B.) aufpasst. Die hat einfach schon derartig viel Schlimmes erlebt. Aber heute braucht sie dich besonders, oder? Was meinst du, warum?«

Die Ärztin tritt jetzt in einen Dialog mit dem Beschützer. Aus dieser Position heraus gelingt es der Patientin wahrscheinlich auszudrücken, was sie verschreckt hat, welcher Auslöser (»Trigger«) sie in diesen Modus versetzt hat. Vielleicht auch, was der »bestrafende und überkritische« Modus gesagt hat (strafende Elternintrojekte).

Das »verlassene« bzw. verletzbare Kind hört bei solchen Gesprächen natürlich immer mit zu. Auch dieses wird jetzt (auf einem anderen Stuhl) ins Gespräch mit einbezogen.

Es können Missverständnisse geklärt werden und Bedingungen definiert, die es dem Kind einfacher machen, sich auf ein Gespräch einzulassen.

Zum Schluss darf Frau B. sich auf den Stuhl der »gesunden Erwachsenen« setzen und aus dieser Position heraus dem »Kind« Trost und Bestätigung zusprechen. Mit jedem Mal, wo die verschiedenen Zustände benannt (»gelabelt«) wurden, fällt es der Patientin selbst leichter, Befindlichkeiten einzuordnen, schließlich sogar sich selbst – ihrem »inneren Kind« – Bestätigung und Trost zu spenden.

Diese Methodik, innere Anteile im Außen erlebbar zu machen, entspricht übrigens gut der Struktur von Borderline-Betroffenen. Ist es doch gerade ihr Problem, dass sie Konflikte oft nicht intrapsychisch austragen und klären können, sondern in die Außenwelt verlagern, in den zwischenmenschlichen Raum. Dieser wird ohnehin bei Borderline-Betroffenen immer wieder zur Bühne, auf dem innere Dramen gespielt werden – Bezugspersonen müssen wohl oder übel mitspielen.

Fazit. Therapie bei Borderline-Störungen ist immer ein längerer Weg. Aber es ist heutzutage ein Weg, der mit gutem Erfolg beschritten werden kann. Voraussetzung ist, dass der Therapeut ein ausreichendes Verständnis dieser Störung entwickelt hat. Bei keiner Störung führen »normale Reaktionen« und »vernünftige Antworten« so schnell in Sackgasse und Chaos wie bei der Borderline-Störung. Die Betroffene wollen in ihrer heftigen Übertragungsbereitschaft immer wieder im Hier und Jetzt verstanden werden. Gefühle, die sich einstellen, haben immer Vorrang vor dem »offiziellen« Thema. Aber die Mühe wird auch belohnt. Es ist für die Therapierenden ein ganz besonderes Erlebnis, dabei sein zu dürfen, wenn ein Vertrauenspflänzchen beginnt zu gedeihen.

Um es zum Schluss dieses Kapitels noch einmal deutlich zu sagen: Diese Ebene der Persönlichkeitsorganisation auf Borderline-Niveau, in der OPD eingeteilt in die Strukturniveaus von »mäßig integriert« bis »desorganisiert«, kennzeichnet bei weitem nicht nur die eigentliche Borderline-Persönlichkeitsstörung. Praktisch alle Persönlichkeitsstörungen basieren auf einer derartigen nicht gut integrierten Persönlichkeitsorganisation, die von den beschriebenen Abwehrmechanismen gekennzeichnet ist. Ebenfalls betroffen sind sehr viele Menschen, wo diagnostisch Suchterkrankungen im Vordergrund stehen, viele Essstörungen und nicht zuletzt die im Abschnitt über Angsterkrankungen erwähnte Generalisierte Angststörung.

Selbstverständlich ist die Festlegung im DSM, dass fünf von neun Kriterien für die Diagnose einer Borderline-Persönlichkeitsstörung erfüllt sein müssen, eine willkürliche Festlegung. Solch eine definitorische Abgrenzung ist nötig, um wissenschaftlich zu arbeiten, z. B. medikamentöse oder psychotherapeutische Therapieergebnisse eindeutig dokumentieren zu können. Im realen Leben gibt es natürlich auch viele Menschen, die weniger als fünf dieser Kriterien erfüllen, trotzdem aber ihr Leben im Wesentlichen auf Borderline-Niveau organisiert haben oder bestimmte Anteile davon aufweisen. Diese übersteigen in der Zahl bei weitem diejenigen mit definierter Borderline-Persönlichkeitsstörung. Im Fachjargon haben sich für diesen Personenkreis die umfassendere Bezeichnung »Ich-strukturelle Störung« oder »strukturelle Ich-Störung« eingebürgert. Auch von »Frühstörungen« ist manchmal die Rede.

Insgesamt ist das »Strukturniveau« eines Menschen, der sich in Therapie begibt, ein ganz entscheidendes Merkmal, das sowohl die Art der angemessenen Therapie als auch deren Prognose und Dauer wesentlich mitbestimmt.

Exkurs 8

Das Strukturniveau nach OPD-2

Die »operationalisierte Psychodynamische Diagnostik (OPD)«
hat das Ziel, Psychotherapeuten sauber formulierte diagnostische Entscheidungskriterien zur Verfügung zu stellen. In Bezug
auf das Strukturniveau sind die Formulierungen allgemein gehalten, was vor Verwechslungen zwischen Borderline-Persönlich-
keitsorganisation und der speziellen Borderline-Persönlichkeitsstörung schützt.

Generell ist zu sagen, dass man aus der Zugehörigkeit zu einem
bestimmten Stukturniveau nicht folgern kann, ob die betreffende Person gesund oder krank ist. »Gesundheit« in dem Sinne,
dass sich ein Mensch einigermaßen in einer Balance, einem kom-
pensierten Zustand befindet, wird oft unter heftigem Einsatz von
Abwehrmechanismen erreicht – ob das Verdrängung oder die
Spaltung ist. Umgekehrt kann auch ein gut integrierter Mensch
unter schwierigen äußeren Bedingungen aus dem inneren
Gleichgewicht geraten und psychisch krank werden.

Allerdings wird die Abwehr, je weiter das Strukturniveau ab-
nimmt, immer mehr vom Intrapsychischen auf das Zwischenmenschliche verlagert. Das ist der Grund, warum in der Regel
Persönlichkeitsstörungen dazu führen, dass Menschen der Umgebung darunter leiden, gerade dann, wenn sich der Betroffene
»gesund« fühlt.

Es wird zwischen vier Integrationsniveaus der Persönlichkeit unterschieden. Es gibt selbstverständlich fließende Übergänge, sodass jedes Zwischenstadium möglich ist, ebenso ein Nebeneinander: ein Mensch hat sowohl reifere wie auch unreifere Anteile.

- *1. Niveau:* Gute Integration. Hier können Menschen aufgrund einer gut integrierten psychischen Struktur ihr psychisches Erleben differenziert wahrnehmen: Kognitionen, Affekte, Fantasien, Erinnerungen, Entscheidungen usw. Konflikte
  können intrapsychisch ausgetragen werden. Bedürfnisse und
  Wünsche werden wahrgenommen und können mit Normen

und Idealen (ausgereiften Über-Ich-Strukturen) abgeglichen werden. Die regulierenden Funktionen sind dem Betreffenden verfügbar. Zentrale Angst: Verlust der Liebe von Bezugspersonen. Dieses Niveau bezeichnet den bestmöglichen Zustand: eine gut integrierte Person.

- *2. Niveau:* Mäßige Integration. Auch hier wird psychisches Erleben in der beschriebenen Art wahrgenommen und kann bewusst reguliert werden, die Fähigkeit dazu ist aber herabgesetzt. Konflikte finden auch überwiegend intrapsychisch statt, aber auf der Wunschseite stehen hier Regungen gieriger Bedürftigkeit, der Bemächtigung, der Unterwerfung; auf der übersteuernden Gegenseite stehen rigide und strafende Normen (unreifes Über-Ich) und überzogene Ideale. Zentrale Angst: Verlust von Bezugspersonen oder Trennung von ihnen sowie Angst vor eigenen heftigen Impulsen. Dieses Niveau entspricht den erwähnten »strukturellen Ich-Störungen«, also Menschen, die nicht das Vollbild einer Borderline-Persönlichkeitsstörung haben, aber Anteile davon, die sich immer wieder störend auf ihr Leben auswirken.

- *3. Niveau:* Geringe Integration. Hier sind die Regulationsmöglichkeiten deutlich eingeschränkt, entweder dauerhaft oder im Zusammenhang mit Belastungssituationen. Der seelische Binnenraum ist wenig entwickelt. Das Selbst ist sehr bedürftig, kränkbar, impulsiv und innere Bilder von Beziehungspartnern sind bedrohend, verfolgend oder sehnsüchtig idealisiert. Unbewusste Wünsche werden nicht intrapsychisch gebunden, sondern wenden sich direkt nach außen. So gibt es weniger intrapsychische Konflikte, dafür aber umso mehr Konflikte mit anderen Personen: in der Partnerschaft, im Beruf und im sozialen Umfeld. Zentrale Angst: Vernichtung des Selbst durch das böse Gegenüber oder durch Verlust der guten Bezugsperson. Dieses Niveau entspricht dem Vollbild einer Borderline-Persönlichkeitsstörung. Spaltung findet nicht nur entlang der Linie »gut« und »böse« statt, in welche Kategorien Bezugspersonen eingeteilt werden, sondern auch entlang der Linie »anwesend« und »abwesend«: Die Betroffenen können sich dem anwesenden Bösen völlig ausgeliefert fühlen, das Gute ist in dieser Situation nicht spür- und erinnerbar. Auch andere Persönlichkeitsstörungen finden sich je nach Ausprägung auf dem Niveau der mäßigen oder der geringen Integration: z. B. die schizoide, die histrionische, die anankastische, die ängstlich vermeidende, die abhängige, die narzisstische Persönlichkeitsstörung.

- *4. Niveau:* Desintegration. Hier fehlt ein kohärentes Selbst, also ein einheitliches, dem Einzelnen zur Verfügung stehendes Ich-Empfinden. Die Betroffenen versuchen, sich gegen ihre überflutende Emotionalität durch psychosenahe Abwehrmuster zu schützen. Selbst- und Fremdwahrnehmung kann nicht auseinandergehalten werden. Empathie ist so gut wie unmöglich. Auch eine Verantwortung für eigenes impulsives Handeln wird nicht erlebt (die Dinge geschehen einfach). Bei diesem Stukturniveau geht es um die dauerhafte Einschränkung struktureller Funktionen, nicht um Ausnahmezustände wie z. B. eine akute Psychose. Zentrale Angst: Angst vor als unheimlich empfundenen anderen Menschen, die eher als Träger böser Kräfte denn als Bezugspersonen erscheinen; Angst vor dem Ich-Verlust und der Selbstauflösung. Dieses Niveau findet sich manchmal bei schweren Persönlichkeitsstörungen, insbesondere der Dissozialen Persönlichkeitsstörung und der Paranoiden Persönlichkeitsstörung.

9 Kurzes Schlusswort

Jetzt haben wir ein ganzes Stück Weg gemeinsam zurückgelegt, und ich freue mich, dass Sie dabeigeblieben sind. Für mich ist dieses Buch auch ein Experiment.

Schon seit über zwei Jahrzehnten besteht meine Aufgabe zum guten Teil darin, über Psychotherapie zu sprechen. Regelmäßig in den Begrüßungsgruppen mit all den neuen Patienten unserer Abteilung, in Therapiegruppen, in fachlichen Weiterbildungen, in Vorträgen vor bunt gemischtem Publikum und in der Supervision von Stationsteams und immer wieder neuen Kollegen. Dieser Teil meiner Arbeit macht mir fast immer Freude.

Das liegt daran, dass sich meist ganz schnell eine Atmosphäre interessierter Zusammenarbeit einstellt. Ein kreativer Prozess entsteht, bei dem meine Gegenüber auf neue Gedanken kommen und ich selbst auf neue Ideen. Und ich habe festgestellt, dass ich mit diesen sehr verschiedenen Menschen gar nicht so verschieden über psychotherapeutische Themen rede. Ich habe den Eindruck, dass es Betroffenen, Angehörigen und Fachleuten gleichermaßen guttut, wenn Zusammenhänge möglichst klar dargestellt und mit passenden Beispielen verdeutlicht werden. Natürlich interessieren nicht jeden die Strukturniveaus nach OPD-2. Aber meine These ist: Wen es interessiert, der kann es auch verstehen.

Insofern würde ich mich wirklich über Rückmeldungen von Ihnen freuen, ob mir das in diesem Buch gelungen ist: gleichzeitig für jede dieser genannten Gruppen einen brauchbaren und nützlichen Text zu schreiben – also in Ihrem Fall für Sie.

Und ich hoffe, dass ich Sie davon habe überzeugen können, dass Psychotherapie eine sinnvolle und lohnende Arbeit ist.

Für jede Situation, bei jedem Menschen gibt es viel zu entdecken, zu denken und zu sagen. Es ist jedes Mal auf neue Weise spannend.

Manchmal bringt die erste Bestandsaufnahme katastrophale alte Geschichten und eine deprimierende gegenwärtige Situation zutage. Aber das ist nur die Ausgangsbasis. Hier beginnt in der Psychotherapie die gemeinsame Arbeit. Die ist von der Frage bestimmt: Wie kann es – bald – besser werden? Und sie wird von der Überzeugung des Therapierenden getragen: Es kann und wird besser werden.

Ab jetzt geht es darum, Knoten zu lösen, den Blickwinkel zu erweitern, Freiräume zum Leben zu schaffen. Und das ist für alle Beteiligten eine erfüllende und immer wieder auch beglückende Aufgabe.

10 Literatur zum Weiterlesen

Selbstverständlich kann eine solche Leseliste, wie sie nun folgt, keinen Anspruch auf Vollständigkeit erheben. Gerade das möchte sie aber auch nicht. Stattdessen sind es Bücher, die ich für gut geeignete Einstiege halte, wenn ein Leser die dort behandelten Themenbereiche vertiefen möchte.

Aber wie schon gesagt: Das Spannende an einer Beschäftigung mit Psychotherapie und ebenso einer Psychotherapie-Weiterbildung (die ein Leben lang nie aufhört) ist, dass sie immer viel mit uns selbst zu tun hat und deshalb auch jeder selbst die Schwerpunkte setzen darf und sollte!

Die Reihenfolge der Titel ist alphabetisch, hat also nichts mit Gewichtung zu tun.

- *Arbeitskreis OPD (Hrsg). Operationalisierte Psychodynamische Diagnostik. Das Manual für Diagnostik und Therapieplanung. 3. Aufl. Bern: Hans Huber, Hogrefe 2014.* Das 500-seitige Buch ist sicher keine Einstiegslektüre. Fünf Achsen werden ausführlich dargestellt, auf denen Patienten in Erstgesprächen eingeschätzt werden können. Wer aber mehr wissen möchte über die Achse 3 (Zentrale Konfliktthemen) und die Achse 4 (Struktur), die hier in Exkurs 3 und 9 kurz vorgestellt wurden, findet in diesem Manual ausführliche Erklärungen und gute Ankerbeispiele.
- *Argelander H. Das Erstinterview in der Psychotherapie. Darmstadt: Wissenschaftliche Buchgesellschaft 2014.* Der Klassiker zum tiefenpsychologisch-diagnostischen Verständnis eines Menschen. Der erste Kontakt wird als bedeutsame Begegnung vorgestellt, die man kaum überschätzen kann.

- *Clarkin JF, Yeomans FE, Kernberg OF. Psychotherapie der Borderline-Persönlichkeit. Manual zur psychodynamischen Therapie. 2. Aufl. Stuttgart: Schattauer 2008.* Eine umfangreiche, aber auch hervorragende Darstellung der Transference-Focused Psychotherapy (TFP) mit vielen Beispielen und Grafiken im Theorieteil. Wer dieses Buch studiert hat, gelangt zu einem tieferen Verständnis der Borderline-Störung, als es die DBT oder Schematherapie leisten können, so stark diese Verfahren auch in der therapeutischen Praxis sind.
- *Elhardt S. Tiefenpsychologie. Eine Einführung. 17. Aufl. Stuttgart: Kohlhammer 2010.* Diese kurzgefasste Einführung in die Tiefenpsychologie ist ein Klassiker, wie man schon an der Auflagenzahl sieht. In ausgewogener Weise wird der Gesamtbereich psychoanalytischer Theorie im Überblick dargestellt. Dabei gelingt es Elhardt immer wieder, auch bei inzwischen schwer zugänglichen Konstrukten einen Bezug zur Lebenswelt heutiger Leser herzustellen.
- *Grabe M. Lebenskunst Vergebung. Befreiender Umgang mit Verletzungen. 5. Aufl. Marburg: Francke 2012.* Eines der wenigen Bücher über Vergebung aus psychotherapeutischer Sicht. Grundthese: Niemand muss es zulassen, dass Verletzungen und Kränkungen auf Dauer seine Lebensenergie binden. Wege zu einem gelungenen Loslassprozess werden vorgestellt.
- *Grabe M. Wege aus der Trauer. Wie wir im Verlust gewinnen können. Marburg: Francke 2013.* Eine kurzgefasste, praxisorientierte Einführung in das Thema Trauer, Trauerarbeit und Trauerbegleitung.
- *Hoffmann SO, Hochapfel G. Neurosenlehre und Psychosomatische Medizin. 8. Aufl. Stuttgart: Schattauer 2009.* Ein gut zu lesendes, immer wieder aktualisiertes

und nicht zu umfangreiches Lehrbuch über den Gesamtbereich der Psychosomatik.

- *Jacob G, Arntz A. Schematherapie in der Praxis. Weinheim Beltz 2011.* In diesem kurzgefassten Lehrbuch konzentrieren sich die Autoren ganz auf die praktische Anwendung des Modusmodells der Schematherapie. Dieser Bereich wird klar und ausführlich dargestellt – insofern ein gut geeigneter Einstieg für Therapeuten.

- *Linehan M. Dialektisch-Behaviorale Therapie (DBT) der Borderline-Persönlichkeitsstörung: DBT Therapiebuch. München: CIP Medien 2008. / Handbuch der Dialektisch-Behavioralen Therapie (DBT): Bd. 1 und Bd. 2. München: CIP Medien, 2016.* Umfassende Beschreibung der Dialektisch-Behavioralen Therapie der Borderline-Störung mit vielen Beispielen und umfangreichem konkreten Therapiematerial.

- *Roediger E. Schematherapie. Grundlagen, Modell und Praxis. 3. Aufl. Stuttgart: Schattauer 2016.* Das beste und umfangreichste Lehrbuch zum Thema Schematherapie. Es enthält eine kenntnisreiche Verankerung der Schematherapie in bisherigen Therapiemethoden und vor allem eine ausführliche Darstellung aller Techniken mit Beispielen.

- *Roediger E. Was ist Schematherapie? 3. Aufl. Paderborn: Junfermann 2017.* Kurze und gut strukturierte Einführung auf etwa 100 Seiten. Das Buch ist auch für Laien geeignet.

- *Sack M. Schonende Traumatherapie. Ressourcenorientierte Behandlung von Traumafolgestörungen. 1. Nachdruck. Stuttgart: Schattauer 2011.* Ein praxisorientiertes Lehrbuch der Traumatherapie, das sich durch einen ressourcenorientierten Zugang auszeichnet und eine Kombination aus konfrontativer und stabilisierender

Behandlung als neues Modell vorstellt. Die Patienten haben auf diese Weise viel eher das Gefühl, dass sich von vornherein etwas in ihrer Behandlung bewegt. Gut geeignet auch für Einsteiger in diesem Bereich.

- *Schlippe A von. Familientherapie im Überblick. Basiskonzepte, Formen, Anwendungsmöglichkeiten. Überarb. Aufl. Paderborn: Junfermann 2010.* Ein kurzer, guter Einstieg in das interessante, aber durchaus komplexe Gebiet der Familientherapie.
- *Seemann H. Freundschaft mit dem eigenen Körper schließen. Über den Umgang mit psychosomatischen Schmerzen. Stuttgart: Klett-Cotta 2016.* Eine freundliche und spannende Einführung in das psychosomatische Denken. Mehr Systematik bietet zwar das hier ebenfalls erwähnte Buch von Hoffmann und Hochapfel, aber die plastischen Modelle von Hanne Seemann bringen echten Nutzen im Therapiealltag.

Und welche »dicken« Lehrbücher kommen infrage?

Hier ist jeder selbst gefragt! Ein umfangreiches Lehrbuch sollten Sie sich nur zulegen, wenn Sie es – z. B. in einer guten Buchhandlung – wirklich in der Hand gehabt und Probe gelesen haben. Sie müssen den Eindruck haben, dass es ein angenehmes Buch ist: interessant, gut aufgemacht und vor allem gut zu lesen. So banal es klingt: Dazu trägt auch die Schriftgröße bei. Gewichtige Bücher, die nicht in irgendeiner Weise Spannung und Freude am Lesen erzeugen, enden mit großer Wahrscheinlichkeit als reine Regaldekoration – das dann allerdings für die nächsten Jahrzehnte.

Literatur

Argelander H. Das Erstinterview in der Psychotherapie. 8. Aufl. Darmstadt: WBG 2009.

Beck A. Kognitive Therapie der Depression. Beltz: Weinheim 2010.

Beck A, Greenberg RL. Kognitive Therapie bei der Behandlung von Depressionen. In: Hoffmann N (Hrsg). Grundlagen kognitiver Therapien. Bern: Huber 1979.

Bonelli RM, Koenig HG. Mental disorders, religion and spirituality 1990 to 2010: A systematic evidence-based review. J Relig Health 2013; 52: 657–73.

Ellis A, Grieger R (Hrsg). Praxis der Rational-emotiven Therapie. München: Urban u. Schwarzenberg 1979.

Frick E, Riedner C, Hauf S, Borasio GD. A clinical interview assessing cancer patients' spiritual needs and preferences. Eur J Cancer Care 2006; 15: 238–43.

Friedrich-Killinger S. Die Bindungsbeziehung zu Gott. Ein dynamischer Wirkfaktor in der Therapie? Hamburg: Dr. Kovac 2014.

Grabe M. Kreative Zugänge zu einem praxisrelevanten Therapiefokus. In: Psychotherapie in Psychiatrie, Psychotherapeutischer Medizin und Klinischer Psychologie, 5. Jg., München: CIP-Medien 2000, S. 168–76.

Grabe M. Lebenskunst Vergebung. Befreiender Umgang mit Verletzungen. 5. Aufl. Marburg: Francke 2012.

Grabe M. Wege aus der Trauer. Marburg: Francke 2013.

Harold G, Koenig HG. Religion, spirituality, and medicine: Research findings and implications for clinical practice. South Med J 2004; 97: 1194–200.

Heigl-Evers A, Ott J. Die psychoanalytisch-interaktionelle Methode. Theorie und Praxis. Göttingen: Vandenhoeck & Ruprecht 1994

Hummer RA, Ellison CG, Rogers RG et al. Religious involvement and adult mortality in the United States: Review and perspective. South Med J 2004; 97: 1223–30.

Jacob G, Arntz A. Schematherapie in der Praxis. Weinheim: Beltz 2011.

Kanfer FH, Phillips JS. Lerntheoretische Grundlagen der Verhaltenstherapie. München: Kindler 1975 (amerik. Originalausgabe 1970).

Klein C, Albani C. Religiosität und psychische Gesundheit. Eine Übersicht über Befunde, Erklärungsansätze und Konsequenzen für die klinische Praxis. Psychiatrische Praxis, 2007; 34(2): e02–e12.

Kübler-Ross E. Interviews mit Sterbenden. Freiburg i. Br.: Kreuz 2014.

Lachauer R. Der Fokus in der Psychotherapie. 3. erw. Aufl. Stuttgart: Pfeiffer bei Klett-Cotta 2004.

Linden M, Rotter M, Baumann K et al. Posttraumatic Embitterment Disorder. Göttingen: Hogrefe & Huber Publishers 2007.

Lindsley OR, Skinner BF, Salomon HL. Studies in Behaviour Therapy. Status Report 1. Waltham, Mass.: Metropolitan State Hospital 1953.

Luborsky L. Der zentrale Beziehungskonflikt. Ulm: PSZ 1988.

Luborsky L. Einführung in die analytische Psychotherapie. 2. Aufl. Göttingen: Vandenhoeck u. Ruprecht 1995.

Luborsky L, Crits-Christoph P, Mintz J et al. Who will benefit from Psychotherapy? New York: Basic Books 1988.

Matthews DA, McCullough ME, Larson D et al. Religious commitment and health status: A review of the research and implications for family medicine. Arch Fam Med 1998; 7: 118–24.

Menninger K. Theory of Psychoanalytic Technique. New York: Basic Books 1958.

Peichl J, Pontzen W. Bedeutung und Erarbeitung des Fokus in der integrativen klinischen Psychotherapie. Psychotherapeut 1995; 40: 284–90.

Pollack D, Müller O. Religionsmonitor. Religiosität und Zusammenhalt in Deutschland. Gütersloh: Bertelsmann-Stiftung 2013.

Roediger E. Schematherapie: Grundlagen, Modell und Praxis. 3. Aufl. Stuttgart: Schattauer 2016.

Roediger E. Was ist Schematherapie? 3. Aufl. Paderborn: Junfermann 2017.

Schmidtbauer W. Hilflose Helfer. Reinbek: Rowohlt 1995.

Seemann H. Freundschaft mit dem eigenen Körper schließen. 10. Aufl. Stuttgart: Klett-Cotta 2016.

Streeck U, Leichsenring F: Handbuch psychoanalytisch-interaktionelle Therapie. Behandlung von strukturellen Störungen und schweren Persönlichkeitsstörungen. Göttingen/Zürich: Vandenhoeck & Ruprecht, 2014.

Wittchen HU, Müller N, Pfister H et al. Affektive, somatoforme und Angststörungen in Deutschland – Erste Ergebnisse des bundesweiten Zusatzsurveys »Psychische Störungen«. In: Bellach BM (Hrsg). Der Bundes-Gesundheitssurvey 1998. Erfahrungen, Ergebnisse, Perspektiven. Stuttgerat: Thieme 1999. www.thieme.de/statics/dokumente/thieme/final/de/dokumente/zw_das-gesundheitswesen/gesu-suppl_klein.pdf (Zugriff am 18.06.2017).

Sachverzeichnis